Haasz

Das Profibuch Canon EOS 450D

Christian Haasz

Profibuch
Canon EOS 450D

Kameratechnik
RAW-Konvertierung
Fotoschule

Mit 448 Abbildungen

FRANZIS

Bibliografische Information der Deutschen Bibliothek

Die Deutsche Bibliothek verzeichnet diese Publikation in der Deutschen Nationalbibliografie;
detaillierte Daten sind im Internet über **http://dnb.ddb.de** abrufbar.

Wichtiger Hinweis

Alle Angaben in diesem Buch wurden vom Autor mit größter Sorgfalt erarbeitet bzw.
zusammengestellt und unter Einschaltung wirksamer Kontrollmaßnahmen reproduziert. Trotzdem sind Fehler nicht ganz auszuschließen. Der Verlag und der Autor sehen
sich deshalb gezwungen, darauf hinzuweisen, dass sie weder eine Garantie noch die
juristische Verantwortung oder irgendeine Haftung für Folgen, die auf fehlerhafte Angaben zurückgehen, übernehmen können. Für die Mitteilung etwaiger Fehler sind
Verlag und Autor jederzeit dankbar.
Internetadressen oder Versionsnummern stellen den bei Redaktionsschluss verfügbaren Informationsstand dar. Verlag und Autor übernehmen keinerlei Verantwortung
oder Haftung für Veränderungen, die sich aus nicht von ihnen zu vertretenden Um-
ständen ergeben.
Evtl. beigefügte oder zum Download angebotene Dateien und Informationen dienen
ausschließlich der nicht gewerblichen Nutzung. Eine gewerbliche Nutzung ist nur mit
Zustimmung des Lizenzinhabers möglich.

Herausgeber: Ulrich Dorn
Satz & Layout: Phoenix publishing services GmbH
art & design: www.ideehoch2.de
Druck: Himmer AG, Augsburg
Printed in Germany

ISBN 978-3-7723-**6379-5**

Profiwissen für Power-Fotografen

Herzlichen Glückwunsch, Sie haben sich eine der besten digitalen Spiegelreflexkameras zugelegt, die man als SLR-Einsteiger derzeit bekommen kann. Die Canon EOS 450D befriedigt allerdings durch ihre einfache Handhabung und tolle Bildqualität nicht nur die Bedürfnisse von absoluten Neulingen. Auch fortgeschrittene Fotografen und Menschen, die im Beruf häufiger mal eine Kamera benötigen, sollten die EOS 450D beim nächsten Kamerakauf auf der Rechnung haben.

Die EOS 450D steht vor allem für Handlichkeit, Zuverlässigkeit und einfache Handhabung. Sie bietet viele Funktionen, die man bisher nur bei den teureren Modellen wie z. B. der EOS 40D gefunden hat.

Stichwort Handling: Canon hat die Kameramenüs aufgeräumt und deutlich übersichtlicher gestaltet als bei früheren Modellen. Es klappt nun bedeutend schneller, sich durch die Menüs zu bewegen, und man kann sogar die am häufigsten benötigten Menübefehle in einer eigenen Liste ablegen. Außerdem wurden einige Tasten und Schalter teils neu angeordnet, teils neu belegt, und – ebenfalls ein großer Pluspunkt beim Handling – der Monitor wurde auf eine Diagonale von 3 Zoll vergrößert.

Alles in allem bekommt man im Moment praktisch keine andere Kamera, die für ihren Preis so viel gute Technik bietet. Und damit Sie auch noch das letzte Quäntchen Qualität aus Ihrer EOS 450D herausholen, steht in diesem Buch alles, was man über die digitale SLR wissen muss.

Jede Taste, jeder Schalter und jeder Menübefehl wird ausführlich und – was noch wichtiger ist – praxisorientiert mit Abbildungen und Fotos erklärt. Dazu gibt es zu Beginn einen kurzen, aber intensiven Überblick über die Grundlagen der digitalen Fotografie. Im Anschluss an das Kamera-Kapitel erhalten Sie umfassende Übersichten über das verfügbare und sinnvolle Objektivprogramm, über Blitzgeräte und weiteres sinnvolle Zubehör, das Ihnen beim Fotografieren hilft. Abgerundet wird der Ratgeber durch alle wichtigen Informationen und Grundlagen zur Bildbearbeitung und zum Umgang mit RAW-Dateien.

Ich wünsche Ihnen viel Spaß und ständig neue, interessante Motive.

Christian Haasz

Das Profibuch Canon EOS 450D

INHALTSVERZEICHNIS

PROFIBUCH EOS CANON 450D

1

CANON EOS 450D

KENNENLERNEN

KAPITEL 1
CANON EOS 450D KENNENLERNEN

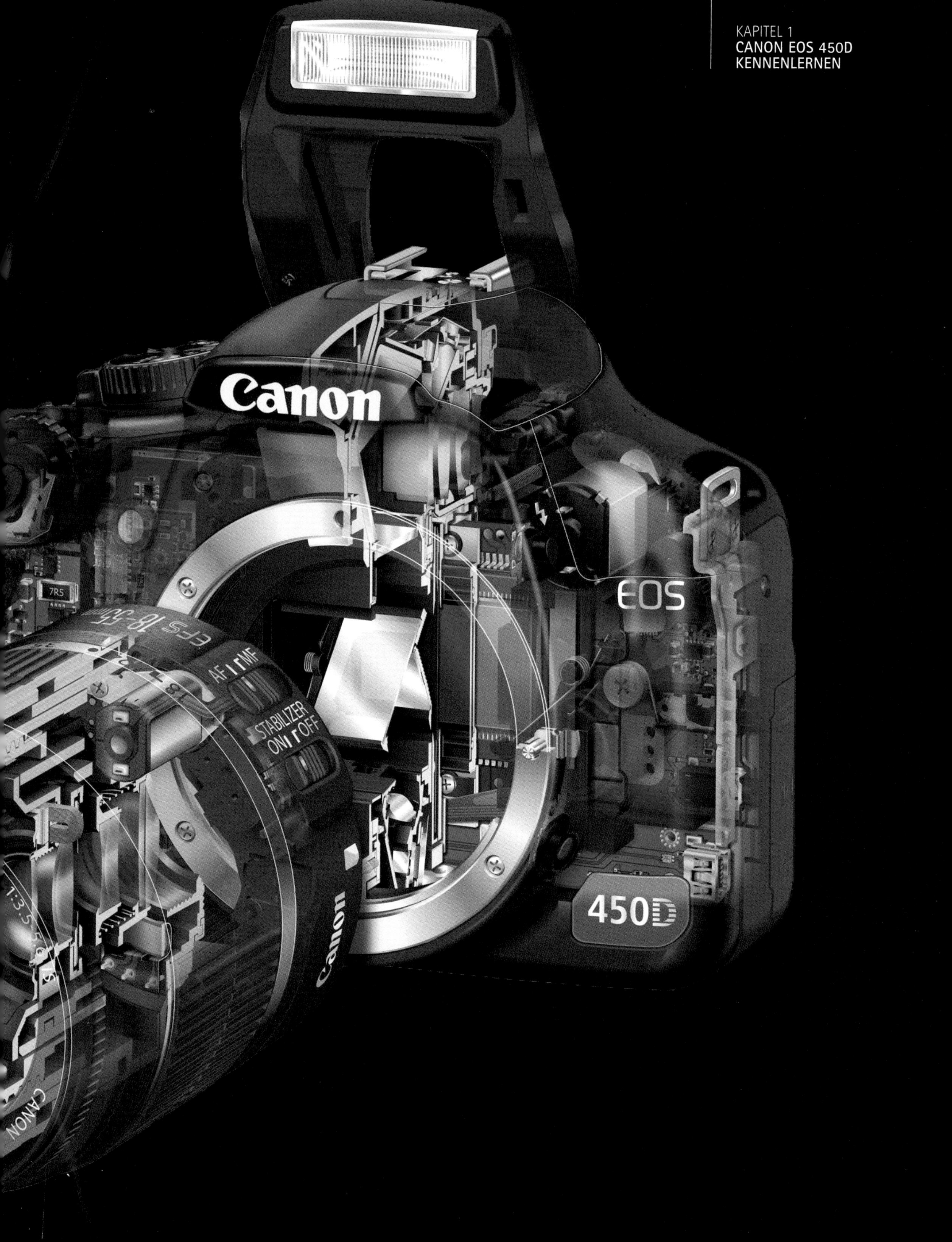

Canon EOS 450D kennenlernen

Die Canon EOS 450D ist in erster Linie eine Kamera für den Amateur, der tolle Schnappschüsse machen möchte und zwischendurch auch mal ganz bewusst Bilder gestaltet.

Handlich, übersichtlich und einfach zu bedienen – das sind nur drei der vielen Stärken der Canon EOS 450D.

Canon EOS 450D kennenlernen

Die EOS 450D ist ein weiterer Meilenstein in der Entwicklung digitaler Spiegelreflexkameras aus dem Hause Canon. Während die überaus erfolgreichen Canon-SLRs für Einsteiger dreistellige Modellnummern haben – EOS 300D, 350D, 400D und nun 450D –, richten sich die Kameras mit zweistelliger Nummerierung – EOS D30, D60, 10D, 20D, 30D und 40D – an die fortgeschrittenen Fotografen. Einstellige Typenbezeichnungen (1D, 1Ds, 5D) weisen auf das Profisegment hin. Geschwindigkeit und Bedienungskomfort der Einsteigerklasse sind von Generation zu Generation verbessert worden. Wer sich den jüngsten Spross der EOS-Familie mit der Bezeichnung 450D zulegt, bekommt ein Stück Technik, das mit seinen automatischen Aufnahmeprogrammen fast von allein für fabelhafte Fotos sorgt. Und wer die Kamera für maximale Qualität und Kreativität lieber manuell einstellt, wovon bei einem technischen Leckerbissen wie der 450D auszugehen ist, der wird mit der EOS 450D mit Sicherheit ebenfalls glücklich werden.

Kamera einsatzbereit machen

■ Nimmt man die EOS 450D zum ersten Mal in der Hand, fällt zunächst deren Handlichkeit und das geringe Gewicht auf. Die Abmessungen der Kamera zeigen deutlich, dass es sich hier um eine Einsteigerkamera handelt. Professionelle Kameras sind deutlich schwerer und umständlicher zu tragen. Die wichtigsten Bedienelemente können aufgrund der kompakten Dimensionen mit etwas Übung problemlos schnell erreicht werden. Mit ihrem Gewicht von 475 g (ohne Objektiv) ist die

ist ein Lithium-Ionen-Akku des Typs LP-E5 mit einer Kapazität von 1.080 mAh. Stecken Sie den Akku ins Ladegerät, das dann ans Stromnetz angeschlossen wird. Ist der Akku vollständig entleert, benötigt eine volle Ladung rund eine Stunde. Wenn die Kontrolllampe am Ladegerät nicht mehr blinkt, sondern permanent leuchtet, ist der Akku vollständig geladen.

Auf der Rückseite befinden sich die Bedienelemente, um die Kamera auf die Motivsituation und die persönlichen Bedürfnisse abzustimmen bzw. um Fotos zu kontrollieren und zu löschen.

Je nach Objektiv hat man weniger als 1 kg Technik in der Hand. Damit lassen sich auch längere Fotosessions locker durchstehen.

Canon EOS 450D leicht genug, um sie auch mal länger in der Hand zu halten. Dennoch macht sie, vor allem mit angeschraubtem Objektiv, nicht den Eindruck eines Fliegengewichts.

Der Lieferumfang der EOS 450D mit Kameragurt, Akku und Ladegerät, allen nötigen Kabeln, Software und Handbüchern.

Akku laden und einführen

Nach dem Auspacken Ihrer EOS 450D sollten Sie als Erstes den Akku laden. Der Kamera beigelegt

Nichts, was man nicht schon hundertmal gesehen hätte: Der Akku kommt ins Ladegerät, das Ladegerät ans Stromnetz. Hört das Lämpchen vorn auf zu blinken und leuchtet permanent, ist der Akku voll und wird in der Kamera verstaut.

Canon-Akkus sind narrensicher. Die Form und die Anschlüsse bestimmen, wie der Akku ins Kameragehäuse gesteckt werden muss. Um den Akku zu entnehmen, müssen Sie das Akkufach einfach öffnen und den weißen Schnapper entriegeln – der Akku springt dann aus seinem Fach.

EF-S-Objektive anschließen

Das EOS-Bajonett wurde von Canon mit der Einführung der Canon EOS 300D vor einigen Jahren um die EF-S-Variante erweitert. Einige spezielle, für digitale Spiegelreflexkameras entwickelte Objektive tragen die Bezeichnung EF-S, andere Canon-Optiken haben dagegen den Namenszusatz EF. Am Kameragehäuse zeigt ein kleines weißes Quadrat an, ob und wo ein EF-S-Objektiv an die Kamera geschraubt werden kann. EF-Ob-

CMOS-SENSOR

Der CMOS-Sensor (Complementary Metale Oxide Semiconductor) ist neben dem CCD-Sensor das am häufigsten in Digitalkameras eingesetzte Bilderfassungselement. Die Canon EOS 450D besitzt einen CMOS mit ca. 12 Megapixeln Auflösung.

Ein weißes Quadrat am EOS-Bajonett bedeutet, dass an diese Kamera auch EF-S-Objektive angeschlossen werden können. Der rote Punkt signalisiert: EF-Objektive sind ebenfalls verwendbar.

jektive haben in der Nähe der Stelle, an der bei EF-S-Pendants das weiße Quadrat sitzt, einen roten Punkt.

Der prinzipielle Unterschied: EF-S-Objektive sind speziell für digitale Kameras mit im Vergleich zum Kleinbildformat kleinflächigeren Aufnahmechips (CMOS) entwickelt worden. Man spricht hier vom sogenannten APS-C-Format, das in etwa um den Faktor 1,6 kleiner als das Kleinbildformat ist.

Der APS-C-Sensor der EOS 450D ist 22,2 x 14,8 mm groß. EF-Objektive sind für Kameras geeignet, die einen Chip besitzen, der mehr oder weniger der Fläche des aus der Analogfotografie bekannten Kleinbildformats entspricht. Je kleiner die Aufnahmefläche, desto kleiner (leichter, günstiger zu produzieren) kann die Optik sein. Mehr dazu, welche Objektive für Ihre EOS 450D geeignet sind, lesen Sie im Kapitel 7.

EINSCHRÄNKUNG BEIM EINSATZ VON EF-S-OBJEKTIVEN

Eine äußerst wichtige Einschränkung gibt es bei der Verwendung von EF-S-Objektiven: Da die Objektive kameraseitig ein wenig länger als EF-Objektive sind, darf die EF-S-Ausführung keinesfalls an Kameras verwendet werden, die nur für EF-Optiken geeignet sind. Ist am Anschluss einer Canon-Kamera (z. B. EOS 1D, 5D) nur ein roter Punkt (EF), nicht aber das weiße Quadrat für EF-S zu sehen, darf kein EF-S-Objektiv angeschlossen werden, da der Spiegel sonst beschädigt würde.

Hier darf kein EF-S-Objektiv angesetzt werden! Am Gehäuse der Canon 1D Mark II ist nur ein roter Punkt zu sehen. Die Kamera ist also nur für EF-Objektive geeignet.

Kamera einschalten

Ist der Akku geladen und in der Kamera verstaut, lässt sich die Kamera einschalten. Die Einschalttaste befindet sich rechts oben auf dem Gehäuse direkt am Programmwahlrad. Der Schalter hat zwei Positionen, *OFF* und *ON*. Stellen Sie den Schalter auf *ON*, wird die Kamera eingeschaltet. Der Sensor wird für ca. eine Sekunde in Vibration versetzt, um Staub von der Oberfläche zu schütteln. Sie bekommen davon allerdings nichts mit, da keine Anzeige darauf hinweist und die Vibrationen zu gering ausfallen, als dass man davon etwas spürt. Übrigens: Keine Angst, wenn Sie Ihre EOS für ein spontanes Motiv schnell schussbereit haben möchten. Der Reinigungsvorgang wird sofort beendet, sobald Sie den Auslöser antippen. Stellen Sie nach dem Einschalten der Kamera das Moduswahlrad auf das grüne Rechteck (Vollautomatik). Das LCD-Display auf der Kamerarückseite zeigt die wichtigsten aktuell eingestellten Aufnahme- und Kameraparameter. Hier können Sie unter anderem den Aufnahmemodus, die Messmethode zur Ermittlung von Belichtungswerten, den ISO-Wert und die eingestellten Belichtungswerte ablesen.

Funktionen von oben gesehen: Das Aufnahmeprogramm wird am Moduswahlrad eingestellt, das sich rechts vom Blitzschuh befindet. Davor ist die Taste zum schnellen Auswählen der ISO-Werts angebracht sowie das Hauptwahlrad und der Auslöser.

Speicherkartentyp wählen

Was jetzt noch fehlt, um die ersten Fotos zu schießen, ist eine Speicherkarte. Die Canon EOS 450D besitzt auf der von hinten gesehen rechten Gehäuseseite einen Einschub für SD-Speicherkarten. Sowohl SD-Speicher als auch MMC- und SDHC-Karten passen in den Slot. Durch die moderne Verarbeitungssoftware kommt die Kamera auch mit Speicherkarten klar, deren Kapazität größer als 2 GByte ist – Platz genug also für

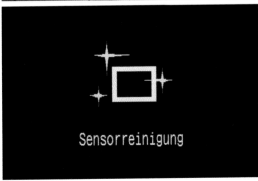

*Wenn Sie die Kamera ein- oder ausschalten, wird die automatische **Sensorreinigung** aktiviert.*

Die von der EOS 450D nutzbaren SD-Karten sind klein und sehr robust. Sie können normale SD-Karten wie auch die moderneren SDHC-Karten verwenden.

hunderte Fotos. Stecken Sie Ihre Karte in den Slot und schließen Sie den Deckel.

Speicherkarten: normal oder High-Speed?

Die EOS 450D ist zwar eine schnelle Kamera, Sie müssen aber trotzdem nicht die im Vergleich zu normalen Speicherkarten teureren High-Speed-Speicher kaufen. Lese- und Schreibgeschwindigkeiten der High-End-Speicher sind zwar um einiges höher als die „normaler" Speicherkarten, diese Geschwindigkeiten sind aber für die EOS 450D nicht notwendig, um flüssig zu fotografieren.

Im Zusammenhang mit dem Kartenslot sollten Sie immer an eines denken: Wird er geöffnet, schaltet sich die Kamera ab. Das kann problematisch werden, wenn die Bilder einer Reihenaufnahme noch nicht gespeichert sind und Sie die SD-Karte entfernen möchten. Bleibt die Karte im Slot, meldet sich die 450D auf dem Monitor mit einem Warnhinweis, der Ihnen mitteilt, dass der Speichervorgang noch nicht abgeschlossen ist. Vergewissern Sie sich daher immer vor dem Öffnen der Kartenfachabdeckung bzw. dem Entfernen der Karte, dass die Kamera mit Speichern fertig ist und die kleine rote Lampe rechts unten an der Kamerarückseite nicht mehr blinkt.

Grundsätzlich ist Ihre 450D nun einsatzbereit. Haben Sie den Autofokusschieber am Objektiv in Stellung *AF* gebracht, müssen Sie nur noch ein

Blinkt die Lampe rechts unten am Gehäuse, sollten Sie das Kartenfach nicht öffnen, um die Karte herauszunehmen, weil die Kamera noch Bilddaten auf die Speicherkarte schreibt.

Motiv anvisieren, den Auslöser halb durchdrücken, woraufhin die Kamera scharf stellt, und den Auslöser danach ganz durchdrücken. In Sekundenbruchteilen klappt der Spiegel hoch, der Verschluss wird geöffnet und wieder geschlossen, und die Kamera legt Ihr erstes mit der Canon EOS 450D geschossenes Foto auf der Speicherkarte ab. Im Prinzip funktionieren auf die gleiche Weise alle Kameras, da Sie aber ein digitales Spiegelreflexmodell haben, wollen Sie sicher mehr über die vielen Möglichkeiten Ihrer Kamera wissen.

Wichtige Neuerungen

Bei der EOS 450D hat Canon nicht nur kosmetische Modellpflege betrieben. Es wurden vielmehr ein paar handfeste und interessante Neuerungen eingeführt, die die Kamera noch besser zu bedienen und zuverlässiger bei der Bilderzeugung machen. Die wichtigsten Innovationen im Überblick:

Livebild – Motivkontrolle im Display

Früher konnte man mit digitalen Spiegelreflexkameras das Bildmotiv ausschließlich im Sucher kontrollieren. Kompakte Digitalkameras waren durch ihre Displays im Vorteil, denn sie zeigen das Motiv permanent. Außerdem lassen sich auch verrückteste Perspektiven realisieren, weil man das Display verdrehen und schwenken kann. Schwenkbar ist das Display der EOS 450D zwar nicht, es zeigt aber in den Kreativprogrammen *P, Av, Tv, M* und *A-DEP* nun auf Tastendruck – der *SET*-Taste auf der Kamerarückseite – ein Livebild

SERIENBILDER IN SCHNELLER FOLGE

Bei Serienbildern benötigt die Kamerasoftware eine kleine Weile, um die Bilddaten auf die Speicherkarte zu schreiben. Wenn Sie währenddessen die Kamera ausschalten, wird der Speichervorgang trotzdem beendet. Ein rotes Lämpchen an der Gehäuserückseite signalisiert das Speichern. Es gehen also trotz des Ausschaltens keine Daten verloren.

des Motivs samt Gitternetz zur Bildgestaltung (auf Wunsch).

Die entsprechenden Menübefehle zum Einschalten und Konfigurieren der Livebild-Funktion befinden sich im Menü *Einstellungen 2* (das fünfte Menü von links). Da der Sucher der EOS 450D relativ klein ist, macht das Livebild die Motivgestaltung oft leichter.

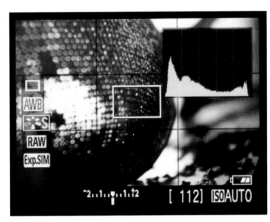

*Drückt man die **SET**-Taste, zeigt das Display der EOS 450D ein Livebild des anvisierten Motivs. Ein zweiter Druck auf die **SET**-Taste schaltet das Livebild wieder aus.*

Allerdings sollte man sich nicht hundertprozentig auf das Livebild verlassen, wenn man manuell fokussiert und den Autofokus abgeschaltet lässt.

Den Fokus kontrolliert man beim manuellen Scharfstellen besser im optischen Sucher oder indem man das Livebild vergrößert (bis maximal 10-fach). Mehr zum automatischen Scharfstellen im Livebild-Modus finden Sie später, wenn es um die Einstellungen der Individualfunktionen geht.

Vereinfachte Menüführung

Die Kameramenüs der 450D sind nun deutlich übersichtlicher, die Navigation ist stark vereinfacht. Wird das Menü mit einem Druck auf die Taste *MENU* aufgerufen, kann man sich mit dem Hauptwahlrad und/oder den Pfeiltasten, die um die *SET*-Taste angeordnet sind, schnell durch die Menüs bewegen. Neu festgelegte Einstellungen werden wie gewohnt mit der *SET*-Taste bestätigt.

*Mit dem Hauptwahlrad und den Pfeiltasten lässt sich sehr schnell durch die Einstellmenüs navigieren. Die **SET**-Taste in der Mitte des Schnelleinstellrads dient dazu, neue Einstellungen zu bestätigen.*

MANUELL FOKUSSIEREN IN DER LIVEBILD-ANSICHT

Die Livebild-Ansicht lässt sich zum manuellen Fokussieren 5- bzw. 10-fach vergrößern. Auf dem Display wird ein Fokussierrahmen eingeblendet, der anzeigt, auf welchen Motivbereich scharf gestellt werden soll. Der Rahmen kann mit den vier Pfeiltasten um die Taste *SET* verschoben werden. Drücken Sie anschließend die *Lupe*-Taste mit dem Pluszeichen (rechts oben auf der Kamerarückseite), um das Livebild zu vergrößern.

Automatische Sensorreinigung

Ein echtes Ärgernis bei vielen Spiegelreflexkameras ist die Tatsache, dass beim Wechsel des Objektivs schnell Staub ins Kameragehäuse eindringen und sich auf dem Sensor festsetzen kann. Canon hat sich die Anregungen der Fotografen zu Herzen genommen und das bereits bei der EOS 400D eingeführte Sensorreinigungssystem auch in die 450D eingebaut. Standardmäßig wird der Sensor beim Ein- und Ausschalten durch Vibrationen gereinigt. Halten Sie die Kamera dabei möglichst waagerecht, damit der Staub optimal abgeschüttelt werden kann. Auch die manuelle Reinigung ist natürlich noch möglich, wenn auch mit Sicherheit nicht mehr so häufig notwendig.

Beim Ein- und Ausschalten der Kamera wird der Sensor automatisch durch Vibrationen gereinigt. Der Vorgang kann über das entsprechende Menü auch manuell gestartet werden.

Selbstauslöser mit Serienbildfunktion

Ein neues Spaß-Feature wird Ihnen gefallen, wenn Sie häufig mal selbst mit aufs Bild möchten und mit Selbstauslöser fotografieren. Zusätzlich zum Standardselbstauslöser mit einer Verzögerung von zwei oder zehn Sekunden gibt es nun einen Modus, in dem Sie eine Serienbildanzahl zwischen zwei und zehn Fotos festlegen können (bei einer Verzögerung von zehn Sekunden bis zum ersten Auslösen). Die Kamera wird also aufs Stativ geschraubt, der Selbstauslösemodus mit einer Serienbildanzahl festgelegt und der Auslöser gedrückt. Dann springen Sie vor die Kamera zu Ihren Mitmotiven und werden gleich mehrfach geknipst.

Mit der EOS 450D kann man per Selbstauslöser sogar bis zu zehn Serienbilder schießen.

Bedienelemente der EOS 450D

Ihre neue EOS 450D hat eine Menge an Tasten und Schaltern, die zum Teil mit mehreren Funktionen belegt sind. Im Laufe der Zeit und mit zunehmender Erfahrung werden Sie die Funktionen schließlich nahezu blind beherrschen. Bis es jedoch so weit ist, erfahren Sie auf den nächsten Seiten alles, was Sie über die Bedienelemente Ihrer Kamera wissen müssen.

Tasten und deren Funktion

Im Folgenden finden Sie zu allen an der Kamera befindlichen Schaltern und Tasten Informationen zu deren Funktionen. Dazu gibt es einige Tipps, wenn sich hinter dem Offensichtlichen noch weitere Geheimnisse verbergen.

Ein-/Ausschalter

Der erste Schalter, mit dem Sie in praktische Berührung kommen, ist der Ein-/Ausschalter, der sich auf der Kameraoberseite befindet. Er hat zwei Positionen. In Stellung *OFF* ist die Kamera ausgeschaltet. Kein Strom wird verbraucht. Kleine Einschränkung zum Thema Strom und Akku: Der Akku verliert auch dann Ladung, wenn er nicht gebraucht wird. Deshalb sollten Sie bei einem wichtigen Ereignis einen Tag zuvor immer den Akku aufladen. Wenn Sie die Kamera ausschalten, indem Sie den Schalter auf *OFF* stellen, und es sind noch nicht alle gerade gemachten Fotos (z. B. einer Serienaufnahme) auf die Speicherkarte geschrieben worden, wird auf dem Display ein Hinweis eingeblendet und die Kamera erst nach Beendigung des Speichervorgangs

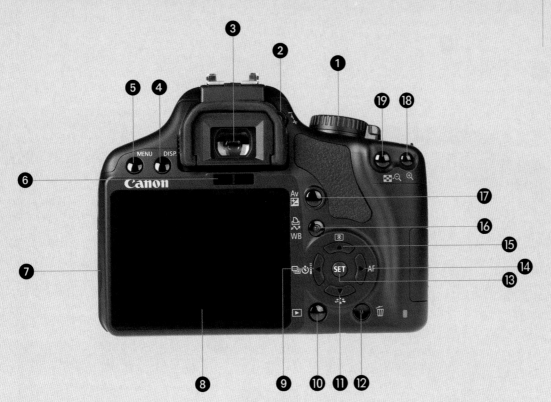

❶ Programmwahlrad

❷ Dioptrienkorrektur für Sucher

❸ Okular/Sucher

❹ Anzeige der Aufnahmeeinstellungen

❺ MENU-Taste

❻ LCD-aus-Sensor

❼ Videoausgang, USB-Anschluss,
Fernbedienungsanschluss

❽ LCD-Display

❾ Betriebsartauswahl

❿ Bildwiedergabe

⓫ Picture Style

⓬ Mülleimer/Bilder löschen

⓭ SET-Taste

⓮ AF-Taste/Betriebsart

⓯ Belichtungsmessmethode

⓰ Weißabgleich, Druckaufträge,
Datenübertragung

⓱ Belichtungskorrektur, Einstellen der Blende
bei Verschlussautomatik

⓲ AF-Messfeldwahl, Vergrößerung

⓳ AE-Speicherung, Blitzbelichtungsspeicherung, Verkleinern/Überblick

---

endgültig abgeschaltet. Auf diese Weise können nicht versehentlich Fotos verloren gehen.

In Stellung *ON* ist die Kamera eingeschaltet. Nach dem Drehen des Schalters auf *ON* wird die automatische Sensorreinigung ausgeführt. Das geht so schnell, dass Sie in der Regel davon nichts mitbekommen.

Auslöser

Der Auslöser wird mit dem Zeigefinder der rechten Hand betätigt. Er verfügt über zwei Druckpunkte. Das heißt, beim Herunterdrücken spüren Sie auf ungefähr halbem Weg einen ersten Druckpunkt. Ist dieser erreicht, stellt die Kamera automatisch scharf – wenn am Objektiv der *AF*-Schieber auf *AF* (Autofokus) steht. Anders ausgedrückt: Beim ersten Druckpunkt wird das Autofokussystem aktiviert.

Möchten Sie manuell fokussieren, ist das Fokussystem dennoch aktiv. Beim halben Durchdrücken des Auslösers und Halten in dieser Stellung werden diejenigen Schärfepunkte im Sucher mit roten Markierungen angezeigt, auf denen gerade die Schärfe liegt. Die Kamera gibt Ihnen also auch beim manuellen Fokussieren einen Hinweis darauf, ob das Scharfstellen geklappt hat.

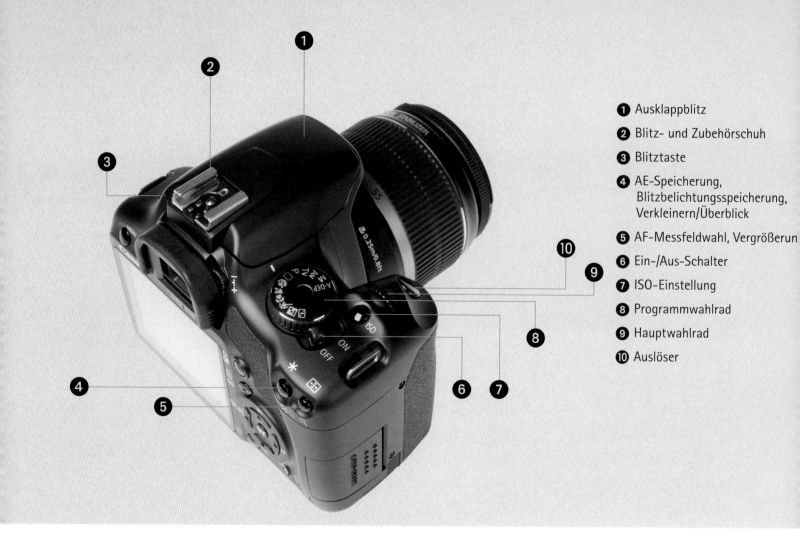

1. Ausklappblitz
2. Blitz- und Zubehörschuh
3. Blitztaste
4. AE-Speicherung, Blitzbelichtungsspeicherung, Verkleinern/Überblick
5. AF-Messfeldwahl, Vergrößerun
6. Ein-/Aus-Schalter
7. ISO-Einstellung
8. Programmwahlrad
9. Hauptwahlrad
10. Auslöser

Beim Erreichen des zweiten Druckpunkts (Auslöser ganz durchgedrückt) macht die Kamera eine Aufnahme. Wenn Sie auf Schnappschussjagd sind und schnell abdrücken, ohne den Auslöser zuvor halb durchzudrücken, kann es je nach Motiv einen Augenblick dauern, bis die Aufnahme gemacht wird. Ihre EOS 450D stellt nämlich auch beim sofortigen Durchdrücken des Auslösers zuerst scharf. Theoretisch ließe sich das Fokussieren zwar verhindern, indem Sie den *AF*-Schieber am Objektiv auf *MF* (manueller Fokus) stellen, dies ist aber wenig sinnvoll, da das Scharfstellen damit Glückssache wäre.

Moduswahlrad

Mit dem Moduswahlrad stellen Sie das Aufnahmeprogramm ein. Hier werden grundsätzlich zwei Gruppen von Programmen unterschieden: Kreativprogramme und Motivprogramme. Letztere sind vor allem für den Anfänger gedacht, wenn er sichergehen möchte, dass die Kamera optimal für eine bestimmte Aufnahmesituation eingestellt sein soll. Je nach Motiv – Porträt, Landschaft, Makro etc. – wählt die Kamera die richtigen Einstellparameter ganz automatisch aus. Allerdings sind die Motivprogramme nicht nur für blutige Anfänger geeignet. In Situationen, in denen es mal hektisch wird und Sie sich ganz auf Ihre Motive konzentrieren möchten, können Sie ebenfalls auf eines der Motivprogramme zurückgreifen. In der Regel liefert die EOS 450D sehr zuverlässig hervorragende Bilder mit den Motivprogrammen.

Fotografieren Sie mit einem der Kreativprogramme *P* (Programmautomatik), *Tv* (Blendenautomatik/Zeitvorwahl), *Av* (Zeitautomatik/Blendenvorwahl), *M* (manueller Modus) oder *A-DEP* (maximale Schärfentiefe), sollten Sie um die Zusammenhänge zwischen Blende, Verschlusszeit, ISO, Weißabgleich etc. wissen. Denn dann verlangt die Kamera von Ihnen, dass Sie die meisten Einstellungen für gelungene Fotos selbst vornehmen.

Hauptwahlrad

Mit dem Hauptwahlrad vorn beim Auslöser werden Kamerafunktionen, Menüs und Belichtungswerte verstellt. Drückt man auf die Funktionstaste *ISO* oben auf der Kamera, erscheint die entsprechende Liste mit ISO-Werten auf dem Display. Mit dem Hauptwahlrad kann man die Werte verändern. Außerdem kann nach dem Drücken der *AF*-Messfeldtaste rechts oben auf der Kamerarückseite ein *AF*-Messfeld ausgewählt werden (nur bei Kreativprogrammen).

Drehen Sie das Hauptwahlrad, ohne zuvor eine Taste gedrückt zu haben, werden je nach Belichtungsprogramm Blende oder Verschlusszeit eingestellt. Ist das Kameramenü aktiv (Taste *MENU*), können Sie mit dem Hauptwahlrad schnell zwischen den Hauptrubriken wechseln. Die einzelnen Befehle der Hauptmenüs werden mit den Pfeiltasten auf der Kamerarückseite angesteuert.

Funktionstaste ISO

Oben auf dem Kameragehäuse befindet sich eine Taste mit der Bezeichnung *ISO*. Um den ISO-Wert (Empfindlichkeit) zu verändern, wird die Taste gedrückt und das Hauptwahlrad gedreht. Sie haben die Auswahl zwischen automatischer ISO-Einstellung durch die Kamera und Werten zwischen ISO 100 und 1600.

Stern-Taste

Mit der *Stern*-Taste haben Sie Zugriff auf vier Funktionen. Die beiden Hauptfunktionen drehen sich um die Messwertspeicherung (Belichtung und Blitzbelichtung). Mit den Nebenfunktionen (durch ein blaues Lupensymbol mit Minuszeichen verdeutlicht) können Sie beim Betrachten von Bildern auf dem Display den Zoomfaktor reduzie-

NICHT ALLE FUNKTIONEN IMMER VERFÜGBAR

Welche Einstellungen Sie an Ihrer EOS 450D verstellen können, hängt davon ab, welches Aufnahmeprogramm am Moduswahlrad (oben rechts auf der Kamera) aktiviert ist. Arbeiten Sie mit einem Motivprogramm für Landschaft, Nahaufnahmen etc., werden Werte wie Blende, Verschlusszeit, ISO-Wert, die Betriebsart oder der Autofokusmodus automatisch von der Kamera vorgegeben. Fotografieren Sie mit einem der Kreativprogramme (*M*, *Av*, *Tv*, *P*, *A-DEP*), haben Sie mehr Möglichkeiten, auf die Funktionsweise der Kamera einzuwirken.

Messblitz wird ausgestrahlt –, und die erforderliche Blitzleistung wird gespeichert. Schwenken Sie die Kamera nun im Sinne der Bildgestaltung vom zuvor gemessenen Motiv weg, sendet der Blitz exakt die Lichtmenge, die für die richtige Belichtung des Hauptmotivs ermittelt wurde.

AF-Messfeldwahl

Ihre EOS 450D hat neun Messfelder für den Autofokus. Fotografieren Sie im Automatikmodus, wählt die Kamera das Hauptmotiv selbstständig und verwendet das jeweilige Fokusmessfeld automatisch. Möchten Sie in den Kreativprogrammen (außer *A-DEP*) ganz bewusst ein bestimmtes Messfeld wählen, drücken Sie die Taste zur *AF*-Messfeldwahl. Bei bewegten Motiven empfiehlt es sich z. B., ausschließlich das mittige Messfeld zu aktivieren. Drehen Sie nun das Hauptwahlrad oder drücken Sie eine der vier Pfeiltasten auf der Kamerarückseite und sehen Sie dabei durch den Sucher. Die rot beleuchteten Messfelder werden nacheinander angefahren. Alternativ zum Blick durch den Sucher können Sie die Messfeldauswahl auch auf dem Display kontrollieren.

ren oder die Mehrfachanzeige (zum Betrachten von vier oder neun Bildern gleichzeitig) starten.

Interessant beim Fotografieren sind eher die Hauptfunktionen. Haben Sie auf ein Motiv fokussiert und dabei den Auslöser halb durchgedrückt, können Sie anschließend zum Speichern der ermittelten Belichtungswerte die *Stern*-Taste drücken. Wenn Sie danach die Kamera wieder in einen anders beleuchteten Bereich schwenken, bleiben die zuvor gespeicherten Werte trotzdem gültig. Drücken Sie den Auslöser dann ganz durch, um mit den gespeicherten Werten Ihre Aufnahme zu machen.

Nach dem gleichen Prinzip funktioniert das Speichern der Blitzbelichtungswerte: Motiv anvisieren, fokussieren, *Stern*-Taste drücken – ein

Eine zweite Funktion bietet die Taste für die Wahl des *AF*-Messfelds im Zusammenhang mit der Bildkontrolle. Betrachten Sie eine Aufnahme auf dem Display, dient die Taste dazu, den Zoomfaktor zu erhöhen und das dargestellte Bild zu vergrößern.

Pfeiltasten mit Doppelfunktion

Mit den Pfeiltasten, die rund um die Taste *SET* angeordnet sind, lässt sich gleich ein ganzes Bündel von Einstelloperationen ausführen.

Mit der oberen Taste kann die *Belichtungsmessmethode* (Mehrfeld, selektiv, Spot, mittenbetont) eingestellt werden, die rechte Taste ist für den *Autofokusmodus* (*ONE SHOT, AI FOCUS, AI SERVO*) zuständig.

Mit der unteren Taste können Sie verschiedene *Bildstile* (*Picture Styles*) auswählen, mit der linken Taste wird die *Betriebsart* (Einzelbilder, Serienbilder, Timeraufnahmen) festgelegt. Um eine der Funktionen aufzurufen, genügt ein Druck auf die entsprechende Taste. Auf dem Display erscheint die jeweilige Anzeige mit den Einstelloptionen.

Weiterhin sind die Pfeiltasten natürlich auch dazu da, in den Kameramenüs und den Displayanzeigen zu navigieren. So können Sie unter anderem das *AF*-Messfeld auswählen, Feineinstellungen am Weißabgleich im entsprechenden Kameramenü *WB-Korrektur* vornehmen, bei Livebild-Aufnahmen den Fokussierrahmen bewegen und in der vergrößerten Anzeige während der Bildkontrolle durchs Bild navigieren.

Taste SET

Die *SET*-Taste hat verschiedene Aufgaben. Während der Aufnahme mit einem Kreativprogramm (*P, M, Av, TV, A-DEP*) können Sie das Livebild ein- und ausschalten, beim Navigieren in den Kameramenüs werden neue Einstellungen mit einem Druck auf die Taste *SET* gespeichert. Werden die Werte für AF-Modus, Betriebsart, Bildstil, Belichtungsmessmethode oder Weißabgleich verändert, müssen Sie die neu ausgewählten Optionen ebenfalls mit einem Druck auf die *SET*-Taste quittieren.

VORGEGEBENE BILDSTILE

Es gibt einige von der Kamera vorgegebene Bildstile für verschiedene Aufnahmesituationen. Sie können im entsprechenden Kameramenü auch eigene Aufnahmeparameter (z. B. Schärfe, Kontrast, Farbsättigung etc.) festlegen und als eigene Picture Styles speichern. Über die Taste *Picture Style* lassen sich die Stile schnell aufrufen. Fotografieren Sie RAW-Bilder (nicht JPEG), haben die Picture Styles übrigens keinen Einfluss auf die Fotos, weil Parameter wie Schärfe, Kontrast und Sättigung ohnehin erst am Computer bei der RAW-Entwicklung festgelegt werden.

Taste WB, Drucken und Übertragen

Rechts neben dem Display befindet sich eine mit *WB* gekennzeichnete Taste, die eine Dreifachfunktion besitzt. Mit dieser Taste können Sie einerseits den Weißabgleich festlegen, um Farbstiche beim Fotografieren zu vermeiden (mehr dazu weiter unten), zuvor im Kameramenü definierte Druckaufträge starten oder mithilfe des Menübefehls *Direktübertragung* ausgewählte

Fotos per Tastendruck auf einen Rechner übertragen. Mehr zur Bildauswahl und zum Direktdruck erfahren Sie später, wenn die einzelnen Kameramenüs erklärt werden.

Taste Av

Ebenfalls rechts neben dem Display ist die Taste *Av* angeordnet, mit der man im Aufnahmemodus *M* (manuell) den Blendenwert verändert. Dazu wird die Taste gedrückt gehalten, während das Hauptwahlrad vorn gedreht wird. Außerdem dient die Taste dazu, Belichtungskorrekturen vorzunehmen. Fotografieren Sie z. B. im Programm *Av* (Zeitautomatik), ermittelt die Kamera die Verschlusszeit bei voreingestellter Blende ganz automatisch. Weicht die Helligkeit des Motivs jedoch stark von 18-prozentigem Grau (Referenz für den Belichtungsmesser der Kamera) ab, ist eine Korrektur der Verschlusszeit nötig, um trotzdem korrekt belichtete Bilder zu erhalten (mehr zu dieser Thematik lesen Sie weiter hinten).

Halten Sie dazu die *Av*-Taste gedrückt und drehen Sie das Hauptwahlrad. Auf dem Display wird die Korrekturskala unterhalb der Blenden- und Verschlusszeitanzeige blau hinterlegt gezeigt, und die kleine Markierung, die in der Regel in der Mitte steht, wandert beim Drehen des Hauptwahlrads nach links oder rechts.

Tasten Play und Mülleimer

Rechts unten am Display finden Sie eine Taste, die eigentlich kaum einer Erklärung bedarf, da man so eine Taste an jeder Digitalkamera findet. Es handelt sich um die *Play*-Taste, mit der man die Bildanzeige starten kann, um die auf der Speicherkarte abgelegten Fotos auf dem Monitor zu sichten. Sobald ein Bild angezeigt wird, können Sie den Bildbestand mit den Pfeiltasten (rechts/links) durchgehen.

Rechts neben der *Play*-Taste befindet sich die *Mülleimer*-Taste, die einfach nur dazu gedacht ist, Bilder während des Sichtens schnell zu löschen.

Das LCD-Display und die Taste DISP

Canon hat der EOS 450D einen richtig großen Monitor spendiert, der beim Navigieren in den Kameramenüs und bei der Bildkontrolle richtig Freude aufkommen lässt. Das 3-Zoll-Display hat eine Auflösung von ca. 230.000 Pixeln, die Helligkeit lässt sich im Kameramenü in sieben Stufen regeln. Die wichtigsten Kamera- und Aufnahmeparameter sieht man standardmäßig auf dem Display – ein interessantes Feature für alle, die schon mit der EOS 400D gearbeitet und sich daran gewöhnt haben, die Aufnahmeparameter nicht im Sucher, sondern auf dem Monitor zu kontrollieren. Wenn Sie die Anzeige abschalten möchten, drücken Sie die Taste *DISP* links vom Sucher.

Mit 230.000 Pixeln Auflösung bietet das LCD-Display der EOS 450D genug Reserven für sichere Bild- und Schärfekontrolle.

Drücken Sie die Taste DISP mehrmals, um sich die Kameraparameter groß auf dem Monitor anzeigen zu lassen oder das Display abzuschalten.

Taste MENU

Wichtig für die detaillierte Konfiguration Ihrer EOS 450D ist das Kameramenü mit seinen vielen Einstellungsbefehlen. Das Menü erreicht man über die Taste *MENU*. Die Taste dient grundsätzlich keinem anderen Zweck als dem Aufrufen

der Kameramenüs auf dem Display. Wenn Sie ein Menü verlassen oder die Displayanzeige des Menüs schließen möchten, können Sie erneut die Taste *MENU* drücken.

Dioptrieneinstellung

Da nicht alle Menschen die gleiche Sehstärke haben, lässt sich der Sucher sehr einfach über ein kleines Rädchen rechts oben am Sucher auf die individuelle Dioptrienzahl einstellen. Blicken Sie dazu durch den Sucher auf eine helle Fläche wie z. B. eine Wand. Orientieren Sie sich bei der Kontrolle der richtigen Dioptrieneinstellung an den Fokusmarkierungen. Drehen Sie das Rädchen dann nach links oder rechts, bis Sie die rechteckigen Fokusmarkierungen optimal scharf sehen.

Der Sucher

Beim Blick durch den Sucher offenbaren sich dem Fotografen nicht nur seine Motive – obwohl das natürlich die erste Funktion des Suchers ist –, sondern auch diverse Aufnahmeparameter. Wenn Sie das Motiv im Sucher – genauer gesagt, im Dachkant-Spiegelprismensucher – sehen, steckt hinter diesem vermeintlich simplen Vorgang eine Menge feinster Technik. Vor allem interessant: Ein klappbarer Spiegel im Inneren der Kamera lenkt das durch das Objektiv fallende Licht nach oben in ein Prisma, wo es nochmals umgelenkt wird, um im Sucher zu erscheinen. Das Sucherbild deckt ca. 95 % der später aufgenommenen Motivfläche ab, das gespeicherte Bild hat also um 5 % mehr Rand als das Sucherbild.

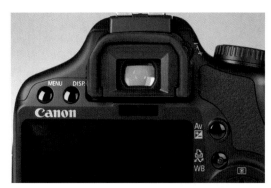

Die Okularabdeckung über dem Sucher lässt sich entfernen. Man kommt dann besser an das Rädchen zur Dioptrieneinstellung heran, außerdem lässt sich der Sucher besser reinigen.

Enthusiasten aufgepasst: Die in die Kamera eingebaute Mattscheibe mit dem Fokuskreis in der Mitte und den neun Fokuspunktmarkierungen lässt sich nicht wie bei professionelleren Modellen austauschen. Wie anfangs erwähnt, präsentiert der Sucher nicht nur das Motiv und die Fokuspunkte, sondern auch Aufnahmeinformationen. Man sieht ganz rechts einen Punkt, der die gelungene (oder nicht gelungene) Fokussierung andeutet (Schärfeindikator), Belich-

tungsinformationen (Blende, Verschlusszeit), die ISO-Empfindlichkeit, die Anzahl der verbleibenden Aufnahmen auf der Speicherkarte und die verbleibende Anzahl an Bildern, die der interne Pufferspeicher noch aufnehmen kann (Serienaufnahmen). Sie werden im Laufe der Zeit und mit zunehmender Erfahrung mit den Sucheranzeigen immer vertrauter. Gewöhnen Sie sich am besten schon von Anfang an die Kontrolle mit einem kurzen Blick auf die Daten im Sucher an.

Markierung der Bildebene

Oben auf der Kamera links vom Blitz finden Sie in kleines, ins Gehäuse gestanztes Symbol, das wie ein Kreis mit einem Strich aussieht. Dieses Symbol zeigt die exakte Lage des Sensors bzw. der Aufnahmefläche innerhalb der Kamera an. Der Sinn der Sache? Wenn Sie sehr exakte, aus mehreren Einzelbildern zusammengesetzte Panoramen mit dem entsprechenden Zubehör (z. B. Stativ mit Panoramakopf) aufnehmen möchten, müssen Sie für die genaue Positionierung der Kamera auf der Drehachse wissen, wo sich die Sensor-/Bildfläche befindet. Die Kamera wird um den sogenannten Nodalpunkt gedreht, damit die Einzelbilder der Panoramaserie ohne perspektivische Verzerrungen montiert werden können. Um die Lage des Nodalpunkts, der sich brennweitenabhängig irgendwo auf der optischen Achse befindet, zu berechnen, ist die Lage der Bildebene wichtig.

Schärfentiefeprüfung

Eine Zeit lang war die Taste zur Schärfentiefeprüfung ein relativ exklusives Feature, das man nur an professionellen Kameras fand. Heute ist die Taste, die sich bei der EOS 450D unterhalb der Objektiventriegelung an der Kameravorderseite befindet, zum Standard geworden. Ihr großer Nutzen ist unbestreitbar, denn vor dem Auslösen zu wissen, wie groß die zu erwartende Schärfentiefe ist – und damit die Distanz im Bild, die scharf abgebildet wird – ist wirklich von Vorteil. Falls Sie noch nie mit der Schärfentiefetaste gearbeitet haben, hier ein kleines Beispiel:

[1] Sie fotografieren eine Landschaft mit einem markanten Vordergrundmotiv wie z. B. ein paar Felsen, einem Baum oder Menschen. Sie möchten, dass auf der Aufnahme sowohl der Vorder- als auch der Hintergrund möglichst scharf gezeigt werden.

[2] Dazu schrauben Sie die Kamera auf ein Stativ, stellen als Aufnahmemodus *Av* (Blendenvorwahl) und eine Weitwinkelbrennweite ein und wählen eine kleine Blende (f11, 16 etc.) vor. Fokussiert wird auf das Vordergrundmotiv.

[3] Um nun einen Eindruck davon zu gewinnen, wie scharf die Landschaft im Hintergrund wird, drücken Sie die Taste zur Schärfentiefeprüfung und blicken durch den Sucher.

Die Taste bewirkt, dass sich die Blende schließt und Sie nun exakt das sehen, was später auch auf der Aufnahme zu sehen sein wird. Mit einer kleinen Einschränkung: Haben Sie eine sehr kleine Blende (f18, 22 etc.) eingestellt, wird das Sucherbild natürlich ziemlich dunkel. Immerhin gelangt durch die winzige Blende kaum noch Licht. Später bei der Aufnahme wird diesem Umstand durch eine längere Verschlusszeit Rechnung getragen, das Bild wird also durch die richtige Kombination aus Blende und Verschlusszeit korrekt belichtet.

Falls Sie bei der Schärfentiefeprüfung feststellen, dass Ihnen die Schärfentiefe im Bild nicht ausreicht und der Hintergrund zu unscharf wird, wählen Sie einfach eine andere, noch kleinere Blende und eine noch kleinere Brennweite.

AUFNAHMEDATEN	
Brennweite	17 mm
Belichtung	1/60 sek
Blende	f11

Hier sieht man den Einfluss der Blende auf die Schärfentiefe: Je kleiner die Blende (großer Blendenwert), desto größer die Schärfentiefe. Vom Vordergrund bis zum Hintergrund ist alles scharf wiedergegeben.

Ermitteln der Schärfeleistung

Schärfe definiert sich für das menschliche Auge in erster Linie als Kantenkontrast. Je deutlicher sich eine Fläche oder Linie von der Umgebung abgrenzt, als desto schärfer wird das Bild empfunden. Dabei spielen auch Farb- und Komplementärkontraste eine wesentliche Rolle. Die eigentliche Bildschärfe ist abhängig von der Auflösung des Bildes und von der Auflösung des verwendeten Objektivs.

Durch die Erhöhung der ISO-Empfindlichkeit und das damit verbundene höhere Grundrauschen vermindert sich auch die im Bild darstellbare Schärfe. Das Rauschen löst Flächen und Kanten auf. Besonders bemerkbar macht sich das bei einer starken Vergrößerung. Werden die Bilder nur klein abgebildet, ist dieser Effekt weniger deutlich.

Zur Ermittlung der optimalen Werte kann eine Grafik, der Siemensstern, abfotografiert werden. Dieser besteht aus keilförmig aufeinander zulaufenden und immer feiner werdenden Liniensegmenten, die sich in der Mitte in einem Punkt treffen. Die Auflösung endet da, wo die Linien miteinander verschwimmen. Sie wird dabei nicht in Pixeln, sondern in Linien pro mm angegeben. Diese Bildvorlage wird hauptsächlich zum Testen von Objektiven verwendet.

Blitz-Taste

Ist der Kamerablitz noch eingerastet, können Sie ihn mit einem Druck auf die *Blitz*-Taste aufklappen lassen. Ansonsten hat diese Taste keine weitere Funktion. Kleiner Hinweis: Der Kamerablitz wird in den meisten Motivprogrammen (außer *Landschaft*, *Sport* und *Kein Blitz*) automatisch ausgeklappt, wenn die Lichtverhältnisse verwacklungsfreie Aufnahmen nicht zulassen würden. Ist es zu dunkel, merkt das Ihre Kamera und schaltet den Blitz zu. In den Kreativprogrammen müssen Sie selbst entscheiden, ob Blitzlicht nötig ist.

Blitzschuh/Zubehörschuh

Oben auf dem Kameragehäuse sitzt der Zubehörschuh mit den Kontakten zur Blitzkommunikation. Hier werden externe Blitzgeräte oder Steuer-

Der Siemensstern zum Ermitteln der Schärfeleistung von Objektiven. Eine große Version des Bildes finden Sie am Ende dieses Kapitels.

einheiten für kabelloses Blitzen aufgesetzt. Je nach Gerät werden über die Kontakte entweder nur das Auslösesignal oder komplexe E-TTL-II-Signale für die automatische Blitzbelichtung übertragen.

Rote-Augen-Lampe

Vorn neben dem Griff der Kamera befindet sich eine kleine Lampe. Sie ist erstens dazu gedacht, die gefürchteten roten Augen zu verhindern, und zweitens, den Countdown des Selbstauslösers anzuzeigen. Um die Rote-Augen-Reduktion einzuschalten, müssen Sie den entsprechenden Befehl im Kameramenü aktivieren. Sobald Sie mit Blitz fotografieren, sendet die kleine Lampe einen ziemlich grellen, gelben Lichtstrahl aus, der die Pupillen der fotografierten Menschen dazu bringt, sich zu verengen. Dadurch wird die Reflexion der Netzhaut – die Ursache der roten Augen – verhindert.

Wenn Sie mit Selbstauslöser fotografieren, können Sie verschieden lange Countdowns einstellen, um sich noch vor der Kamera zu platzieren. Die Lampe leuchte nach dem Drücken des Auslösers im Sekundentakt auf. Am Ende des Countdowns kurz vor dem Auslösen blinkt sie schließlich in schneller Folge.

Anschlüsse für Video, Fernbedienung und USB

Links am Kameragehäuse (von hinten betrachtet) befinden sich drei Anschlussbuchsen, die von einer Gummiabdeckung geschützt werden. Oben sitzt der Videoausgang. Hier können Sie das mitgelieferte Cinchkabel einstecken, um die Kamera mit dem AV-Eingang eines Fernsehers oder Beamers zu verbinden. In der Mitte befindet sich der Anschluss für das Fernauslösekabel RS60-E3 und unten ist die USB-Buchse angeordnet, in die das mitgelieferte USB-Kabel zur Verbindung mit dem Computer oder einem Direktdrucker eingesteckt wird.

Technische Fakten und Grenzen

Nachdem Sie sich mit der Bedienung Ihrer EOS 450D vertraut gemacht haben, nun ein kurzer Exkurs in grundlegende technische Fakten und Hintergründe. Wenn Sie also einfach mal loslegen möchten und keine Lust haben, sich mit ein wenig Grundlagentechnik zu befassen, blättern Sie einfach weiter zum nächsten Kapitel. Heben Sie sich dieses Kapitel dann einfach für später auf und blättern Sie es durch, wenn Sie ein wenig Muße dazu haben. Denn eines ist sicher: Ohne ein wenig Hintergrundwissen werden Sie in einigen Situationen nicht wissen, warum der eine oder andere Fehler passiert oder die Bildqualität von manchen Aufnahmen in Extremsituationen doch nicht so optimal ist. Zwar können Sie sich in fast jeder Lage auf Ihre neue EOS 450D verlassen, zaubern kann die Kamera aber nicht. Manchmal muss man einfach ein paar technische Fakten kennen, um die Grenzen der Kamera besser einschätzen zu können, und mit anderen Einstellungen oder ein paar Tricks reagieren, um doch noch eine gute Aufnahme aus einer fotografisch komplizierten Situation herauszuholen.

Digital versus analog

Früher war ja alles irgendwie einfacher. Film in die Kamera, Automatikprogramm ausgewählt, abgedrückt. Und heraus kamen entweder gut gelungene Fotos oder fotografischer Müll. Im wahrsten Sinne des Wortes. Denn Negative und Abzüge von schlecht belichteten Aufnahmen konnte man wirklich in die Tonne werfen. Trotzdem, als Analogfotograf hatte man immer eine gute Ausrede parat. Entweder war der falsche Film eingelegt, die Kamera nicht gut genug, oder das Labor hatte die Entwicklung verhunzt. Einen Laien konnte man mit so einer Erklärung immer überzeugen. Heute, da auch nahezu jeder Laie mit einer digitalen Kompaktkamera auf Fotopirsch geht, wird's schon schwieriger mit den Ausreden. Entweder ich beherrsche mein Handwerk (und meine Kamera) – oder eben nicht.

Nie mehr Bildermüll

Im digitalen Zeitalter entsteht praktisch kein Müll, Sie können theoretisch jede Aufnahme so oft wiederholen, bis das Motiv perfekt im Kasten ist: einfach die Fehlversuche von der Speicherkarte löschen und mit neuen Kameraeinstellungen von vorn beginnen. Womit ich schon beim ersten und wichtigsten Unterschied zwischen digitaler und analoger Fotografie wäre: Digitale Bilder existieren nach dem Drücken des Auslösers nur auf der Speicherkarte – kein Negativ, keine Entwicklung, kein Müll im Fall eines Fehlversuchs. Neben der scheinbaren Umweltfreundlichkeit der Digitalfotografie (über die Ökobilanz einer Digitalkamera im Vergleich zu einer analogen kann hier keine Aussage getroffen werden) ist deren großer Vorteil, dass ein Anfänger definitiv schneller lernen kann, zu besseren Bildern zu kommen. Wo früher mit Filmmaterial oft Zögern und die Angst vor hohen Kosten angesagt waren, kann nun unbeschwert experimentiert werden.

Farben und Filter

Noch ein Problem der analogen Fotografie ist aus heutiger Sicht kaum mehr von Bedeutung: die Lichtfarbe. Jede fotografisch interessante Situation wird unter bestimmten Lichtverhältnissen aufgenommen: bei Tageslicht oder im Kerzenschein, im blauen oder roten Licht der Dämmerung oder unter dem magentastichigen Licht von Neonröhren. Die analoge Fotografie bot, um natürliche Farben zu erhalten, grundsätzlich zwei Möglichkeiten: die Unterscheidung zwischen Tageslicht- und Kunstlichtfilm sowie die Verwendung von Konversionsfiltern zur Farbkorrektur. Zunächst entscheidet sich der Fotograf für einen Filmtyp. Arbeitet er in einer Standardsituation, z. B. draußen bei Tageslicht, liefert der Tageslichtfilm gute Ergebnisse.

Der Tageslichtfilm berücksichtigt, dass Tageslicht eine relativ hohe Farbtemperatur (um 5.000 K und mehr) hat. Kunstlicht hat eher niedrige Farbtemperaturen von weniger als 2.500 K (Kelvin), worauf der Kunstlichtfilm „geeicht" ist. Kommt in eine Standardsituation noch eine zusätzliche Lichtquelle, die die Farbtemperatur beeinflusst, bleibt dem Profi nichts anderes übrig, als die Farbtemperatur zu messen (teuer) und einen entsprechenden Konversionsfilter (genormter Farbfilter) vors Objektiv zu schrauben, um Farbstiche auszufiltern. Viel Aufwand für perfekte Farben.

Mit der Digitalkamera stellen Sie einfach den richtigen Weißabgleich ein und bekommen in aller Regel ein sauberes Ergebnis. Punkt. Und wenn doch noch Farbstiche entstehen, kann man diese leicht am Computer mit der entsprechenden Software beheben. Keine Farbmessgeräte, keine Konversionsfilter. Und trotzdem muss man wissen, dass Licht farbig ist und die Farben jeder

Wenn's mit der Aufnahme mal nicht so geklappt hat, konnte man Negative oder Dias kaum mehr retten. Heute lassen sich ein wenig über- und unterbelichtete Fotos schnell per Bildbearbeitung in gewissen Grenzen aufpäppeln.

Aufnahme beeinflusst. Nur so lässt sich mit dem Weißabgleich der Digitalkamera professionell umgehen.

Sensortechnologie

In der analogen Fotografie wird Filmmaterial belichtet, in der digitalen Fotowelt registriert und verarbeitet ein elektronisches Bauteil das durch ein Kameraobjektiv einfallende Licht. Optische Signale (Licht) werden in einer Digitalkamera in elektrische Signale umgewandelt. Ein optischer Sensor liefert entsprechend dem eintreffenden Licht ein elektrisches Signal, das als digitaler Datenstrom gespeichert wird. In der digitalen Fotografie kommen zwei Typen von Sensoren zum Einsatz – CCD- und CMOS-Sensoren.

Funktionsweise des CCD

Ein CCD-Element (Charged Coupled Device – ladungsgekoppeltes Halbleiterelement) besteht grundsätzlich aus mehreren Tausend winzigen Lichtsensoren (Fotodioden). Sobald Licht auf die

┌ ┐
    i
└ ┘

FILM VS. SENSOR

Filmmaterial ist für den Fotoanfänger relativ schwer zu handhaben. Gute bis professionelle Ergebnisse erfordern eine sehr exakte Arbeitsweise bzw. viel Erfahrung im Umgang mit dem analogen Filmmaterial. Durch die schnelle Verfügbarkeit einer digitalen Aufnahme zur Kontrolle auf einem Display hat der Neuling bei der Arbeit mit der Digitalkamera einen entscheidenden Vorteil. Ist eine Aufnahme missglückt, wird die Kamera auf einen anderen Zeit- oder Blendenwert eingestellt und das Foto einfach wiederholt. Eine ähnliche Funktion der unmittelbaren Bildkontrolle in Bezug auf Belichtung und Bildaufbau boten bzw. bieten in der analogen Fotografie nur die altbekannten Polaroids (Sofortbilder).

In dieser Schnittgrafik sieht man sehr gut, wo der Kamerasensor der Canon EOS 450D sitzt. Vor dem Sensor befindet sich der schräg stehende Spiegel, der der Spiegelreflexkamera seinen Namen gibt.

Lichtsensoren eines CCD-Elements fällt, entstehen elektrische Ladungen, die proportional zur Belichtung und dementsprechend variabel ausfallen. Elektrische Ladungen werden von einem A/D-Wandler (Analog/Digital-Wandler) in digitale Daten umgesetzt. Während in Digitalkameras Flächen-CCDs eingesetzt werden, arbeiten Scanner mit CCD-Zeilensensoren, die eine Vorlage in vielen Schritten zeilenweise abtasten. Der Flächensensor einer Digitalkamera benötigt (logischerweise) nur einen Belichtungsvorgang zur Erfassung einer Bildvorlage. CCD-Sensoren sind die am mit Abstand häufigsten in Digitalkameras eingesetzten Sensortypen.

Mosaikfilter

Da das Bild der sichtbaren Welt in der Regel aus Farben besteht, muss ein Sensor natürlich in der Lage sein, Farben zu erkennen. Dazu werden auf die Schutzschicht eines Sensors (sowohl CCD als auch CMOS) sogenannte Mosaikfilter aufgedampft. Ein Mosaikfilter besteht aus winzigen Farbflächen, die für jeden zu erfassenden Bildpunkt jeweils nur eine Farbe (Rot, Grün oder Blau) durchlassen. Jeder einzelne Lichtsensor eines Sensorelements registriert also nur den Helligkeitswert von je einer Farbe. Um trotzdem für jeden Bildpunkt zu einer vollständigen Farbinformation zu kommen, werden nebeneinanderliegende Farbinformationen in einem komplizierten Rechenprozess kameraintern algorithmisch verrechnet (interpoliert).

Grundlagen des CMOS-APS

Ein CMOS-APS (Complementary Metal Oxide Semiconductor Active Pixel Sensor) ist ein Halbleiterbauelement, das ähnlich wie ein Computerprozessor oder ein RAM-Speicher hergestellt wird. Das Herstellungsverfahren ist im Vergleich zur Herstellung von CCD-Elementen weniger kompliziert und weitaus kostengünstiger. Darüber hinaus hat der CMOS-APS weitere Vorteile, die ihn für den Einsatz in mobilen Geräten wie Digitalkameras besonders geeignet erscheinen lassen. Der CMOS-APS benötigt weniger Strom als ein CCD-Element, er wird weniger warm und ist weniger störanfällig. Seine Funktionsweise ähnelt der eines CCD-Sensors insofern, als auch hier optische Signale in elektrische Impulse umgewandelt und digitalisiert werden.

Unterschiede zwischen CMOS und CCD

Der prinzipielle Unterschied zwischen CMOS-APS und CCD besteht in der Art der Bildsignalverarbeitung bzw. des Signalwegs. Die Verarbeitung der elektrischen Ladungen einzelner Erfassungspunkte erfolgt im CMOS-APS konstruktionsbedingt schneller, Ladungen für jeden einzelnen Bildpunkt sind direkt auslesbar. Hauptvorteil des CMOS-APS ist jedoch, dass sich in die Schaltkreise des Chips zusätzliche Funktionen integrieren lassen. Hier geht es vor allem um Schritte zur Bildoptimierung und Bildbearbeitung, die dem Fotografen die Nacharbeit abnehmen oder erleichtern können. CMOS-APS haben gegenüber CCD-Sensoren allerdings mit einigen Nachteilen zu kämpfen, die jedoch in letzter Zeit zunehmend unbedeutender werden. CMOS-APS sind weniger lichtempfindlich, haben einen geringeren Dynamikumfang und sind anfälliger für Bildrauschen als CCD-Sensoren. Wie die aktuellen Digitalkameras mit CMOS-Sensoren (z. B. die DSLRs von Canon) jedoch beweisen, lassen sich diese Nachteile durch bessere Verarbeitung der Bilder schon in der Kamera weitgehend ausgleichen.

Anders: der Foveon-Sensor

Einer ganz anderen Entwicklung folgt der Foveon-Sensor, der bisher allerdings nur bei sehr wenigen Kameramodellen der Firma Sigma verwendet wird. Dieser Sensor benötigt weder einen Bayer-Filter noch einen Antialiasing-Filter.

Die Funktionsweise dieses Chips ähnelt dem des fotografischen Films. Wie bei diesem liegen drei Schichten von lichtempfindlichen Ebenen untereinander. Durch die je nach Farbe unterschiedliche Wellenlänge des Lichts dringt diese nur in eine dieser drei Ebenen vor. Dadurch kann im Prinzip eine höhere Schärfe und Detailtreue erzielt werden.

Um ein Motiv in seiner Farbigkeit zu erfassen, werden von optischen Sensoren drei getrennte Farbinformationen für Rot, Grün und Blau erkannt. Wie oben erläutert, verwenden CCD- und CMOS-Sensoren deshalb einen Mosaikfilter. Weil hierbei jeder einzelne Bildpunkt nur die Information für einen der drei Farbanteile enthält und die anderen Farbanteile durch Interpolation hinzuberechnet werden, ist die Bildqualität vom verwendeten Algorithmus bei der Interpolation abhängig.

Die Firma Foveon hat sich bei der Entwicklung ihres CMOS-Sensors an analogem Filmmaterial orientiert, das in drei Schichten für jede der drei Farben Rot, Grün und Blau aufgebaut ist. Der Foveon-Sensor erfasst für jeden Bildpunkt gleichzeitig alle drei Farbinformationen, wobei die Fotodioden in drei Siliziumschichten übereinanderliegen.

Foveon hat sich die physikalische Tatsache zunutze gemacht, dass Licht je nach seiner Wellenlänge unterschiedlich tief in Silizium eindringt. Dadurch können die Farbinformationen für Rot (Wellenlänge ca. 700 nm), Grün (ca. 500 nm) und Blau (ca. 400 nm) einzeln aufgenommen werden. Einen Vorteil hat der Foveon-Sensor gegenüber herkömmlichen CMOS- und CCD-Sensoren dadurch vor allem bei der Farbdarstellung. Die Firma Sigma verwendet in ihren digitalen Spiegelreflexkameras – aktuell ist das die SD14 mit 14

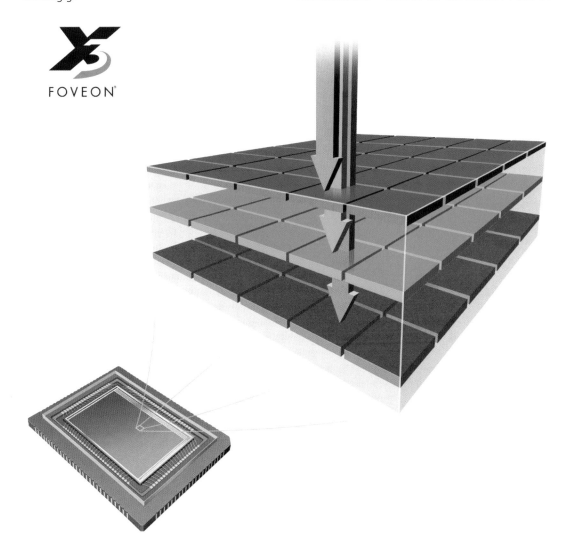

Megapixeln Auflösung – den X3-Chip von Foveon und erzielte in diversen Fachtests sehr gute Ergebnisse.

Signal-Rausch-Verhältnis

Jeder Sensor erzeugt – auch ohne dass Licht auf ihn trifft – Eigenströme, die bauartbedingt stärker oder schwächer ausfallen können. Diese stellen keine feste Größe dar, sondern verändern sich insbesondere unter Wärmeeinfluss. Dieses sogenannte Grund- oder Dunkelrauschen wird durch entsprechende Filter begrenzt, ist aber nicht grundsätzlich zu verhindern. Mit stärkerer Erwärmung erhöht sich dieser Rauschpegel.

Die eindeutige Trennung der Bildsignale von diesem Rauschen ist in den hellen Bildbereichen immer besser als in dunklen Sektoren. Dies macht sich insbesondere bei Langzeitbelichtungen und mit zunehmender Erhöhung der Lichtempfindlichkeit bemerkbar. In den dunklen, flächigen Bildbereichen fängt es an zu „grisseln". Eine ähnliche optische Wirkung ist in der analogen Fotografie als Korn bekannt. Je höher die Lichtempfindlichkeit des Filmmaterials, umso deutlicher wird diese Kornstruktur.

Hot-Pixel und Dead-Pixel

Das Sensorrauschen erzeugt farbige Punkte, die sich ungleichmäßig über das gesamte Bild verteilen. Dieser Effekt ist auch abhängig von Verunreinigungen des Sensormaterials bei der Herstellung. Einzelne besonders leuchtende Punkte, die immer wieder an derselben Stelle im Bild erscheinen, werden als Hot-Pixel bezeichnet. Pixel, die ständig dunkel bleiben und keine Lichtreaktion zeigen, nennt man Stuck- oder Dead-Pixel. Da kein Sensor absolut perfekt ist, finden sich solche speziellen Pixel in jedem Bild.

Wenn Sie eine Aufnahme bei aufgesetztem Objektivdeckel mit voller Auflösung machen, können Sie fehlerhafte Stellen leicht entdecken. Verwenden Sie dazu eine Belichtungszeit von einer Sekunde. Bei den besonders leuchtenden hellen Punkten handelt es sich um Hot-Pixel.

2

DAS KAMERAMENÜ

VON A BIS Z

2

Das Kameramenü von A bis Z

⌈2⌉ Das Kameramenü von A bis Z

Seitdem Fotoapparate digital arbeiten und mit Kontrolldisplays ausgestattet sind, haben die Hersteller ihren Geräten Einstellmenüs spendiert. Über diese Menüs, deren Strukturen an die Setup-Menüs moderner Fernseher oder DVD-Player erinnern, können Sie die Arbeitsweise Ihrer Kamera gezielt beeinflussen. Das Einstellmenü der EOS 450D erscheint bei eingeschalteter Kamera nach einem Druck auf die Taste MENU, die sich links oben auf der Gehäuserückseite befindet. Um die in einer horizontalen Liste in Registern angeordneten Menübefehle anzusteuern, drehen Sie das Hauptwahlrad vorn hinter dem Auslöser. Nach unten in die Befehlsliste hinein navigiert man mit dem großen Schnelleinstellrad. Aktiviert werden die Befehle durch einen Druck auf die Taste SET, die sich in der Mitte des Schnelleinstellrads befindet.

Links oberhalb des Displays befindet sich die Taste MENU *zum Aktivieren der Kameramenüs.*

■ Das Kameramenü ist in vier farblich unterschiedlich dargestellte Hauptgruppen gegliedert, die im Menü nebeneinander angeordnet sind:

• Die erste Gruppe (rot) hat zwei Register und beinhaltet grundlegende Einstellungen zur Aufnahme.

• In der zweiten Menügruppe (blau) wird festgelegt, wie die Kamera bereits gespeicherte Bilder wiedergibt.

• In der dritten Gruppe (gelb) wird die Kamera grundlegend konfiguriert: Helligkeit des Displays, automatisches Abschalten etc. Hier befinden sich außerdem die wichtigen Eintragungen zu den Individualfunktionen.

• Die vierte Gruppe (grün markiert) beinhaltet anfangs nur einen einzigen Eintrag, nämlich die *My Menu Einstellungen*. Hier können Sie bis zu sechs Menübefehle und Individualfunktionen registrieren, auf die Sie häufig zugreifen. Über *My Menu* lassen sich die häufig verwendeten Menübefehle schneller aufrufen.

Kameramenü 1: Aufnahme

Haben Sie auf die *MENU*-Taste gedrückt, erscheint auf dem Monitor die erste Menügruppe mit ihren zwei Registern. Um zwischen den Registern zu wechseln, drehen Sie das Hauptwahlrad vorn an der Kamera. Die vielleicht wichtigste Einstellung für das digitale Fotografieren befindet sich gleich an oberster Stelle im ersten Register.

Um den ersten Menübefehl anzusteuern, drücken Sie die untere der vier Pfeiltasten auf der Kamerarückseite, bis der Befehl *Qualität* mit einem Rahmen dargestellt wird.

Drücken Sie dann auf die Taste *SET* in der Mitte des Schnelleinstellrads, woraufhin ein Untermenü des Befehls *Qualität* aufklappt.

Stellen Sie dann, wiederum mit dem Schnelleinstellrad und einem abschließenden Druck auf die Taste *SET*, das Dateiformat ein.

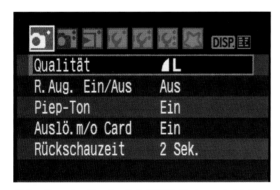

Beim allerersten Druck auf die **MENU***-Taste erscheint die erste Menügruppe mit einer Liste von fünf Menüeinstellungen. Das Kameramenü ist in vier farblich unterschiedliche Hauptgruppen unterteilt.*

Qualitätsstufe auswählen

Zur Auswahl stehen verschiedene Qualitätsstufen (*L*, *M*, *S*) für JPEG-Bilder, eine Option für das gleichzeitige Speichern von JPEG- und RAW-Daten (*RAW+L*) und die Option *RAW*.

Wählen Sie die RAW-Option, werden die Fotos ausschließlich im RAW-Format (unbearbeitetes

JPG, JPEG

Die Abkürzung steht zum einen für Joint Photographic Experts Group und zum anderen für ein Bilddateiformat, das sich in der digitalen Fotografie als Standard durchgesetzt hat. JPG- oder JPEG-Dateien können in Stufen komprimiert werden, wobei es je nach Komprimierungsgrad zu mehr oder weniger sichtbaren Verlusten an Detailinformationen kommt.

Innerhalb der Menüs können Sie mit den Pfeiltasten rechts neben dem Monitor navigieren. Aktiviert werden Menüeinträge mit einem Druck auf die Taste **SET** *in der Mitte der Pfeiltasten.*

Rohdatenformat) gespeichert. Sie benötigen dann die mitgelieferte Canon-Software oder einen anderen RAW-Konverter (Adobe Photoshop, Adobe Lightroom, SILKYPIX Developer Studio etc.), um die RAW-Bilder zu entwickeln.

Navigieren Sie mit den Pfeiltasten, um eine der Optionen auszuwählen, und quittieren Sie die Auswahl mit einem Druck auf die Taste *SET*.

Für maximale Bildqualität ist entweder die Stufe für qualitativ beste JPEG-Bilder (*L* links oben) oder eine der RAW-Einstellungen sinnvoll.

Falls Sie sich noch nicht mit den Möglichkeiten des RAW-Formats beschäftigt haben, ist für Sie die beste JPEG-Stufe die richtige Wahl. Hierbei werden Ihre Bilder als komprimierte JPEG-Dateien auf der Speicherkarte abgelegt. Haben Sie genügend Speicherplatz in Form von SD-Karten, sollten Sie die Kombistufe *RAW+L* wählen. Dabei entsteht zwar eine ganze Menge an Daten, Sie eröffnen sich aber mit den RAW-Dateien viele Möglichkeiten, später noch das Maximum an Qualität aus Ihren Fotos herauszukitzeln. Sie können das Untermenü *Qualität* schließen, indem Sie wieder auf die Taste *SET* oder die Taste *MENU* drücken.

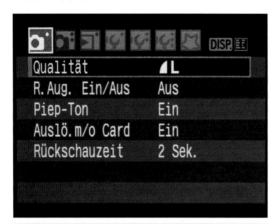

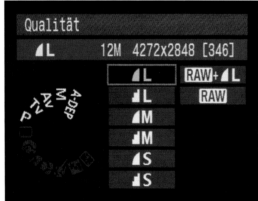

Hier werden die Bildqualität (JPEG – L, M, S) sowie die Bildgröße eingestellt. Außerdem haben Sie die Wahl zwischen einer Kombination aus RAW- sowie JPEG-Daten (RAW+L) und ausschließlich RAW-Aufnahmen.

Rote-Augen-Reduktion

Fotografieren Sie häufig Menschen in Räumen bei wenig Licht mit dem eingebauten Kamerablitz, ist die Aktivierung der Rote-Augen-Reduktion (*R.Aug. Ein/Aus*) im zweiten Menüpunkt sinnvoll. Ist die Option aktiviert, leuchtet nach dem Antippen des Auslösers ein helles Licht vorn an der Kamera, damit sich die Pupillen der Menschen vor dem Aufleuchten des Blitzes schließen.

Gehen Sie am Anfang die Menüpunkte gewissenhaft durch und versuchen Sie, sich die Einträge zu merken. Denn wenn es z. B. auf einer Party mal schnell gehen muss, ist es hilfreich zu wissen, wie man die Rote-Augen-Reduktion einschaltet.

Piep-Ton

Ob Sie den *Piep-Ton* ein- oder ausschalten (dritter Menüeintrag), ist in den meisten Fällen Geschmackssache. Allerdings kann das Piepsen der Kamera beim Drücken von Tasten in einer andächtigen Situation wie z. B. einer Taufe durchaus stören.

Auslö.m/o Card

Der Sinn des Menübefehls *Auslö.m/o Card* erschließt sich den meisten Fotografen erst, wenn sie die unangenehme Erfahrung gemacht haben, dass die Kamera auch ohne Speicherkarte scheinbar Fotos macht. Würde der Befehl auf *Ein* gestellt, können Sie mit der EOS 450D wie gewohnt fotografieren. Die Kamera stellt scharf, der Verschluss wird ausgelöst, nur ein Hinweis auf dem Monitor bei der Bildvorschau nach dem Auslösen zeigt an, dass keine Karte im Slot steckt und die Bilder nicht gespeichert werden können. Achten Sie also darauf, dass der Befehl *Auslö.m/o Card* auf *Aus* steht.

Rückschauzeit

Mit der *Rückschauzeit* wird festgelegt, wie lange das Display nach einer Aufnahme eingeschaltet bleibt, um das letzte Foto zu kontrollieren. In der Praxis sinnvoll – um Strom zu sparen – ist die

Einstellung *8 Sek*. Wählen Sie die Option *Halten* aus, um das Display manuell durch einen Druck auf eine beliebige Taste abzuschalten.

AEB – Belichtungsreihen

Sie werden im Laufe Ihrer Karriere als Spiegelreflexfotograf irgendwann einmal mit Belichtungsreihen (engl. Bracketing) Bekanntschaft machen. Dabei wird ein und dasselbe Motiv mit unterschiedlichen Werten für Verschlusszeit oder Blende aufgenommen. Gerade für die aktuell sehr angesagte HDR-Fotografie, bei der der Helligkeitsumfang einer Szene über mehrere ineinandermontierte Fotos exorbitant gesteigert wird, benötigen Sie das Wissen um Belichtungsreihen.

BRACKETING

Als Bracketing bezeichnet man eine Technik, bei der Fotos automatisch mit unterschiedlichen Einstellungen gemacht werden. Die Canon EOS 450D beherrscht Belichtungsreihen, wobei die Belichtungswerte automatisch von der Kamera variiert werden, und Weißabgleichs-Bracketing, bei dem Aufnahmen mit unterschiedlichen Farbabstimmungen gemacht werden.

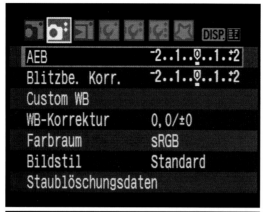

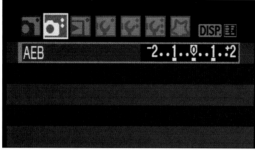

Wer häufig Landschaften in extremen Lichtverhältnissen fotografiert, sollte sich mit der Bracketing-Funktion vertraut machen. Belichtungsreihen sind sehr hilfreich, wenn die Kontraste schwer zu kontrollieren sind und man sich bei den optimalen Belichtungswerten nicht sicher ist.

Sie müssen sich ein paar Gedanken darüber machen, in welchen Belichtungsintervallen die Fotos gemacht werden sollen. Im Menübefehl *AEB*, der sich im zweiten Register ganz oben befindet, legen Sie hierzu fest, wie groß der Unterschied der Belichtungsstufen sein soll (maximal zwei ganze Belichtungsstufen).

In der Praxis sind Werte von jeweils einer Stufe über und unter der von der Kamera ermittelten Belichtung angebracht. Für die HDR-Fotografie von Landschaften und Gebäuden sollten es meistens schon zwei Stufen sein. Eine automatische Belichtungsreihe mit der EOS 450D besteht aus drei Fotos, zumindest eines der drei sollte mit der oben genannten Einstellung so gut belichtet sein, dass es verwendbar ist.

Blitzbelichtungskorrektur

Manchmal ist es nötig, die Blitzleistung manuell zu beeinflussen. Fotografieren Sie z. B. in der Nähe stehende Personen mit Blitz und scheint Ihnen das Blitzlicht auf den Fotos zu grell, wird die Blitzleistung einfach heruntergeregelt. Das klappt über den Befehl *Blitzbe. Korr.* Drücken Sie, nachdem Sie den Befehl angesteuert haben, die

AUFNAHMEDATEN	
Brennweite	17 mm
Belichtung	1/5 -1/25 - 1/60 sek
Blende	f16

Dank Bracketing wenigstens eine gute Aufnahme: Der Hof war mit seinen Schatten und dem hellen Himmel schwierig zu fotografieren, deshalb wurde eine Belichtungsreihe angefertigt.

Taste *SET* und anschließend eine der Pfeiltasten nach links oder rechts. Die Markierung wandert entsprechend nach links oder rechts.

Wenn der Blitz zu dominant oder zu schwach ist, kann man seine Leistung hier verringern bzw. erhöhen.

Custom WB

Ist eine Szene von mehreren, unterschiedlich farbigen Lichtquellen beleuchtet und möchten Sie absolut neutrale Farbwiedergabe erreichen, sollten Sie den manuellen Weißabgleich einsetzen. Dabei müssen Sie eine weiße oder graue Fläche (Papier, Mauer o. Ä.) fotografieren, die der Kamera dann als Referenz dient. Für den manuellen Weißabgleich ist der Menüpunkt *Custom WB* zuständig.

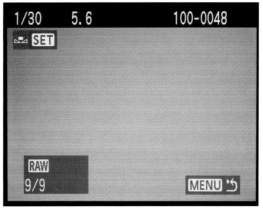

Haben Sie zuvor eine Aufnahme einer weißen Fläche gemacht, kann das Bild im Menü **Custom WB** *für den manuellen Weißabgleich ausgewählt werden.*

Haben Sie eine weiße Fläche (Papier, weiße Wand) fotografiert, die als Referenz für die Farbkorrektur dient, können Sie nach der Aktivierung des Befehls *Custom WB* dieses Foto auf dem Monitor auswählen. Stellen Sie anschließend den Weißabgleich (Taste *WB*) im Menü *Weißabgleich* auf die Option *Manuell* (ganz rechts).

WB-Korrektur

Der nächste Menübefehl lautet *WB-Korrektur*. Hier geht es um die Feineinstellung des Weißabgleichs – ein Begriff, der hier kurz vorab erklärt werden muss. Der Weißabgleich sorgt, wenn er korrekt eingesetzt wird, für natürliche Farben und verhindert hässliche Farbstiche. Ist er richtig eingestellt, gleicht die Kamera die Farbe des vorhandenen Lichts so aus, dass weiße Wände auch wirklich weiß im Bild erscheinen.

Der Weißabgleich kann auf sechs vordefinierte Situationen eingestellt werden. Dazu aktivieren Sie den Befehl mit einem Druck auf die Taste *WB* rechts vom Monitor und wählen den gewünschten Eintrag mit den Pfeiltasten aus.

Wenn es nicht auf absolute Farbtreue ankommt, ist die (Standard-)Einstellung *AWB* ideal, hier funktioniert der Weißabgleich automatisch, und die Kamera korrigiert selbstständig die Farben. In den allermeisten Fällen klappt das ganz hervorragend, wenn Sie aber mal mit einer Szene zu kämpfen haben, die eine ganz bestimmte Licht-

Nach einem Druck auf die Taste **WB** *erscheinen auf dem Display die Symbole für den Weißabgleich, die Sie mit den Pfeiltasten auswählen können.*

Der automatische Weißabgleich hat die abendliche Lichtstimmung recht gut erfasst.

AUFNAHMEDATEN	
Brennweite	27 mm
Belichtung	1/60 sek
Blende	f8

farbe hat (Tageslicht, Leuchtstoffröhren, Bewölkung etc.), sollten Sie eine der sechs Voreinstellungen verwenden.

Um die Farben einer Aufnahme noch exakter als nur mit dem oben beschriebenen Weißabgleich zu manipulieren, aktivieren Sie den Befehl *WB-Korrektur*. Hiermit lässt sich die Farbwiedergabe extrem fein in vier Richtungen verschieben. Die Wirkung ist analog zur Verwendung von Farbfiltern (Konversionsfiltern), die man vor das Objektiv schraubt. Sie können Ihre Fotos farblich nach Grün (*G*), Rot/Gelb (*A*), Magenta (*M*) oder Blau (*B*) verschieben.

Mit den vier Pfeiltasten rechts neben dem Display wird der anfangs in der Mitte liegende Punkt zur Definition einer neuen Farbanmutung nach oben oder unten verschoben. Interessant ist hier die Möglichkeit, mithilfe des Hauptwahlrads eine „Farb-Bracketing-Funktion" zu aktivieren.

Drehen Sie das Wahlrad nach rechts, erscheinen auf dem Gitter drei waagerecht angeordnete Punkte. Ein Dreh nach links erzeugt vertikal verteilte Punkte.

Beachten Sie, dass Sie hierbei nicht dreimal auf den Auslöser drücken müssen! Das Bild wird lediglich mit drei unterschiedlichen Farbstimmungen gespeichert. Auf diese Weise haben Sie die Möglichkeit, Farbstichen, die durch schwierige Beleuchtung entstanden sind, noch besser zu begegnen.

Sobald Sie das Weißabgleichs-Bracketing aktiviert und das Kameramenü wieder verlassen haben, erscheint auf dem Display die Markierung für den Weißabgleich (*WB*) mit zwei darunterliegenden Rechtecken (Bracketing), um Sie daran zu erinnern, dass die Kamera jeweils drei Fotos mit unterschiedlicher Farbanmutung auf der Speicherkarte ablegt.

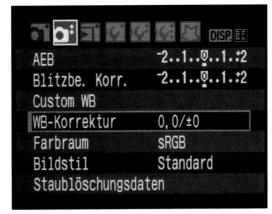

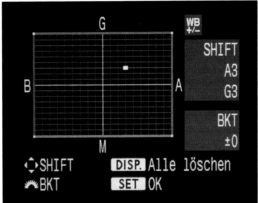

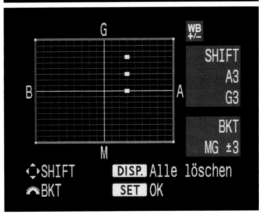

*Ein wenig aufwendig, aber sehr hilfreich bei farblich schwierigem Licht: die **WB-Korrektur**, mit der die Fotos farblich nuanciert beeinflusst werden.*

Farbraum

Einer der wichtigsten Befehle für die semiprofessionelle (und professionelle) Fotografie sowie die Bildbearbeitung per PC ist der Menüeintrag *Farbraum*. Der Farbraum ist ganz entscheidend für die Qualität der darstellbaren Farben. Denn Farbräume sind unterschiedlich groß, können also mehr oder weniger viele Farben darstellen. Grundsätzlich gilt: Je größer der Farbraum ist, desto besser. Allerdings gibt es einen kleinsten gemeinsamen Nenner für alle, die sich um Farbmanagement, das zugegebenermaßen ziemlich kompliziert sein kann, nicht kümmern möchten. sRGB ist ein Farbraum, der einen Quasi-Standard für Heim- und Büroanwender darstellt. Moderne Monitore und Drucker sind in der Lage, diesen Farbraum sicher zu reproduzieren. Deshalb ist dies auch die Voreinstellung der Canon EOS 450D.

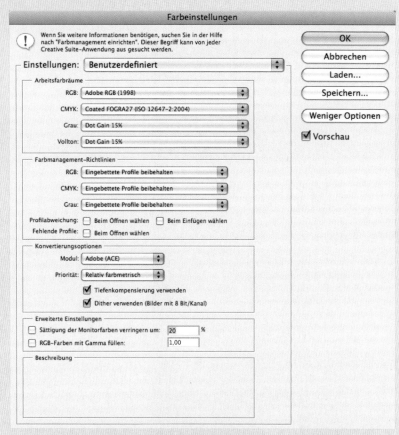

Arbeiten Sie in der Bildbearbeitung – die Abbildung zeigt Adobe Photoshop CS3 – mit Farbmanagement, sollten Sie Ihre Fotos von der Kamera im Farbraum Adobe RGB abspeichern lassen. Dadurch haben Sie deutlich größere Reserven bei der Farbkorrektur und -wiedergabe.

sRGB ist der Rundum-sorglos-Farbraum, Adobe RGB für Leute, die wissen, wie Farbmanagement funktioniert.

FARBRAUM

Ein Farbraum ist ein Verfahren zur Beschreibung von Farben. Es gibt z. B. RGB, CMYK oder Lab. Im Farbraum RGB gibt es spezielle Varianten wie Adobe RGB, sRGB oder ECI-RGB. Farbräume sind unterschiedlich groß und können immer nur einen Teil der natürlichen Farben repräsentieren.

Der Nachteil von sRGB: Dieser Farbraum ist im Vergleich zu den Möglichkeiten des Aufnahmechips relativ beschränkt. Im Klartext: Die Kamera kann eigentlich viel mehr Farben erfassen, als der *sRGB*-Farbraum zu definieren in der Lage ist.

sRGB oder Adobe RGB

Die Entscheidung für sRGB oder die Alternative Adobe RGB, einen größeren Farbraum, dem auch Profifotografen vertrauen, hängt davon ab, wie Sie mit Ihren Fotos verfahren. Ein wenig Bildbearbeitung, Bestellen von Abzügen und Ausdrucke mit dem eigenen Drucker – dann ist sRGB die richtige Wahl.

Möchten Sie dagegen den maximalen Farbumfang Ihrer Bilder nutzen, die Bilder zukunftssicher archivieren und wissen zudem, wie Sie korrektes Farbmanagement einsetzen, sollten Sie Adobe RGB als Farbraum wählen. Wenn das Programm, mit dem Sie Ihre Bilder bearbeiten, kein Farbmanagement unterstützt, verzichten Sie auf Adobe RGB. Die natürliche Wiedergabe von Farben würde dann zu einem Glücksspiel.

Bildstil

Der vorletzte Menüeintrag in der zweiten Hauptgruppe, *Bildstil*, ist besonders interessant für kreative Fotografen und für diejenigen, die ein wenig Feintuning bei der Bildqualität schon vor der Aufnahme betreiben möchten. Haben Sie die Kamera so eingestellt, dass sie JPEG-Dateien – keine RAW-Daten – speichert, machen Sie sich bewusst, dass die hier veränderten Parameter zum Bildstil bzw. zu Schärfe, Kontrast, Farbsät-

BILDSTILE AUF TASTENDRUCK

Die Bildstile sind ein Feature, das von vielen kreativen Fotografen sehr exzessiv genutzt wird. Daher können Sie Bildstile praktisch per Tastendruck aufrufen. Drücken Sie dazu einfach die untere der vier Pfeiltasten, die rechts vom Display angeordnet sind.

Mit der EOS 450D lassen sich ganz ohne Bildbearbeitung Schwarzweißaufnahmen machen. Möchten Sie so ein Bild außerdem noch tonen, wählen Sie dazu einfach einen der Tonungseffekte. Auf das Foto oben wurde der Sepia-Effekt angewendet.

tigung und Farbton von der Kamera auf Ihre Bilder endgültig angewendet werden.

Fotografieren Sie ausschließlich im RAW-Format, können Sie den Menüeintrag *Bildstil* getrost ignorieren, da RAW-Bilder von der Kamera völlig unbearbeitet gespeichert werden. All die im Menü *Bildstil* angebotenen Einstellungen werden bei der Verarbeitung von RAW-Dateien am PC nachträglich festgelegt, und Sie haben auch nach der Aufnahme alle Möglichkeiten, Farbstimmungen und Schärfe zu beeinflussen.

Hinter *Bildstil* verbirgt sich ein vielschichtiges Untermenü mit verschiedenen Voreinstellungen, die alle hinsichtlich Kontrast, Schärfe, Farbsättigung und Farbton verändert werden können. Mithilfe dieser Faktoren können Sie Ihre (JPEG-) Bilder sehr gut an den persönlichen Geschmack anpassen, um sich langwierige Korrekturen am PC zu ersparen. Außerdem kann der Blick ins *Bildstil*-Menü nicht schaden, wenn Sie Porträt- oder Landschaftsaufnahmen machen. Für diese beiden Genres gibt es nämlich spezielle Presets.

Bildstil	◑, ◐, ♣, ◕
🎞S Standard	3, 0, 0, 0
🎞P Porträt	2, 0, 0, 0
🎞L Landschaft	4, 0, 0, 0
🎞N Neutral	0, 0, 0, 0
🎞F Natürlich	0, 0, 0, 0
🎞M Monochrom	3, 0, N, N

DISP. Detaileinst.   SET OK

Detaileinst.	🎞S Standard
◑ Schärfe	0├┼┼┼┼┼┼7
◐ Kontrast	─├┼┼┼0┼┼┼+
♣ Farbsättigung	─├┼┼┼0┼┼┼+
◐ Farbton	─├┼┼┼0┼┼┼+

Stand. einst.   MENU ↩

*Für alle, die Ihre Fotos sofort ausdrucken oder ohne Bildbearbeitung im Labor bestellen, ist das Menü **Bildstil** wichtig. Hier werden **Schärfe**, **Farbsättigung**, **Farbton** und **Kontrast** in feinen Abstufungen an den persönlichen Geschmack angepasst.*

AUFNAHMEDATEN	
Brennweite	93 mm
Belichtung	1/200 sek
Blende	f8

Hier sieht man, welchen Einfluss die Bildstile auf die Wiedergabe eines Motivs haben. Das erste Bild wurde mit neutraler Einstellung aufgenommen, für die zweite Aufnahme wurden Kontraste und Farbsättigung maximal erhöht.

Monochrom

Besonders ein Eintrag im *Bildstil*-Menü ist von ganz besonderem Interesse, wenn Sie Fotos in Schwarzweiß lieben. Scrollen Sie, nachdem Sie das Menü aufgerufen haben, mit den Pfeiltasten zum Eintrag *Monochrom*. Drücken Sie die Taste *DISP* links des Monitors und scrollen Sie herunter, um die Untereinträge des *Monochrom*-Menüs anzufahren. Der Bereich *Filtereffekt* bietet Farbfilter, die aus der klassischen Schwarzweißfotografie bekannt sind. Gelb, Orange und Rot führen in Schwarzweißaufnahmen beispielsweise dazu, dass blauer Himmel abgedunkelt wird und der Kontrast zu den Wolken immer dramatischer wird. Der Grünfilter wird vor allem bei Porträts eingesetzt, um z. B. Hautunreinheiten und dunkle Adern zu kaschieren. Im Untermenü *Tonungseffekt* können Sie eine Farbe auswählen, mit der die von der Kamera produzierten Schwarzweißbilder ganz ähnlich wie in der Dunkelkammer getont werden. Haben Sie die Kamera im *Bildstil*-Menü für *Monochrom* eingestellt und werden die Fotos als JPEG-Dateien abgespeichert, erhalten Sie nun „echte" Schwarzweißbilder mit dem jeweiligen Effekt durch Farbfilter oder Tonung. Farbinformationen wie bei herkömmlichen Farbfotos speichert die Kamera nicht ab. Möchten Sie zusätzlich auch die Farbbilder erhalten, müssen Sie die Kamera über den Menübefehl *Qualität* auf den Kombimodus aus RAW- und JPEG-Dateien einstellen. Dann werden gleichzeitig ein JPEG-Bild in Schwarzweiß und eine RAW-Datei mit allen Farbinformationen auf der Speicherkarte abgelegt, und Sie haben auch später noch die freie Auswahl.

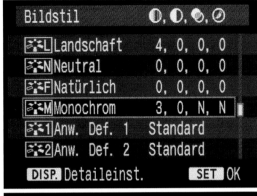

Wer sich schon mal ernsthaft mit analoger Schwarzweißfotografie beschäftigt hat, erkennt den Sinn des Menüs
Monochrom sofort: Durch Farbfilter werden Kontraste
verändert, durch Tonung Bilder eingefärbt.

Staublöschungsdaten

Der letzte Befehl in der Menügruppe 2 lautet
Staublöschungsdaten und dient dazu, Flecken
auf den Fotos, die durch auf dem Sensor fest-
gesetzten Staub hervorgerufen werden, automatisch entfernen zu lassen. Haben Sie den Befehl
aufgerufen und in der ersten Anzeige *OK* aktiviert, müssen Sie ein gleichmäßig beleuchtetes,
rein weißes Objekt wie z. B. ein Blatt Papier fotografieren. Diese Art der digitalen „Fleckenentfer-
nung" ist aufgrund der automatischen Sensorreinigung der EOS 450D nur in Ausnahmefällen
notwendig. Falls Sie dennoch mal hartnäckige
Staubkörner auf dem Sensor haben und sich vor
einer manuellen Reinigung scheuen – hier eine
kleine Anleitung zur Verwendung des Befehl
Staublöschungsdaten.

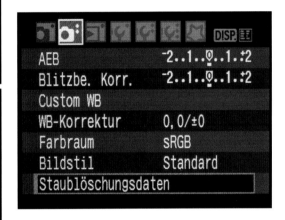

Wenn Sie den Befehl *Staublöschungsdaten* ausgewählt und mit einem Druck auf die Taste *SET*
aktiviert haben, erscheint ein Hinweis dazu, dass
die Staublöschungsdaten per Software am Computer verwendet werden. Navigieren Sie mit der
rechten Pfeiltaste den Befehl *OK* an und drücken
Sie die Taste *SET*.

Die Kamera führt nun eine automatische Sensor-reinigung aus, wie sie auch immer beim Ein- und Ausschalten vorgenommen wird. Anschließend werden Sie per Hinweis dazu aufgefordert, den Auslöser nun komplett durchzudrücken, um in den Aufnahmemodus zu wechseln.

Richten Sie jetzt die Kamera im Abstand von ca. 20 cm auf eine völlig weiße, strukturlose und möglichst gleichmäßig beleuchtete Fläche und drücken Sie den Auslöser. Die Aufnahmeparameter stellt die Kamera ganz automatisch ein (Zeitautomatik *Tv*, Blende *22*). Haben Sie die Aufnahme gemacht, legt Ihre EOS 450D das Bild im internen Speicher, also nicht auf der Speicherkarte, ab. Dieses (sehr kleine) Referenzbild wird nun jeder folgenden Aufnahme automatisch angehängt, sodass jedes Foto, das Sie später auf den Computer übertragen, mithilfe des Referenzbildes und der Canon-Software einfach von Staubflecken gereinigt werden kann.

Kameramenü 2: Wiedergabe

In Menügruppe 2 befinden sich Befehle, um bereits gespeicherte Bilder vor versehentlichem Löschen zu schützen (*Bilder schützen*), auszurichten (*Rotieren*), zu löschen (*Bilder löschen*), zu

In der blau markierten Menügruppe 2 dreht sich alles um das Begutachten und Drucken von Bildern.

drucken (*Druckauftrag*), auf einen Computer zu übertragen (*Transferauftrag*) und auf dem Monitor oder dem Fernseher in einer kleinen Diashow zu betrachten (*Auto. Wiedergabe*). Außerdem ist hier der für die Bildkontrolle wichtige Befehl *Histogramm* untergebracht.

Bilder schützen

Um Bilder vor dem versehentlichen Löschen (nicht Formatieren!) zu schützen, rufen Sie den Befehl *Bilder schützen* auf. Drücken Sie dann die Taste *SET*. Es werden die auf der Speicherkarte vorhandenen Fotos in Gruppen von je vier Bildern angezeigt. Drücken Sie die Pfeiltasten (rechts/

GRUNDVERSCHIEDEN: FORMATIEREN UND LÖSCHEN

Machen Sie sich bewusst, dass das Löschen von Bildern auf einer Speicherkarte (Menübefehl *Bilder löschen*) etwas grundsätzlich anderes ist als das Formatieren (Menübefehl *Formatieren*). Beim Formatieren wird die Struktur der Speicherkarte komplett verändert, sodass unabhängig davon, ob ein Bild nun geschützt ist (Menübefehl *Bilder schützen*) oder nicht, alle Inhalte der Karte komplett und praktisch unwiederbringlich vernichtet werden. Verwenden Sie den Befehl *Bilder löschen*, werden nur die Bilder von der Karte entfernt, die nicht geschützt sind.

links), um einzelne Bilder anzufahren. Geschützt werden die Fotos nun mit einem Druck auf die Taste *SET*. Nach dem Tastendruck erscheint oben rechts auf dem Display ein kleines Schlüsselsymbol. Wenn Sie den Bildschutz wieder aufheben möchten, drücken Sie die Taste *SET* einfach ein weiteres Mal.

Rotieren

Mit dem Befehl *Rotieren* können Sie einzelne Fotos in Schritten von 90° drehen. Scrollen Sie zum Befehl und drücken Sie anschließend die Taste *SET*. Es erscheint wieder die Bildvorschau mit vier Fotos, die mit dem Schnelleinstellrad ausgewählt werden. Um ein Bild zu drehen, drücken Sie die Taste *SET* so oft, bis die Ausrichtung stimmt.

Bilder löschen

Mit dem Befehl *Bilder löschen* werden auf der Speicherkarte abgelegte Aufnahmen gelöscht. Ausnahmen sind dabei lediglich die Fotos, die als geschützt markiert sind (siehe oben). Sie können beim Löschen zwei unterschiedliche Wege einschlagen. Entweder Sie löschen Bild für Bild,

während Sie die Fotos sichten (Unterbefehl *Bilder auswählen und löschen*), oder Sie löschen einfach alle Fotos auf der Karte (die nicht geschützten) mit dem zweiten Unterbefehl *Alle Bilder auf Karte*.

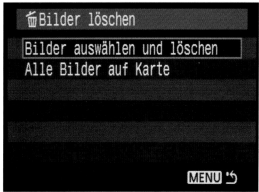

Wenn Sie den ersten der beiden Unterbefehle auswählen, zeigt Ihnen die Kamera Ihre Fotos in Dreiergruppen. Drücken Sie die nach oben weisende Pfeiltaste, wird das gerade aktive Foto zum Löschen markiert. Mit den Pfeiltasten (rechts/links) können Sie die Fotos wechseln, am Ende des Sichtungs- und Markierungsvorgangs genügt dann ein Druck auf die *Mülleimer*-Taste unter-

halb des Displays, um die markierten Fotos von der Speicherkarte zu entfernen – natürlich erst, nachdem Sie eine weitere Sicherheitsabfrage mit *OK* quittiert haben.

Druckauftrag

Der Befehl *Druckauftrag* dient dazu, Fotos direkt von der Kamera aus auf einem PictBridge-kompatiblen Drucker ohne den Umweg über einen PC auszugeben. Sie können festlegen, ob einzelne Bilder oder der gesamte Inhalt der Speicherkarte gedruckt werden soll, ob es ein Index-Print sein soll und ob die Fotos mit Zusatzinfos (Datum,

PICTBRIDGE

Ein Standard, der die Kommunikation zwischen PictBridge-kompatiblen Digitalkameras und Druckern steuert. Über PictBridge ist der direkte Ausdruck von Digitalfotos mit einem Drucker ohne Umweg über den PC möglich. Ähnlich wie PictBridge funktionieren Bubble Jet Direct oder DPOF (Digital Print Order Format).

Dateiname) gedruckt werden sollen. Außerdem können Sie hier einzelne Bilder für die Bestellung bei einem Labor markieren und z. B. die Anzahl der gewünschten Abzüge angeben.

Transferauftrag

Ähnlich wie *Druckauftrag* funktioniert der Befehl *Transferauftrag*, bei dem diejenigen Bilder

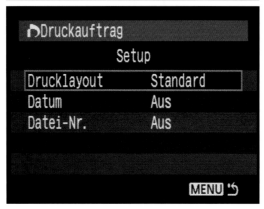

Wollen Sie gleich beim Sichten der Bilder auf dem Monitor festlegen, welche Fotos auf den PC übertragen werden sollen, hilft der Menübefehl **Transferauftrag**.

bereits auf der Speicherkarte markiert werden, die Sie später zum PC übertragen möchten. Für die Übertragung wird die Kamera per USB-Kabel an den Computer angeschlossen, und die Bilddateien werden anschließend mithilfe der Canon-Software, die Sie zunächst von der mit der Kamera mitgelieferten CD-ROM installieren müssen, übertragen.

Histogramm

Besonders wichtig für die Bildbeurteilung, ist der Befehl *Histogramm*. Das Histogramm ist ein Balkendiagramm, das die Tonwertverteilung im Bild repräsentiert. Brechen die gezeigten Werte nach rechts oder links aus, ist das Foto entweder über- oder unterbelichtet. Haben Sie ein Foto gemacht, wird es danach auf dem LCD-Display angezeigt. Sollten Histogramm und Belichtungswerte bei der Überprüfung nicht gezeigt werden, drücken Sie einfach die Taste *DISP* ein- bzw. zweimal.

Sie können die Histogrammfunktion so einstellen, dass entweder die Helligkeitsverteilung des Bildes oder die Verteilung der drei Farbkanäle angezeigt wird. Die RGB-Anzeige ist zur Beurteilung von farblich kritischen Motiven wie strahlenden Blüten und knalligen Farben deutlich hilfreicher.

Auto. Wiedergabe

Die automatische Wiedergabe ist nichts anderes als eine kleine Diashow. Wenn Sie eine Reihe interessanter Bilder auf der Speicherkarte haben, die Sie in Ruhe am Fernseher betrachten möchten, schließen Sie die EOS 450D einfach per AV-Kabel (Cinchkabel) an die AV-Buchse Ihres TV-Geräts an und starten die Diashow mit dem Befehl *Auto. Wiedergabe*. Drücken Sie für eine Pause während der Wiedergabe die Taste *SET*.

Kameramenü 3: Einstellungen

In den nächsten drei Registern mit Menübefehlen dreht sich fast alles um die Kamera. Legen Sie hier fest, wann sich die Kamera automatisch ausschaltet, wenn sie nicht in Gebrauch ist

Die drei Register im Menü **Einstellungen** *sollten Sie gewissenhaft durchsehen. Hier werden einige wichtige Grundeinstellungen der Kamera festgelegt.*

(*Auto.Absch.aus*), ob Ihre Fotos bei Hochformataufnahmen automatisch richtig gedreht werden sollen (*Autom. Drehen*) und wie hell der Monitor leuchtet (*LCD-Helligkeit*). Bei sehr hellem Umgebungslicht kann die Kontrolle auf dem Display schwierig sein und ein Heraufsetzen der Leuchtkraft Abhilfe schaffen.

Auto.Absch.aus

Akkus haben trotz fortschreitender Entwicklung nach wie vor sehr begrenzte Kapazitäten; man sollte deshalb darauf achten, ein wenig Strom zu sparen. Ganz automatisch klappt das, wenn Sie den Befehl *Auto.Absch.aus* (automatisches Ab-

schalten der Kamera) auf einen möglichst niedrigen Wert einstellen. Denn dann schaltet die EOS 450D in den Stand-by-Modus, in dem ein absolutes Minimum an Strom verbraucht wird. In der Praxis sinnvoll ist ein Wert von einer Minute. Ist die Kamera im Stand-by-Modus, genügt der Druck auf eine beliebige Taste, um sie wieder aufzuwecken. Keine Sorge übrigens wegen des Aufwachprozesses – der dauert nur den Bruchteil einer Sekunde, sodass Sie auf keinen Fall ein spannendes Motiv verpassen.

Datei-Nummer

Wichtig für die Archivierung von Bildern ist der Menüeintrag *Datei-Nummer*. Wenn Sie nicht schnell den Überblick über die auf den PC übertragenen Dateien verlieren möchten, stellen Sie hier *Reihenaufn.* ein. Dadurch erhält jedes neue Foto einen neuen Namen bzw. eine neue Nummer. Auf jeder eingelegten Speicherkarte wird dazu ein Ordner angelegt. Dort werden die Fotos gespeichert. Die Dateinamen sind achtstellig, vier der Stellen stehen für einen Zähler von *0000* bis *9999* zur Verfügung. Das bedeutet, Sie können 10.000 Aufnahmen machen, bis sich die Dateinamen der Bilder zum ersten Mal wiederholen.

Die Option *Auto reset* bewirkt, dass bei jeder neu eingelegten und formatierten Speicherkarte die Nummerierung von vorn beginnt, also ein Ordner *100* angelegt wird und die erste abgelegte Datei die Nummer *0001* erhält. Sind bereits Daten auf einer Speicherkarte vorhanden, wird die Nummerierung im Ordner mit der höchsten Zahl nach der letzten Bilddatei fortgesetzt. Möchten Sie manuell einen neuen Ordner auf der Speicherkarte anlegen, um z. B. eine neue Fotosequenz getrennt von einer vorhergehenden abzulegen,

*Steht der Dateizähler auf **Auto reset**, beginnt die Kamera beim Speichern und Nummerieren von neuen Daten nach dem Einlegen einer frisch formatierten Speicherkarte immer wieder bei 0. Das Chaos auf der Festplatte ist vorprogrammiert, weil die Suche nach der Datei **XXXX_0001. JPEG** nach einiger Zeit nicht nur ein Bild, sondern etliche zutage fördert.*

aktivieren Sie die Option *Man. reset.* Ein neuer Ordner wird angelegt, und die neuen Fotos werden beginnend mit der Nummer *0001* in dem Ordner gespeichert.

Autom. Drehen

Mit dem Menübefehl *Autom. Drehen* können Sie die EOS 450D dazu bringen, Aufnahmen ganz automatisch um 90° in die korrekte Ausrichtung (Hoch- oder Querformat) zu bringen. Mithilfe eines kleinen Sensors erkennt die Kamera, ob sie hochkant oder waagerecht gehalten wird. Das klappt übrigens nicht immer zuverlässig. Denn wenn Sie aus einem steilen Winkel von oben fotografieren, ist der Ausrichtungssensor überfordert.

Der Befehl *Autom. Drehen* besitzt drei Optionen. Wählen Sie die obere Option, werden die Aufnahmen sowohl auf dem Display der Kamera

als auch für die Darstellung auf dem Computer gedreht. Da das Display querformatig ist, ist die Darstellungsfläche eines Hochformatfotos eingeschränkt, Sie verschenken also bei der Bildbegutachtung ein paar Pixel des Sensors. Möchten Sie die volle Anzeigefläche des Sensors zu Kontrolle nutzen, stellen Sie die zweite Option ein. Sollen die Bilder nicht gedreht werden, ist die dritte Option richtig.

Formatieren

Mit dem Befehl *Formatieren* wird eine im Kartenslot steckende Speicherkarte komplett gelöscht. Also Vorsicht mit diesem Befehl. Zwar gibt es kleine Softwareprogramme, die auch von versehentlich formatierten Speicherkarten noch Fotos retten können, Sie sollten sich jedoch nicht auf solche Programme verlassen und die Karte nur dann formatieren, wenn Sie genau wissen, dass die gespeicherten Fotos gesichert sind oder nicht mehr benötigt werden.

Weil der Formatierungsvorgang schwerwiegende Folgen hat, fragt die EOS 450D nach dem Aufrufen des Befehls immer noch einmal nach, ob

Nur zur Sicherheit: Soll die eingelegte Speicherkarte wirklich formatiert werden? Alle Bilder – auch eventuell geschützte Fotos (siehe Menügruppe 2) – werden dann gelöscht.

Sie tatsächlich formatieren möchten. Übrigens – wenn Sie Bilder vor dem Löschen geschützt haben (Menübefehl 1 in Menügruppe 2), werden diese Fotos beim Formatieren trotzdem gelöscht. Formatieren bedeutet nicht einfach nur löschen, sondern im Prinzip eine komplette Neuanlage der Speicherstruktur auf einem Datenträger ohne Rücksicht auf Verluste.

LCD auto aus

Hier geht es darum, ob das Display automatisch abgeschaltet wird, wenn Sie durch den Sucher blicken. Unterhalb des Suchers befinden sich zwei Sensoren. Sobald diese abgeschattet werden, schaltet sich das Display ab, um Sie durch die Beleuchtung nicht zu stören. Belassen Sie den Befehl deshalb am besten auf *aktiv*. Möchten Sie, dass das Display ständig an bleibt, wählen Sie die Option *nicht aktiv* aus.

DISPLAYAUFSATZ

Fotografieren Sie häufig in sehr heller Umgebung, kann es nützlich sein, einen speziellen Displayaufsatz zu kaufen, der das Display vor heller Sonneneinstrahlung schützt.

Bildsch.farbe

Beim Befehl *Bildsch.farbe* geht es wohl eher um den Geschmack. Sie können aus vier verschiedenen Farbmustern auswählen und damit festlegen, wie die Displayanzeige gestaltet sein soll.

LCD-Helligkeit

Die Helligkeit des Monitors kann an die jeweilige Umgebung mit dem Befehl *LCD-Helligkeit* angepasst werden. Fotografieren Sie z. B. draußen in grellem Sonnenlicht, kann es hilfreich sein, die

METADATEN

Als Metadaten bezeichnet man Zusatz-
informationen zu Digitalfotos wie z. B.
Aufnahmedatum, Belichtungswerte
oder Urheber, die entweder innerhalb
der Bilddatei oder als zusätzlicher
Datensatz gespeichert werden. Das am
weitesten verbreitete Metadatenformat
ist EXIF. EXIF-Informationen können
von praktisch allen Programmen zur
Anzeige und Bearbeitung von Digitalfotos ausgewertet werden.

Helligkeit des Displays zu verändern. Die Helligkeit lässt sich in sieben Stufen verstellen.

Datum/Uhrzeit
Damit Sie Ihr Foto zeitlich einordnen können – eine
enorme Hilfe bei der Archivierung und Sortierung
von Bildern auf Festplatte oder Datenträger –,

stellen Sie nach der ersten Inbetriebnahme der
Kamera sofort Datum und Uhrzeit ein. Diese Informationen werden jeder Bilddatei automatisch
angehängt. Diese sogenannten Metadaten, es
gibt noch viel mehr davon als nur Datum und
Uhrzeit, können am Computer mit verschiedenen
Programmen zur Bildbetrachtung und -bearbei-
tung angesehen werden.

Sprache
Da die EOS 450D eine internationale Kamera ist,
bietet sie auch 20 unterschiedliche Sprachversi-

onen für die Kameramenüs an. Wählen Sie mit dem Menübefehl *Sprache* also Ihre bevorzugte Sprache aus.

Videosystem

Um auf der Speicherkarte abgelegte Fotos auf einem Fernseher zu kontrollieren, sollten Sie zuvor den Standard Ihres TV-Geräts über den Menübefehl *Videosystem* festlegen. In Deutschland und Mitteleuropa ist die vorherrschende TV-Norm *PAL*, unter anderem im Gebiet der Ver-

einigten Staaten stellen TV-Geräte Fernsehinhalte nach der Norm *NTSC* dar. Der Unterschied liegt in der dargestellten Anzahl von Zeilen und in der Farbreproduktion. Würden Sie einen PAL-Fernseher mit NTSC-Signalen beschicken, wäre das Bild verzerrt. Sitzen Sie also irgendwann mal mit Ihrer EOS 450D in einem Hotelzimmer in den USA und möchten Ihre Fotos des Grand Canyon oder der New Yorker Skyline sichten, stellen Sie zuerst die Fernsehnorm auf NTSC um.

Sensorreinigung

Sollte es nach einiger Zeit und häufigem Objektivwechsel passieren, dass Staub ins Innere der Kamera gelangt ist und sich auf dem Sensor festgesetzt hat, kommt der Befehl *Sensorreinigung* zum Einsatz. Lesen Sie unbedingt die Anleitungen im Handbuch durch, bevor Sie sich ans manuelle Reinigen des Sensors machen. Bei unsachgemäßer Reinigung wird der Aufnahmechip schnell irreparabel zerstört.

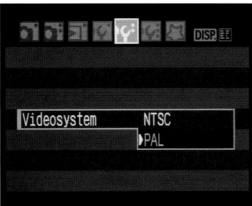

Wenn beim Wechsel des Objektivs Staub auf den Sensor gekommen ist – man sieht das an kleinen dunklen Flecken in den Aufnahmen –, können Sie den Chip von der Kamera reinigen lassen (**Sensorreinigung: Jetzt reinigen**) oder selbst reinigen (**Sensorreinigung: Manuelle Reinigung**). Im Handbuch steht genau beschrieben, wie Sie vorgehen müssen, um dabei den Sensor, der sich hinter dem Schwingspiegel verbirgt, nicht zu beschädigen.

Livebild Funktionseinstellung

Legen Sie über den Befehl *Livebild Funktionseinstellung* fest, ob Aufnahmen im Livebild-Modus möglich sind. Ist die Option *Livebild-Aufnahme* auf *Aktiv* eingestellt, können Sie während der Aufnahme mit einem Druck auf die Taste *SET* ein Livebild auf dem Display anzeigen lassen. Die

beiden anderen Optionen *Netzgitter* (zur besseren Ausrichtung der Kamera) und *Messtimer* sollten nicht verändert werden.

Blitzsteuerung

Ein eigener Menüeintrag mit mehreren Befehlen widmet sich der Blitzsteuerung. Hier können Sie diverse Blitzfunktionen sowohl für den internen Kamerablitz als auch einen externen Aufsteckblitz festlegen. Der erste Befehl im Menü *Blitzsteuerung* kann sich als praktisch erweisen, wenn Sie in einer Situation sind, in der auf keinen Fall geblitzt werden darf. Stellen Sie den Befehl *Blitzzündung* auf *Unterdrückt*, wird der Blitz auch in absoluter Dunkelheit nicht ausgelöst.

Aber Achtung! Dieser Befehl ist ebenso wie viele andere Menüoptionen für fortgeschrittene Fotografen gedacht und daher nicht in den Automatikprogrammen (Motivprogramme und Vollautomatik) verfügbar. Steht das Moduswahlrad z. B. auf Vollautomatik (grünes Rechteck), wird der Blitz, sofern er ausgeklappt ist, auch gezündet, sollte die Belichtung es erfordern.

Blitzfunktionen wie das Blitzen auf den 2. Verschlussvorhang oder die Blitzbelichtungskorrektur können Sie über den Befehl **Blitzsteuerung** *festlegen.*

Die externen Blitze von Canon wie z. B. der 580 EX (II) können über Customfunktionen exakt an bestimmte Situationen angepasst. Diese Customfunktionen (*C.Fn*) werden üblicherweise direkt am Blitzgerät eingestellt. Die EOS 450D erlaubt es jedoch, auch dieses Feintuning über das Kameramenü und den Befehl *Blitzsteuerung/C. Fn-Einst. ext. Blitz* vorzunehmen. In der Praxis eine echte Hilfe, die viel Zeit und viele Tastendrücke erspart.

Individualfunktionen (C.Fn)

Besonderes Augenmerk von Fotografen, die mehr als nur knipsen, verdient der Menübefehl *Individualfunktionen (C.Fn)*. Hier kann die Kamera nochmals sehr explizit an die persönliche Arbeitsweise beim Fotografieren angepasst werden. Es lassen sich z. B. Tasten mit anderen Funktionen belegen, die *Tonwert Priorität* lässt sich für noch mehr Details aktivieren, und – besonders wichtig bei Aufnahmen mit langen Brennweiten oder längeren Verschlusszeiten – die Spiegelverriegelung kann so einstellt werden, dass vor der Aufnahme zuerst der Spiegel hochklappt, um Erschütterungen der Kamera durch sein schnelles Öffnen zu verhindern. Mehr zu dieser und den wichtigsten anderen Individualfunktionen erfahren Sie im folgenden Abschnitt.

Individualfunktionen für Könner

Drittes Register der dritten Menühauptgruppe: Die Individualfunktionen sind in vier Gruppen *C.Fn I* bis *C.Fn IV* unterteilt. Haben Sie gerade mit der Fotografie begonnen, werden Ihnen diese Funktionen noch nicht allzu wichtig vorkommen. Erst mit zunehmender Erfahrung und nicht alltäglichen Problemen in ganz bestimmten fotografischen Situationen werden Sie einige dieser Individualfunktionen schätzen lernen. Rufen Sie das Kameramenü mit einem Druck auf die Taste *MENU* auf und navigieren Sie mit dem Hauptwahlrad bis zum dritten der gelben Register. Drücken Sie die Taste *SET*, um den Befehl zu öffnen. Es stehen insgesamt 13 individuell einstellbare

Wer sorglos im Automatikmodus fotografiert, wird die Individualfunktionen vermutlich niemals verändern. Profis und Fotoenthusiasten passen dagegen die Kamera hier so weit wie möglich an die eigene Arbeitsweise an.

Funktionen zur Verfügung. Die meisten der Einstellungen dienen dazu, bestimmte Abläufe beim Fotografieren zu optimieren.

C.Fn I: Belichtung

In der ersten Gruppe von Individualfunktionen geht es um die Belichtung. Hier befinden sich zwei Einstellungen.

Einstellstufen

Wenn Sie an der Kamera die Werte für Blende, Verschlusszeit oder die Belichtungskorrektur verändern, geschieht das üblicherweise in Drittelstufen. Das heißt, wenn Sie das Hauptwahlrad drehen, um beispielsweise die Blende von 5,6 ausgehend um eine ganze Stufe zu verkleinern, bewirkt jede Bewegung des Rads eine Verkleinerung der Blende in Drittelstufen von 5,6 zu 6,3, dann zu 7,1 und schließlich zu 8. Ist Ihnen diese Einteilung zu fein, können Sie über die Individualfunktion *Belichtung/Einstellstufen* auch *1/2-Stufe* als Intervall wählen.

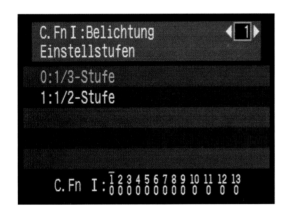

Blitzsynchronisation bei Av

Die zweite Individualfunktion in der ersten Gruppe, *Blitzsynchronisation bei Av*, ist wichtig, wenn Sie Blitzaufnahmen im Modus *Av* machen möchten. Ist die Option *2* gewählt, wird die Verschlusszeit bei Blitzaufnahmen von der Kamera automatisch auf *1/200 sek* gesetzt. Dadurch wird zwar das vom Blitz angestrahlte Hauptmotiv korrekt belichtet, der Hintergrund jedoch möglicherweise sehr dunkel, weil er nicht vom Blitzlicht ausgeleuchtet wird. Um auch den dunklen Hintergrund korrekt zu belichten, ist häufig eine längere Verschlusszeit als 1/200 sek notwendig.

Deshalb sollten Sie die Standardeinstellung der Funktion *Blitzsynchronisation bei Av* in der Regel nicht verändern.

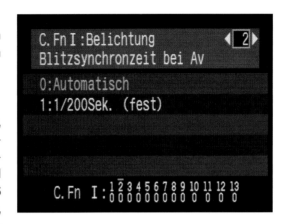

C.Fn II: Bild

In dieser Funktionsgruppe geht es in erster Linie um die Bildqualität. Sie können festlegen, ob durch eine Langzeitbelichtung hervorgerufenes Bildrauschen automatisch von der Kamera reduziert werden soll (*Rauschred. bei Langzeitbel.*), ebenso lässt sich Bildrauschen bei hohem ISO-Wert reduzieren (*High ISO Rauschreduzierung*).

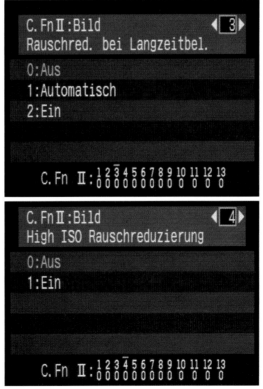

Tonwert Priorität

Besonders interessant für sehr kontrastreiche Motive mit vielen Details in hellen Bereichen ist die Funktion *Tonwert Priorität*. Ist dieser Befehl aktiv (Option *Möglich*), kitzelt die Kamera aus hellen Motivteilen noch mehr Details heraus, als es im Normalfall möglich wäre. Bei Motiven mit normalen Kontrasten sollte die Funktion ausgeschaltet bleiben, weil die hellen Motivbereiche etwas weicher werden, aber z. B. bei Landschaften oder Architekturfotos mit hellem Wolkenhimmel lohnt sich der Griff ins Custommenü.

Noch ein Hinweis: Ist die Funktion *Tonwert Priorität* aktiviert, ist als Empfindlichkeit minimal ISO 200 möglich. Mit ISO 100 lässt sich also nicht fotografieren. Und noch ein wichtiger Tipp: Schalten Sie die *Tonwert Priorität* wieder ab, bleibt der ISO-Wert unverändert. Möchten Sie also wieder mit ISO 100 arbeiten, müssen Sie die Empfindlichkeit zunächst wieder manuell korrigieren.

BILDRAUSCHEN

Woher kommt eigentlich Bildrauschen? Wie es sich auswirkt, wissen Sie vermutlich. Vergrößern Sie einfach mal ein mit hohem ISO-Wert (ISO 800 oder mehr) aufgenommenes Foto auf dem Monitor. Je größer die Darstellung, desto deutlicher werden feine, punktartige Strukturen sichtbar. Bildrauschen hat grundsätzlich immer mit der elektronischen Signalverarbeitung zu tun. Der Kamerasensor empfängt Licht, das dann in digitale Signale umgewandelt wird. Auf dem Weg vom analogen Signal (Licht) bis zum digital gespeicherten Datensatz entsteht Rauschen. Im Prinzip ist immer die Signalverarbeitung bzw. die Signalverstärkung für das Rauschen verantwortlich. Je mehr ein Lichtsignal verstärkt werden muss, um verwertbare Daten zu erhalten, desto mehr Rauschen entsteht. Bei hohen ISO-Werten ist die Signalverstärkung besonders hoch. Eine zweite Ursache für Bildrauschen ist die Erwärmung des Sensors bzw. der Signalverarbeitungselektronik. Je wärmer Sensor und Elektronik werden, desto mehr rauscht es im Bild. Deshalb auch der Tipp: Arbeiten Sie mit der Livevorschau nur, wenn es nicht anders geht. Denn bei der Darstellung des Livebilds wird ständig Strom verbraucht, und die Kamera erwärmt sich im Inneren. Der Effekt ist zwar nicht allzu ausgeprägt, wenn Sie jedoch möglichst perfekte, rauschfreie Bilder wünschen, achten Sie auch auf dieses Detail.

Autom. Belichtungsoptimierung

Mit der Funktion *Autom. Belichtungsoptimierung* nimmt Ihnen die Kamera in schwierigen Situationen bei dunkler Umgebung oder geringem Kontrast ein wenig Arbeit ab. Die Fotos werden trotz der genannten Umstände hell und kontrastreich aufgezeichnet. Das klappt allerdings nur mit JPEG-Dateien, bei RAW-Bildern hat der Befehl keinen Einfluss. In den Motivprogrammen ist die automatische Belichtungsoptimierung übrigens automatisch aktiv.

C.Fn III: Autofokus/Transport

Die dritte Gruppe an Individualfunktionen beinhaltet drei Befehle. Hier geht es u. a. darum, wie der Autofokus in bestimmten Situationen arbeitet. Naturfotografen aufgepasst! In dieser Gruppe mit Individualfunktionen befindet sich auch der Befehl zur Steuerung der Spiegelverriegelung.

AF-Hilfslicht Aussendung

Die Funktion *AF-Hilfslicht Aussendung* sollte man in der Praxis kennen. Denn wenn der Kamerablitz bei wenig Umgebungslicht ausgeklappt ist, sendet der Blitz in schneller Folge Lichtimpulse aus, um das Autofokussystem zu unterstützen. Diese Blitze können ziemlich erschreckend oder störend sein, wenn man nicht darauf vorbereitet ist. Allerdings helfen diese Lichtimpulse dem Autofokus, schneller und genauer zu arbeiten. Ist es zu dunkel, klappt die Fokussierung mitunter nicht.

Arbeiten Sie mit einem externen Blitzgerät wie z. B. einem Speedlite 580 EX, verwenden Sie die Option *2: Nur bei ext. Blitz aktiv*. Viele externe Blitzgeräte verwenden zur Unterstützung des Autofokus rotes bzw. Infrarotlicht (Streifenmuster), das kaum auffällt – außer man steht in einer Horde von Promifotografen. Denn das durch die Blitzgeräte erzeugte rote Streifenmuster macht sich nicht gut auf den Roben und Anzügen der über den roten Teppich schwebenden Prominenten. Schalten Sie, sollten Sie mal einer solchen Situation sein, das *AF*-Hilfslicht auf jeden Fall ab, um nicht von den Kollegen massakriert zu werden.

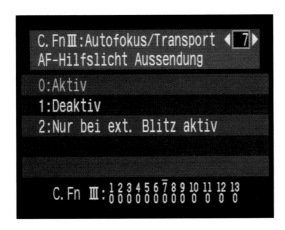

AF während Livebild-Aufnahme

Möchten Sie Ihre Fotos mit der Livebild-Anzeige auf dem Display machen, müssen Sie die Option *1* oder *2* im Befehl *AF während Livebild-Aufnahme* aktivieren. Beim *QuickModus* wird das normale *AF*-System der EOS 450D verwendet, um automatisch auf das anvisierte Motiv zu fokussieren. Problem dabei: Das Livebild wird während des Fokussierens kurz abgeschaltet. Sobald das Livebild wieder da ist, können Sie den Auslöser ganz durchdrücken und Ihre Aufnahme machen, natürlich ohne die Kamera zuvor zu bewegen, da die Fokussierung sonst nicht mehr stimmen würde.

Im *LiveModus* wird nicht das *AF*-System, sondern der CMOS-Sensor der Kamera genutzt, um scharf zu stellen. Das dauert üblicherweise etwas länger als im *QuickModus* und ist auch nicht ganz so präzise. Allerdings können Sie das Fokusfeld auf dem Display (der weiße Rahmen) mit der *Lupe-*

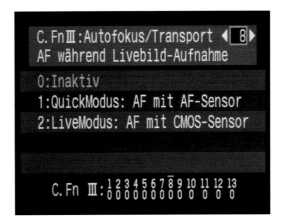

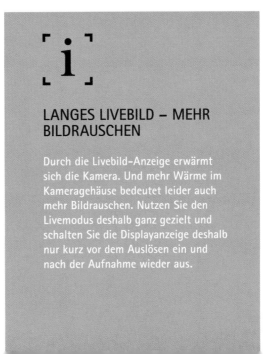

LANGES LIVEBILD – MEHR BILDRAUSCHEN

Durch die Livebild-Anzeige erwärmt sich die Kamera. Und mehr Wärme im Kameragehäuse bedeutet leider auch mehr Bildrauschen. Nutzen Sie den Livemodus deshalb ganz gezielt und schalten Sie die Displayanzeige deshalb nur kurz vor dem Auslösen ein und nach der Aufnahme wieder aus.

Taste vergrößern. Wichtig! Fokussiert wird hier nicht mit dem Antippen des Auslösers, sondern mit der *Stern*-Taste!

Spiegelverriegelung

Besonders relevant in der Naturfotografie ist der nächste Befehl *Spiegelverriegelung*. Diese Funktion kann für die Schärfe eines Fotos ausschlaggebend sein. Fotografiert man mit Stativ

⌜ i ⌝

SPIEGELVERRIEGELUNG

Die Spiegelverriegelung ist nur bei Aufnahmen mit langer Brennweite und längerer Verschlusszeit sinnvoll einzusetzen. Beim alltäglichen Fotografieren bringt sie dagegen nichts und verhindert spontanes Bildermachen, weil Sie den Auslöser schließlich zweimal drücken müssten.

AUFNAHMEDATEN	
Brennweite	560 mm
(400 mm + 1,4-fach-Konverter)	
Belichtung	1/640 sek
Blende	f8
Stativ	

Einmal mit, einmal ohne Spiegelverriegelung. Wer knackscharfe Fotos von Motiven will, bei denen extreme Brennweiten nötig sind, sollte unbedingt die Spiegelverriegelung nutzen.

und langer Brennweite und zudem noch mit relativ langen Verschlusszeiten von mehr als z. B. 1/30 sek, ist jede Fotokamera selbst für leichte Erschütterungen enorm anfällig. Vibrationen, die den Aufbau zum Schwingen bringen und dadurch Unschärfen auslösen, können über den Boden übertragen, aber auch von der Kamera selbst verursacht werden. Da der Spiegel, der vor der Aufnahme zunächst nach oben geklappt wird, relativ schwer ist, bringt er die Kamera leicht zum Zittern. Daher sollten Sie bei Naturaufnahmen mit Teleobjektiv und langer Brennweite immer die Individualfunktion nutzen und die *Spiegelverriegelung* einschalten. Achtung! Funktioniert nicht mit Livebild!

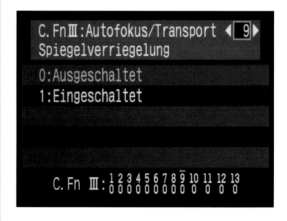

Beim ersten Druck auf den Auslöser (besser noch den Fernauslöser) wird zunächst der Spiegel hochgeklappt. Sie sehen dann natürlich nichts mehr durch den Sucher, da ja der Spiegel für das Sucherbild verantwortlich ist. Warten Sie einen Moment. Drücken Sie dann ein zweites Mal den Auslöser, wird der Verschluss ausgelöst. Der Unterschied bei der Schärfe von Fotos mit Teleobjektiv, die mit und ohne Spiegelverriegelung gemacht werden, ist zum Teil enorm. Jeder professionell arbeitende Naturfotograf nutzt diese Möglichkeit, um perfekte Aufnahmen zu machen, und da die EOS 450D diese Funktion ebenfalls bietet, sollten Sie sie unbedingt einsetzen, wenn es nötig ist.

C.Fn IV: Operationen/Weiteres

In der vierten Gruppe der Individualfunktionen geht es vornehmlich darum, Tasten und Regler an der Kamera mit anderen Funktionen zu programmieren. Da diese Funktionen wirklich sehr speziell sind und nur in den wenigsten Fällen geändert werden müssen, werden die Funktionen hier nur kurz angerissen.

Auslöser/AE-Speicherung

Wenn Sie den Auslöser halb durchdrücken, passiert zweierlei: Der Autofokus wird gestartet (wenn am Objektiv der *AF*-Schalter auf *AF* steht), und die Belichtungswerte werden gemessen. Diese Funktionen lassen sich mit der Customfunktion *Auslöser/AE-Speicherung* erweitern bzw. verändern. Option *0: AF/AE-Speicherung* ist der Standard, Option *1: AE-Speicherung* geht schon etwas weiter. Hier werden beim halben Durchdrücken des Auslösers lediglich die Belichtungswerte gemessen. Den Autofokus müssen Sie durch Drücken der *Stern*-Taste aktivieren. Das ist hilfreich, wenn sich ständig Objekte zwischen Kamera und Motiv schieben.

Wenn sich Ihr Motiv ständig bewegt, Sie im *AF*-Modus *AI SERVO* fotografieren und sich die Lichtverhältnisse ständig ändern, sollten Sie die Option *2: AF/AF-Spei. keine AE-Spei.* verwenden. Die Kamera stellt dann wie gewohnt permanent neu scharf (bewegtes Motiv), Sie können den Fokussiervorgang jedoch mit der *Stern*-Taste unterbrechen, wenn sich ein anderes Motiv durchs Bild bewegt. Die Belichtungswerte werden erst beim Durchdrücken des Auslösers (nicht beim halben Durchdrücken) ermittelt. Dadurch haben Sie immer im richtigen Moment die korrekten Werte eingestellt.

Ein wenig Übung erfordert die Option *3: AE/AF, keine AE-Spei.* Hierbei wird (im *AF*-Modus *AI-Servo* für bewegte Motive) mit der *Stern*-Taste die Fokussierung gestartet und gestoppt, während die Belichtungswerte erst unmittelbar vor dem Öffnen des Verschlusses von der Kamera ermittelt

und eingestellt werden. Dadurch sind Fokus und Belichtung immer optimal und zeitnah angepasst.

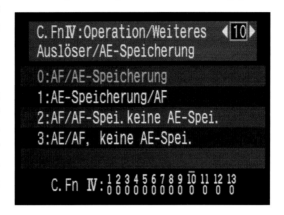

SET-Taste bei Aufnahme

Sehr praktisch im fotografischen Alltag: Der Taste *SET* kann eine von vier wichtigen Funktion zugewiesen werden, die man sonst nur relativ umständlich über andere Tasten oder Menüs erreichen würde. Dies sind:

- *Qualität ändern* (zum schnellen Aufrufen des entsprechenden Menüs für JPEG-/RAW-Einstellungen)

- *Blitzbelichtungskorrektur*

- *LCD-Monitor Ein/Aus* (gleiche Funktion wie die Taste *DISP*)

- *Menüanzeige* (gleiche Funktion wie die Taste *MENU*)

LIVEBILD-ANZEIGE UND CUSTOMFUNKTION

Da die Livebild-Anzeige ebenfalls (so im entsprechenden Menü aktiviert) durch einen Druck auf die *SET*-Taste gestartet wird, wird die Programmierung der Taste durch die Customfunktion dabei außer Kraft gesetzt. Ein Druck auf die *SET*-Taste startet also die Livebild-Anzeige.

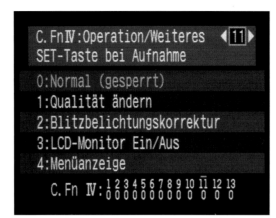

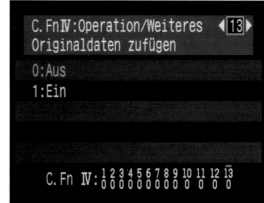

LCD-Display bei Kamera Ein

Standard ist hier die Option *0:Display*. Wenn Sie die Kamera einschalten, zeigt das Display die Aufnahmeeinstellungen, was in der Regel vernünftig und praktisch ist. Mit der Option *1: Aus-Status beibehalten* lässt sich ein wenig Strom sparen. Drücken Sie vor dem Ausschalten der Kamera die Taste *DISP*, um das Display abzuschalten. Beim nächsten Einschalten der Kamera wird die Displayanzeige mit den Aufnahmeeinstellungen dann nicht automatisch gestartet.

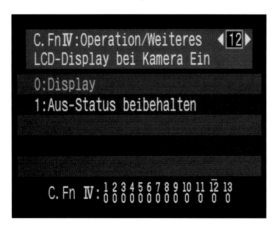

Originaldaten zufügen

Mit der Option *1: Ein* werden jedem Bild Informationen hinzugefügt, die das Foto als Originalbild ausweisen. Wenn Sie diese Verifizierung benötigen, brauchen Sie zum Auslesen der Originaldaten das Original Security Kit OSK-E3, das nicht zum Lieferumfang der Kamera gehört. Das Security Kit gibt es im Fachhandel in der Regel auf Bestellung.

Einstellungen löschen

Falls Sie mal sämtliche Einstellungen (Menübefehle und Customfunktionen) zurücksetzen und die Kamera in den Auslieferungszustand zurückversetzen möchten, wählen Sie den Befehl *Einstellungen löschen* aus.

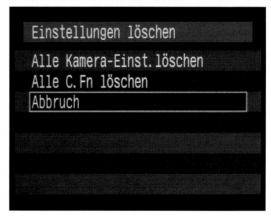

Firmware-Version

Über den Befehl *Firmware-Version* können Sie, falls Canon eine neue Version der kamerainternen Software (Firmware) herausbringt, ein Update vornehmen. Dazu wird die neue Softwareversion von der Canon-Webseite heruntergeladen und auf einer SD-Karte im Hauptverzeichnis (nicht in einem Unterverzeichnis) gespeichert. Stecken Sie diese SD-Karte dann in die Kamera, aktivieren Sie den Befehl *Firmware-Vers.* und drücken Sie die Taste *SET*. Die Hinweise auf dem Display führen Sie durch den Update-Vorgang, der auf keinen Fall unterbrochen werden darf.

Kameramenü 4:
My Menu Einstellungen

Das vierte Menü besteht eigentlich nur aus einem einzigen Befehl, der dazu dient, häufig verwendete Menüeinträge und Individualfunktionen zu registrieren und hier für den schnellen Zugriff abzulegen. Der Sinn besteht darin, dass Sie dann nicht ständig durch sämtliche Menüregister scrollen müssen, sondern die wichtigsten Befehl an einer Stelle sammeln können. Insgesamt lassen sich hier bis zu sechs Befehle speichern. Der

Ablauf ist einfach: Scrollen Sie zum Befehl *My Menu Einstellungen* und drücken Sie die Taste *SET*. Wählen Sie nun den Befehl *Registrieren* aus und drücken Sie wieder *SET*. Nun wird auf dem Display eine lange Liste mit allen verfügbaren Menübefehlen angezeigt, aus der Sie einzelne Befehle auswählen und speichern können.

Unter **My Menu Einstellungen** *können Sie maximal sechs Menüeinträge hinterlegen, die für Sie besonders wichtig sind.*

[3]

EOS-450D-
KONFIGURATION

3

EOS-450D-Konfiguration

3 EOS-450D-Konfiguration

Sie haben sich die Canon EOS 450D vermutlich deshalb gekauft, weil Sie mehr als nur Schnappschüsse machen möchten. Obwohl die Kamera natürlich so gut ist, dass mit ihr auch Schnappschüsse „aus der Hüfte" toll aussehen, hat sie in Bezug auf die Bildqualität und das Handling noch mehr Reserven zu bieten. Hier erfahren Sie, wie Sie die EOS 450D konfigurieren, um sich sämtliche Optionen für perfekte Digitalfotos und die entsprechenden Ausdrucke zu eröffnen.

■ Für beste Bilder reicht es nicht, eine tolle Kamera zu haben, auch das verwendete Objektiv muss entsprechend gut sein. Das mit der EOS 450D oft angebotene EF-S 18-55 IS ist perfekt auf die Kamera und die Dimensionen des Aufnahmechips abgestimmt. Aufgrund der etwas kleineren Abmessungen des Sensors im Vergleich zum jahrzehntelang dominanten Kleinbildformat ist die Brennweite des EF-S 18-55 vergleichbar mit einem 28-90-mm-Objektiv in der Kleinbildfotografie (Stichwort Brennweitenverlängerung).

Sowohl dynamische Weitwinkelfotos als auch Porträts mit mittlerer Telebrennweite sind möglich. Beste Voraussetzungen also, um mit dem dynamischen Duo EOS 450D und EF-S 18-55 tolle Fotos zu schießen, wenn Sie auch die Kamerasoftware richtig verwenden. Möchten Sie mehr über die für Ihre EOS 450D geeigneten Objektive lesen, schlagen Sie im Objektivkapitel ab Seite 146 nach. Dort werden die aktuellen EF- und EF-S-Optiken von Canon vorgestellt.

BRENNWEITENVERLÄNGERUNG

Die Brennweite eines Objektivs wirkt je nach Größe des Aufnahmesensors anders. Je kleiner der Sensor im Vergleich zum Kleinbildformat ist, desto eingeschränkter ist der Bildwinkel, das heißt, dass z. B. ein 200-mm-Objektiv an Ihrer Canon EOS 450D eine etwas kleinere Fläche abbildet als an einer Kleinbildkamera. Das Objektiv wirkt also wie eines mit längerer Brennweite. Der Verlängerungsfaktor der 450D beträgt 1,6. Ein 200-mm-Objektiv hat an Ihrer 450D also einen Bildwinkel wie ein 320-mm-Objektiv an einer Kleinbildkamera.

BEI STREULICHT MIT GEGEN-LICHTBLENDE FOTOGRAFIEREN

Wer in Bezug auf Streulicht, das im schlimmsten Fall die Farbsättigung einer Aufnahme reduziert und ungewünschte Lichtreflexe im Bild produziert, auf Nummer sicher gehen will, sollte immer mit Gegenlichtblende vor dem Objektiv fotografieren. Die Gegenlichtblende gibt es als Zubehör für alle Objektive entweder von Canon oder von Fremdherstellern wie z. B. Hama.

Faktor Bildqualität – JPEG oder RAW?

JPEG ist mit Sicherheit das am weitesten verbreitete Digitalbildformat. Die Gründe dafür: JPEG-Dateien lassen sich in mehreren (Qualitäts-) Stufen komprimieren, mit jedem Programm zu Bildbetrachtung und -bearbeitung öffnen und problemlos im Internet zeigen. Die JPEG-Komprimierung führt dazu, dass Bildinformationen auf Pixelebene zusammengefasst werden, um dadurch Speicherplatz zu sparen. Das führt zu mehr oder weniger sichtbaren Verlusten an Bildinformationen.

Je höher die Komprimierungsstufe, desto kleiner wird die Datenmenge eines JPEG-Bildes, allerdings, und das ist der große Haken, desto sichtbarer werden sogenannte Kompressionsartefakte. Diese eckigen Muster können ein Bild je nach Komprimierungsstufe enorm verschlechtern. Das heißt in der Praxis: Wer seine Fotos oder Bilder in vernünftiger Qualität präsentieren oder drucken möchte, sollte immer mit JPEGs arbeiten, die so wenig wie möglich komprimiert sind, also die bestmögliche Qualität (für eine JPEG-Datei) liefern.

Bilder im JPEG-Format

Wenig komprimierte JPEG-Dateien liefern einen ausgezeichneten Kompromiss aus Bildqualität und Dateigröße. Zum Vergleich: Ein von der EOS 450D aufgenommenes Bild belegt als JPEG-Datei auf der Speicherkarte ca. 4 MByte Platz, als RAW-Datei aber ca. 15 MByte. JPEG-Dateien sind das Ergebnis eines kcamerainternen Umrechnungsprozesses, bei dem die Daten, die der Chip aufzeichnet, von der Kamerasoftware

AUFNAHMEDATEN	
Brennweite	85 mm
Belichtung	1/10 sek
Blende	f2,8
Stativ	

Der Bildausschnitt zeigt, was bei der JPEG-Komprimierung passiert. Der obere Ausschnitt wurde mit maximaler JPEG-Qualität gespeichert, der untere mit minimaler JPEG-Qualität. Man sieht deutlich die irreparablen Qualitätsverluste.

verarbeitet und mit gewissen Verlusten an Informationen komprimiert gespeichert werden. Ist eine Aufnahme erst mal als JPEG-Datei abgelegt, gibt es keine Möglichkeit mehr, eventuell vom Chip erkannte Details, die bei der Komprimierung verloren gegangen sind, wiederherzustellen.

Bilder im RAW-Format

Ganz anders bei RAW-Dateien: Hier wird tatsächlich exakt die Bildinformation gespeichert, die der Kamerachip aufzeichnet. Eine RAW-Datei wird von der Kamera praktisch unbearbeitet auf der Speicherkarte abgelegt. Die Endungen von RAW-Dateien – man hört und liest auch immer wieder vom „digitalen Negativ", was die Sache sehr gut beschreibt – variieren von Hersteller zu Hersteller, sogar zwischen den Kameramodellen eines Herstellers. Die Canon EOS 450D verwendet das Format CR2 (Camera RAW).

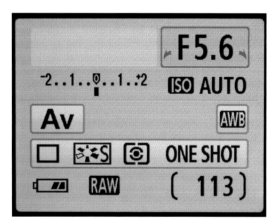

Auf der Displayanzeige können Sie sehen, wie viele Bilder Sie noch machen können, bis die Speicherkarte voll ist. In diesem Fall passen noch 113 RAW-Fotos auf die Karte.

RAW oder RAW+L

Öffnen Sie mit einem Druck auf die Taste *MENU* das Kameramenü und navigieren Sie mit Hauptwahlrad und Schnelleinstellrad zum ersten Eintrag *Qualität* ganz oben in der Liste. Drücken Sie die *SET*-Taste.

Stellen Sie nun für maximale Bildqualität entweder die Option *RAW* oder *RAW+L* ein. *L* steht hier für JPEG-Dateien, die maximale Bildqualität liefern, also wenig komprimiert sind.

RAW+L ist vor allem für diejenigen interessant, die ihre Dateien von der Kamera aus direkt und ohne Umweg über den PC ausdrucken möchten,

die RAW-Bilder aber zur Nachbearbeitung sichern wollen. Sie erkaufen sich die hohe Informationsfülle von RAW-Dateien mit einer wichtigen Einschränkung: Auf einer Speicherkarte haben weit weniger RAW- als JPEG-Dateien Platz.

Fotografieren Sie JPEG-Bilder mit maximaler Qualität (Einstellung *L*), passen auf eine 2-GByte-Speicherkarte rund 460 Fotos, im Modus *RAW* sind es noch ca. 120 Aufnahmen, im Modus *RAW+L* nur noch ca. 100.

ISO-Empfindlichkeit festlegen

Was schon in der analogen Fotografie galt, hat auch im digitalen Zeitalter noch Gültigkeit: Je höher die ISO-Empfindlichkeit eines Aufnahmemediums, desto mehr Bildrauschen zeigen die Bilder. Früher sagte man, ein Film höherer Empfindlichkeit wäre grobkörniger, in der Digitalfotografie nennt man dieses ganz ähnlich aussehende Phänomen Bildrauschen. In beiden Fällen werden mit höherem ISO-Wert immer deutlicher feine, punktartige Strukturen erkennbar. In der analogen Fotografie sind diese Strukturen tatsächlich mehr oder weniger punktförmig, in der digitalen Fotografie sind dagegen rechteckige Strukturen zu erkennen.

Übrigens immer wieder ein gern gehörtes Argument vehementer Verteidiger der analogen Foto-

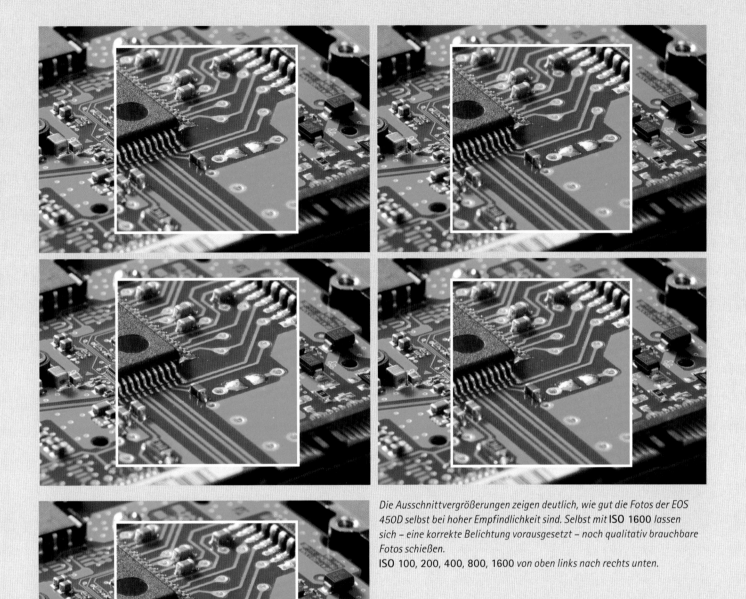

Die Ausschnittvergrößerungen zeigen deutlich, wie gut die Fotos der EOS 450D selbst bei hoher Empfindlichkeit sind. Selbst mit ISO 1600 *lassen sich – eine korrekte Belichtung vorausgesetzt – noch qualitativ brauchbare Fotos schießen.*
ISO 100, 200, 400, 800, 1600 *von oben links nach rechts unten.*

grafie: Filmkorn sei einfach aus ästhetischer Sicht ansprechender als die eckigen Pixelstrukturen einer Digitalaufnahme. Tatsächlich haben wir uns wohl an grobkörnige Vergrößerungen gewöhnt und empfinden die eckigen Pixel einer digitalen Vergrößerung eher als störend. Kleiner Hinweis für Bildbearbeiter: Wenn Sie sich am eckigen „Korn" von Digitalfotos stören, können Sie durch leichtes Weichzeichnen (Gaußscher Weichzeichner, Radius ca. 0,5 Pixel) einen ähnlichen Effekt wie beim Filmkorn erzielen.

Filmkorn bzw. Bildrauschen kann bis zu einem gewissen Grad und im Fall der digitalen Fotografie mit ein wenig Nachbearbeitung am PC (z. B. leich-

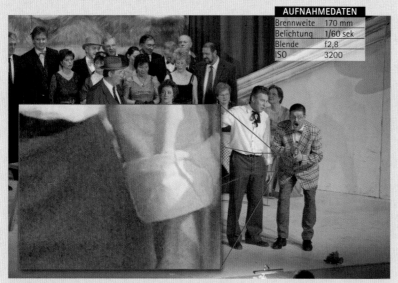

AUFNAHMEDATEN	
Brennweite	170 mm
Belichtung	1/60 sek
Blende	f2,8
ISO	3200

Gerade im Theater ist die Beleuchtung oft so unzureichend, dass man, will man auf Blitzlicht verzichten, mit hoher Empfindlichkeit fotografieren muss. Das Bildrauschen (Pixelkorn) ist in Vergrößerungen dann deutlich zu sehen.

AUFNAHMEDATEN	
Brennweite	50 mm
Belichtung	1/125 sek
Blende	f3,5
ISO	200

tes Weichzeichnen) durchaus seinen Reiz haben. Zählen Sie jedoch zu den Menschen, die die Qualität eines Fotos auch daran messen, ob störende Strukturen sichtbar sind, ist die ISO-Einstellung *100* die richtige Wahl. Hierbei rauscht es im Bild am wenigsten. Von ISO *100* bis *1600* reicht die Auswahl an Empfindlichkeitseinstellungen der EOS 450D, dazu gibt es die Einstellung *AUTO*, mit der die Kamera den ISO-Wert automatisch auswählt. Festgelegt wird die Empfindlichkeit, indem Sie die Taste *ISO* oben auf der Kamera drücken. Drehen Sie anschließend das Hauptwahlrad, der ISO-Wert wird im Display angezeigt.

Weißabgleich richtig einstellen

In einem wirklich guten, wenn nicht sogar perfekten Bild stimmen Bildgestaltung, Lichtführung, Schärfe und Farben. Damit Ihre EOS die Farben absolut natürlich einfängt, muss sie wissen, was die Farbe Weiß ist. Eine weiße Wand, vom rötlichen Licht einer Glühbirne beschienen, strahlt nicht weiß, sondern rötlich. Ein Bild, das eine Wand rötlich zeigt, kann durchaus gewollt sein. Man denke nur an einen Sonnenuntergang in einem maltesischen Fischerdorf mit seinen weiß getünchten Häuserwänden, die in der Abendsonne rötlich schimmern. Der Weißabgleich darf also keine Farbstimmungen zerstören, er kommt

WEISSABGLEICH BEWUSST FALSCH EINSETZEN

Probieren Sie doch mal aus, bewusst mit falschem Weißabgleich zu fotografieren. Die Einstellung für Glühlampenlicht produziert bei Tageslicht extrem bläuliche Bilder, die Tageslichteinstellung unter Kunstlicht ziemlich rote Fotos. Das Weizenfeld im Sonnenuntergang unten, das man eigentlich in Rottönen erwarten würde, wurde bewusst mit falschem Weißabgleich (Kunstlicht) aufgenommen. Die kühlen Farben wurden zusätzlich noch per Bildbearbeitung verstärkt.

vielmehr immer dann ins Spiel, wenn die Kamera sich von verschiedenfarbigen Lichtquellen irritieren lässt.

Stellen Sie sich einen Raum in einem mediterranen Lokal mit großen Ostfenstern (aus dieser Richtung kommt am Abend blaues Licht) kurz nach Sonnenuntergang vor. Von draußen strahlt noch ein wenig bläuliches Dämmerlicht durch die Fenster, an den Decken hängen Tageslichtlampen oder Leuchtstoffröhren, und auf den Tischen stehen Kerzen – hier kommt die Weißabgleichsautomatik jeder Digitalkamera ins Schwitzen.

Korrekte (nicht emotionale!) Farbreproduktion ist in so einer Situation nur durch den manuellen Weißabgleich machbar. Sie finden die entsprechende Option beim Fotografieren mit einem der Kreativprogramme (*P*, *Tv*, *Av*, *M* oder *A-DEP*) im zweiten Register der ersten Menügruppe (rot) unter *Custom WB*.

Nach einem Druck auf die Taste WB erscheinen die Symbole für den eingestellten Weißabgleich auf dem Display. Hier ist gerade der automatische Weißabgleich (AWB) ausgewählt.

[1] Drücken Sie zunächst die Taste *WB* hinten auf der Kamera und stellen Sie mit den Pfeiltasten (rechts/links) zunächst den manuellen Weißabgleich ein. Das Symbol dafür steht ganz rechts in der Reihe von Weißabgleichseinstellungen.

[2] Fotografieren Sie anschließend eine Fläche, die im Bild weiß erscheinen soll. Das kann z. B. eine weiße Wand oder ein weißes Hemd sein. Die weiße Fläche sollte das Bild nahezu ausfüllen.

Die Kombination aus farbigem Licht (hier ein grüner Spot auf den Mann) und unterschiedlichen Weißabgleichseinstellungen ist eine tolle Möglichkeit, farblich interessante Bilder zu erzeugen.

AUFNAHMEDATEN	
Brennweite	85 mm
Belichtung	1/250 sek
Blende	f8
Studioblitze, Farbfolie	

[3] Öffnen Sie nun das Kameramenü mit einem Druck auf die Taste *MENU* und navigieren Sie zum Befehl *Custom WB*.

[4] Drücken Sie die Taste *SET*, das gerade gemachte Foto wird auf dem Monitor angezeigt. Wählen Sie das Foto als Referenz für den Weißabgleich aus, indem Sie die Taste *SET* drücken.

Alle nun folgenden Aufnahmen werden mit Bezug auf das Referenzbild farblich automatisch von der Kamera korrigiert.

Um die Vorgänge beim Weißabgleich besser zu verstehen, fotografieren Sie als Referenzfläche doch einfach eine rote, grüne oder blaue Fläche. Sie werden sehen, dass die Kamera bei den folgenden Fotos diese Fläche mehr oder weniger weiß zeigt und die restlichen Farben der Aufnahme entsprechend anpasst und verfälscht.

Aber Achtung! Vergessen Sie nicht, den Weißabgleich zu wiederholen bzw. wieder auf die Automatik zu stellen, wenn Sie die Szene verlassen und sich die Beleuchtung ändert.

Maximaler Farbraum mit Adobe RGB

Wie schon weiter vorne erklärt, bestimmt der an der Kamera eingestellte *Farbraum* (im zweiten Register des ersten Hauptmenüs) die mögliche Differenzierung von Farben in einer digitalen Bilddatei. Je größer der Farbraum, desto mehr Farben können dargestellt werden. Es ist (leider) eine Tatsache, dass Druckfarbräume z. B. eines Tintenstrahldruckers oder im professionellen Vierfarbdruck bei Magazinen, Prospekten und Plakaten meist einen geringeren Farbumfang haben als die Farbräume von Erfassungsgeräten wie Digitalkameras und Scannern. Eigentlich würde es also genügen, Bilder in den „kleinen" Farbräumen von Druckern aufzunehmen.

Zwei zur Auswahl: sRGB *ist der Standard für Schnappschüsse, für ernsthafte Fotografie und Bildbearbeitung sollten Sie* Adobe RGB *einstellen.*

Allerdings würde man damit eine Menge an Farbinformationen verschenken, die eventuell in der Bildbearbeitung benötigt wird. Jede Aufhellung, jede Änderung der Farbsättigung verändert die Farbwerte. Um also möglichst viel Spielraum für die Bildbearbeitung zu haben, sollten Sie bei wichtigen Aufnahmen, die Sie am PC nachbearbeiten, immer mit dem Maximum, das heißt mit dem Farbraum Adobe RGB, arbeiten. Adobe RGB hat einen deutlich größeren Farbumfang als sRGB, das für Schnappschüsse und sorgloses Fotografieren, Drucken und für schnelle Abzüge aus dem Labor völlig ausreichend ist.

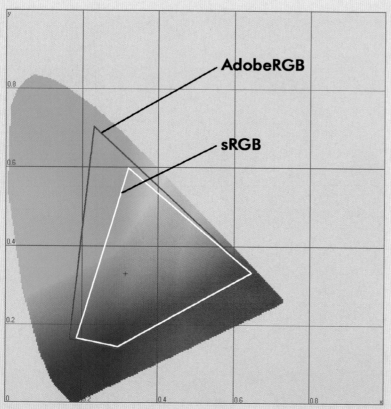

Die zweidimensionale Darstellung der Farbräume Adobe RGB *und* sRGB *zeigt deutlich, wo der kleinere sRGB-Farbraum seine Grenzen hat.*

Schärfe für JPEG-Bilder festlegen

Obwohl schon gesagt wurde, dass der Qualitätsjunkie nicht mit JPEG-, sondern mit RAW-Daten arbeiten sollte, wird an dieser Stelle noch einmal auf den Eintrag *Bildstil* im zweiten Register der ersten Menügruppe eingegangen. Schießen Sie Fotos nicht im RAW-, sondern im JPEG-Format, sollten Sie hier unbedingt einen ganz bestimmten Parameter verändern. Die Rede ist von der Schärfe.

Ihre EOS 450D schärft auf Wunsch die aufgenommenen JPEG-Bilder, nicht aber RAW-Daten – diese bleiben völlig unangetastet –, mehr oder weniger nach. Das ist in der Regel durchaus sinnvoll, da durch interne Verarbeitungsprozesse bei

RGB

Im Farbmodus RGB werden alle Farben durch die Mischung der drei Grundfarben Rot, Grün und Blau gebildet (additiver Farbaufbau). In der digitalen Fotografie wird praktisch immer mit diesem Farbmodus gearbeitet.

AUFNAHMEDATEN	
Brennweite	800 mm
(400 m + 2-fach-Konverter)	
Belichtung	1/30 sek
Blende	f5,6
Stativ, Spiegelvorauslösung	

Feine Strukturen sollten, wenn man JPEG-Fotos macht, mit niedrigem Schärfewert aufgenommen werden. Die Nachschärfung durch die Kamera kann nicht rückgängig werden, wenn sie mal zu kräftig ausfällt.

Fotografieren Sie mit JPEG-Dateien, achten Sie auf die Option Schärfe. Zu viel Bildschärfe, die sich durch hässliche Ecken und Kanten im fertigen Bild zeigt, lässt sich nur schlecht nachträglich retuschieren.

jeder Digitalkamera ein wenig Schärfe verloren geht. Eine vereinfachte Erklärung: Die Kamera erfasst ihr Motiv in roten, blauen und grünen Bildpunkten (RGB).

Aus diesen drei Farben muss sie nun sämtliche dazwischen befindlichen Farben berechnen. Dieser Vorgang wird Interpolation genannt und führt zu minimalen Unschärfen, die die Kamera beim Speichern eines JPEG-Fotos ausgleicht. Je höher der Wert für die Schärfe in den Einstellmenüs für die Bildstile gesetzt wird, desto schärfer werden die Bilder. Leider führt zu viel Schärfe in der digitalen Welt zu deutlich sichtbaren Kanten und

FILTER: BAYER-PATTERN

Ein Filter (Bayer-Pattern) sitzt vor dem Sensor einer Digitalkamera. Dieser sogenannte Mosaikfilter sorgt dafür, dass jeder Bildpunkt entweder in Rot, Grün oder Blau erfasst wird. Aus diesen drei Farbinformationen errechnet (interpoliert) die Kamera sämtliche darstellbaren, dazwischen befindlichen Farben. Eine schematische Darstellung des Bayer-Patterns finden Sie im ersten Kapitel dieses Buchs.

Säumen um Motivränder herum. Ein Zuviel an Schärfe kann ein Foto also völlig unbrauchbar machen.

Bilder am Computer nachbearbeiten

Bearbeiten Sie Ihre JPEG-Fotos grundsätzlich am Computer nach, sollten Sie die Schärfe im *Bildstil*-Menü auf den niedrigsten Wert einstellen, da die Scharfzeichnung per PC erstens besser gesteuert und zweitens während der Bearbeitung rückgängig gemacht werden kann. Ist ein Bild erst einmal von der Kamera verarbeitet und dabei eventuell zu kräftig geschärft worden, lässt sich das nicht mehr ohne weitere Qualitätsverluste am PC korrigieren.

Berücksichtigen Sie außerdem, dass die Scharfzeichnung eines Fotos von seiner Ausgabegröße abhängig ist. Jede Druck- oder Präsentationsgröße erfordert mehr oder weniger starke Scharfzeichnung. Leider gibt es hier keine Richtwerte, man muss seine eigenen Erfahrungen machen oder auf spezielle Computerprogramme vertrauen, die ein Foto je nach gewünschter Ausgabegröße nachschärfen, sich aber in Funktionsumfang und Preis eher an Profis richten.

Schärfe eines Bildstils verändern

Um die Schärfe in einem der Bildstile zu verändern, rufen Sie zunächst das Kameramenü mit einem Druck auf die Taste *MENU* auf und navigieren zum Eintrag *Bildstil* im zweiten Register.

Drücken Sie die Taste *SET* zum Aktivieren des Eintrags. Wählen Sie mit den Pfeiltasten den bevorzugten Stil oder eine der Positionen für eigene Stile (*Anw. Def. 1 bis 3*) aus und drücken Sie dann die Taste *DISP* oberhalb des Displays. Es erscheint ein Untermenü, an dessen erster Stelle die *Schärfe* verändert werden kann.

Drücken Sie die Taste *SET* und verringern Sie den Wert der Schärfe mit einem Druck auf die Pfeiltaste nach links. Quittieren Sie die Einstellung mit einem Druck auf die Taste *SET* und verlassen Sie das Menü mit einem Druck auf die Taste *MENU*.

Wie oben gesagt, dieses Prozedere ist nur sinnvoll, wenn Sie Ihre JPEG-Bilder am Computer nachbearbeiten. Ansonsten lassen Sie die Schärfe unverändert.

4

BELICHTUNG UND AUTOFOKUS

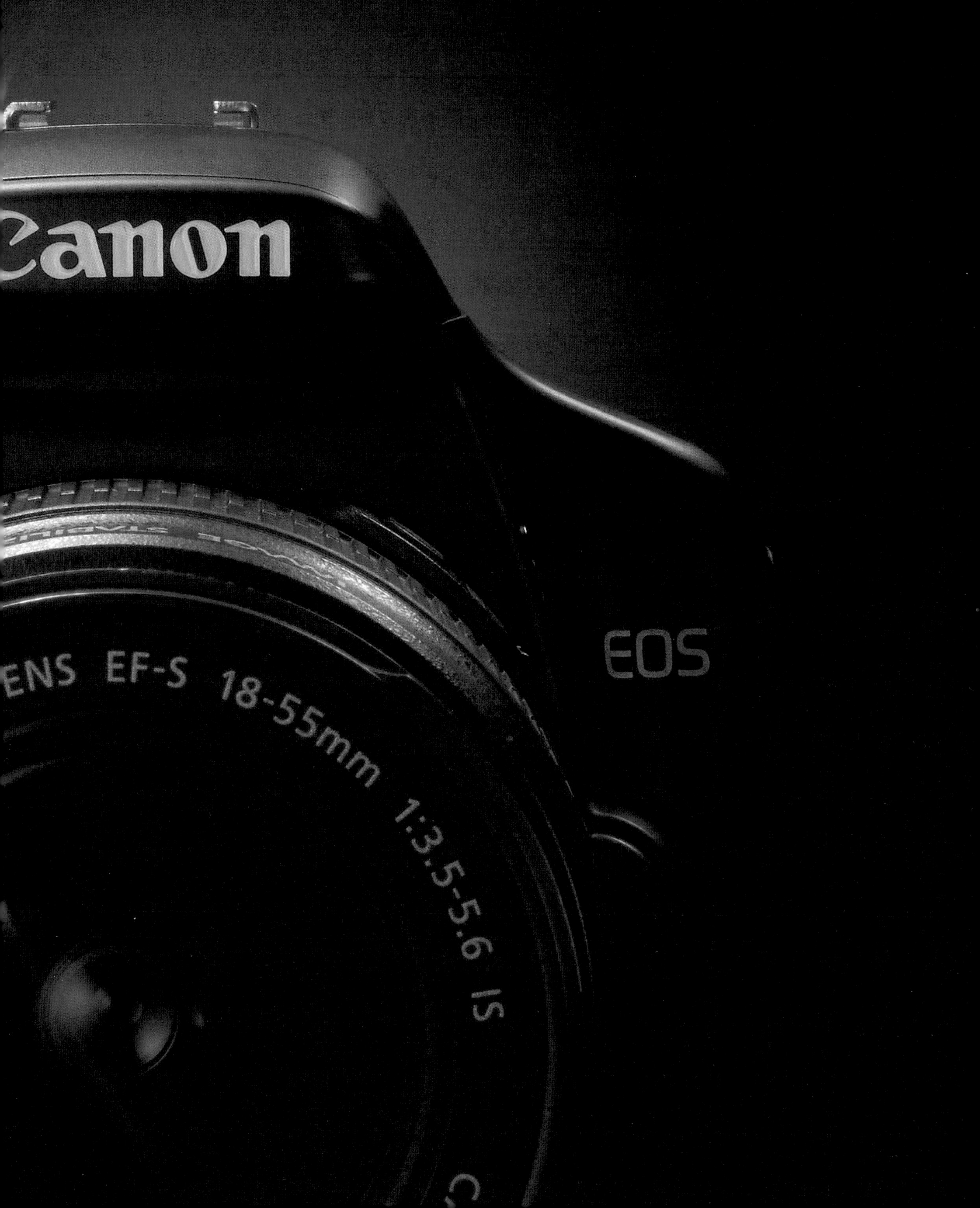
Canon
EOS
ENS EF-S 18-55mm 1:3.5-5.6 IS

4

Belichtung und Autofokus

AUFNAHMEDATEN
Brennweite 17 mm
Belichtung 1/60 sek
mit Stativ aufgenommen

*Ein typischer Fall für die Motivprogramme **Vollautomatik** und, besser noch, **Landschaft**. Gesamtansichten von Gebäuden lassen sich meistens sehr gut mit dem Landschaftsprogramm fotografieren.*

4 Belichtung und Autofokus

Bis hierhin haben Sie bereits eine ganze Menge über die Bedienung der EOS 450D erfahren. Sie sollten nun wissen, wie Sie Ihre neue Kamera einstellen müssen, um mit besten technischen Voraussetzungen ans Werk gehen zu können. Im folgenden Abschnitt geht es in die Praxis. Denn ist die Kamera auch grundsätzlich konfiguriert, bedeutet das natürlich nicht, dass jede fotografische Situation auf die gleiche Weise angegangen werden kann.

■ Natürlich könnten Sie Ihre Spiegelreflexkamera einfach auf die Vollautomatik stellen. Das grüne Rechteck auf dem Wählrad bezeichnet den „Sorglos-Modus", der in der Tat in den allermeisten Fällen zu zufriedenstellenden Bildern führt. Blende, Empfindlichkeit, Blitz – alle Entscheidungen, die zu korrekt belichteten Aufnahmen führen, trifft die Kamera für Sie. Aber hätten Sie nicht das Gefühl, dass da noch mehr sei, und wollten Sie nur mit der Vollautomatik fotografieren, hätten Sie sich dieses Buch wahrscheinlich nicht gekauft. Und es gibt in der Tat noch viel mehr an der EOS 450D zu entdecken, als die Vollautomatik hergibt.

Es gibt viele Bücher, die sich mit aktuellen Digitalkameras und ihrer Bedienung beschäftigen. Die meisten orientieren sich mehr oder weniger am Kamerahandbuch und geben an manchen Stellen zusätzliche Tipps zu der einen oder anderen Einstellung und zu den Bedienelementen. Das hat sicher seine Berechtigung, geht aber oft an der Praxis vorbei. Denn schließlich wollen Sie ja nicht Experte beim Erklären der Bedienelemente werden, sondern wissen, wie man mit der Canon EOS 450D perfekte Fotos macht. Und da die meisten Motive in eine Handvoll relativ scharf umrissener Themenbereiche eingeordnet werden können und diese Bereiche ganz bestimmte Probleme aufwerfen, geht dieses Buch einen anderen Weg.

Für Schnappschüsse sicher die beste Wahl: Das grüne Rechteck symbolisiert die Vollautomatik, bei der Sie die Kamera nur ins Motiv zu halten und den Auslöser zu drücken brauchen. Aber reicht Ihnen das?

Es bringt Ihnen den Umgang mit der Kamera anhand konkreter Beispiele und Motivwelten näher und erklärt dabei exakt, wie Sie Ihre Kamera in eben diesen Situationen einstellen und handhaben müssen. Natürlich werden dabei die Messmethoden und die Autofokusbetriebsarten erklärt, Sie erhalten ebenso tiefer gehende In-

formationen über technische Hintergründe. Es wird jedoch nicht einfach das sowieso schon sehr gute Kamerahandbuch rezitiert, sondern Sie bekommen handfeste Informationen, um für jede fotografische Situation gerüstet zu sein.

Referenz für den Belichtungsmesser

Das A und O beim Fotografieren ist die korrekte Belichtung. Wer hierbei Fehler macht, verschenkt seine Motive. Deshalb ist es wichtig zu wissen, wie eine Kamera die Belichtungswerte ermittelt und wie man diese Werte bei Bedarf variiert. Die Grundlage korrekter Belichtung, 18%iges Grau, ist für jede Kamera und jeden Handbelichtungsmesser gleich. Insofern gelten die Informationen des nächsten Abschnitts nicht nur für Ihre EOS 450D.

Der in der Kamera eingebaute Belichtungsmesser ist ein auf eine bestimmte Helligkeit geeichtes

Spotmessung auf den Kiesweg:
Aufgrund des Gegenlichts ist die richtige Belichtung des Wanderwegs schwierig. Der graue Kiesweg im Vordergrund ist jedoch ideal, um die Belichtungswerte mit der Stern-Taste manuell zu ermitteln.

AUFNAHMEDATEN	
Brennweite	17 mm
Belichtung	1/40 sek
Blende	f10

AUFNAHMEDATEN
Brennweite   85 mm
Belichtung   1/80 sek
Aufsteckblitz

Schwarzer Anzug, weißes Brautkleid – da kann es Schwierigkeiten geben. Hier hat die Belichtung trotzdem ganz gut geklappt. Den letzten Schliff erhielt das Foto (Aufnahme im RAW-Format) per Bildbearbeitung am Computer.

pensiert werden, was allerdings nur in den Kreativprogrammen *M*, *Av*, *Tv*, *P* und *A-DEP* funktioniert.

[1] Schalten Sie die Kamera ein, richten Sie sie auf ein Motiv und tippen Sie danach den Auslöser an. Die Kamera ermittelt sofort die Belichtungswerte und zeigt sie auf dem Display an. Links oben sehen Sie die Verschlusszeit, rechts oben die Blende. Die Belichtungsstufenanzeige befindet sich unterhalb der Anzeige für die Verschlusszeit.

[2] Halten Sie nun die Taste *Av* mit dem Daumen gedrückt und drehen Sie gleichzeitig das Hauptwahlrad mit dem Zeigefinger. Die üblicherweise in der Mitte befindliche Markierung der (nun hellblau hinterlegten) Belichtungsstufenanzeige wandert beim Drehen des Rads nach links (Bild wird dunkler) oder nach rechts (Bild wird heller).

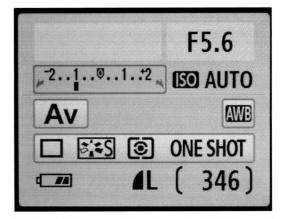

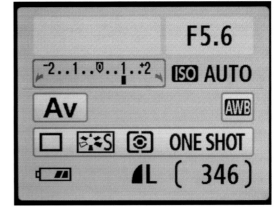

Die Markierung der Belichtungsstufenanzeige zeigt an, ob die Kamera dunkler (Markierung links) oder heller (Markierung rechts) belichtet.

Messinstrument. Die Referenz für den Belichtungsmesser ist 18%iges Grau. Hat ein Motiv also exakt die Helligkeit 18%igen Graus, sind die vom Belichtungsmesser ermittelten Werte exakt. Grünes Gras oder trockener Asphalt sind beispielsweise solche Motive.

Belichtung manuell korrigieren

Problematisch kann die Belichtungsmessung immer dann werden, wenn ein Motiv im Durchschnitt heller oder dunkler als 18%iges Grau ist. Visieren Sie eine weiße Wand an, verwendet die Kamera, weil sie glaubt, hier Grau zu sehen, Belichtungswerte, die die Wand grau im Bild wiedergeben. Die Aufnahme wird also zu dunkel, und die Belichtungswerte müssen manuell kom-

┌i┐
└ ┘

REFERENZEN ZUR BELICHTUNGSMESSUNG

Ist eine Grasfläche oder trockener Asphalt in der Nähe eines Motivs, sind das ausgezeichnete Referenzen zur Belichtungsmessung, wenn das Hauptmotiv ähnlich beleuchtet ist. Auch menschliche Haut ist als Referenz sehr gut geeignet. Richten Sie die Kamera auf die jeweilige Fläche, drücken Sie den Auslöser halb durch und stellen Sie die Kamera auf die ermittelten Werte ein, die im Sucher eingeblendet werden. Schwenken Sie die Kamera dann zurück zum Motiv oder verändern Sie die Brennweite und machen Sie Ihre Aufnahme.

Die Canon EOS 450D verfügt über vier Belichtungsmessmethoden, die nach einem Druck auf die obere Pfeiltaste auf der Kamerarückseite ausgewählt werden können. Drücken Sie zur Auswahl der Messmethode die obere Pfeiltaste und wählen Sie dann mit den Pfeiltasten (oben/unten) die Messmethode aus. Standard ist die Mehrfeldmessung, die Abbildung zeigt das entsprechende Symbol.

Umgekehrt ist es bei einer schwarzen Fläche. Hier belichtet die Kamera zu hell, der schwarze Anzug des Bräutigams wird bestenfalls dunkelgrau und – weil die Kamera insgesamt überbelichtet, wenn der Anzug als Belichtungsreferenz dient – das Brautkleid völlig überstrahlt. Nun wissen Sie auch, warum Hochzeitsfotografen so gut bezahlt werden. Wüsste der Fotograf nicht ganz genau, wie er seine Kamera einzustellen hat, wären die Brautleute mit Sicherheit ziemlich enttäuscht über die vermasselten Fotos.

Motive für die Belichtung vermessen

Um ein Motiv für die Belichtung zu vermessen, verfügt die Canon EOS 450D über vier verschiedene Messmethoden: die Mehrfeldmessung, die Selektivmessung, die Spotmessung und die mittenbetonte Integralmessung. Sie können die Methode verändern, indem Sie auf die Taste *WB* oben auf der Kamera drücken und das Hauptwahlrad vor dem Auslöser drehen.

Messmethode: Mehrfeldmessung

Für die Praxis sind die ersten beiden Messmethoden wichtiger. Als Standard sollte die Mehrfeldmessung ausgewählt sein. Bei der Mehrfeldmessung vermisst die Kamera den gesamten Sucherbereich. Das geschieht, indem 35 gleich große Bereiche vermessen werden und aus den

Achtung, Fehler! Hier wurde der helle Blumenstrauß im Vordergrund mit der Spotmessung angemessen, deshalb geriet die Aufnahme viel zu dunkel. Eine Integralmessung oder eine Mehrfeldmessung wäre besser gewesen.

AUFNAHMEDATEN	
Brennweite	25 mm
Belichtung	1/640 sek
Blende	f18
Spot auf Blumen	

Einzelwerten einfach ein Mittelwert gebildet wird. Diese Methode ist für Schnappschüsse, aber auch für fast alle anderen Situationen geeignet.

In schwierigen Situationen bei Gegenlicht und zum Vermessen von eng begrenzten Motiven und Motivteilen, die sich außerhalb der Mitte befinden, verwenden Sie am besten die Selektivmessung zusammen mit der *AE*-Speichertaste. Hierbei wird die Kamera auf das Motiv gerichtet, der Auslöser halb durchgedrückt und die *AE*-Taste (*Stern*-Taste) betätigt. Die Belichtungswerte werden dadurch gespeichert, und Sie können die Kamera wieder so ausrichten, dass das Hauptmotiv nicht mehr in der Mitte des Sucherbildes erscheint.

Messmethode: Selektivmessung

Die Selektivmessung, bei der lediglich ein kleiner Bereich (9 % der Fläche) in der Mitte des Suchers

Belichtungswerte eines außermittigen Motivs ermittelt man, indem die Kamera auf das Motiv gerichtet und die Stern-Taste (AE-Speicherung) gedrückt wird. Die Kamera merkt sich dann für einige Sekunden die Werte für Blende und Verschlusszeit.

vermessen wird, ist bei Gegenlichtsituationen die bessere Wahl. Steht z. B. jemand in einem Raum vor einem hellen Fenster, würde die Mehrfeldmessung auch den viel zu hellen Hintergrund einbeziehen und das Motiv insgesamt zu dunkel belichten. Die Selektivmessung orientiert sich dagegen nur an dem Menschen vor dem Fenster und vermisst, wenn Sie die Kamera auf das Gesicht richten, den Hautton, der in der Regel sehr gut der Messreferenz von 18%igem Grau entspricht.

Messmethode: Spotmessung

Soll in einer schwierigen Lichtsituation mit hohen Kontrasten ein ganz bestimmtes Detail korrekt belichtet werden, können Sie es mit der Spotmessung anmessen. Bei der Spotmessung verwendet die Kamera einen sehr kleinen Bereich in der Mitte des Suchers, um die Werte für Blende und Verschlusszeit zu ermitteln. Diese Methode bietet sich außerdem immer dann an, wenn Sie mehrere Stellen eines schwierigen Motivs ausmessen und manuell einen Mittelwert bilden möchten.

Weil die Fliege sehr dunkel war, wurde die Belichtung zunächst an den grünen Blättern im Hintergrund per Selektivmessung ermittelt. Die Werte wurden mit der **Stern**-*Taste gespeichert.*

AUFNAHMEDATEN	
Brennweite	50 mm
Belichtung	1/250 sek
Blende	f11
Aufhellblitz	

Messmethode: mittenbetonte Integralmessung

Die mittenbetonte Integralmessung ist immer dann die richtige Wahl, wenn sich das Hauptgeschehen tatsächlich in der Mitte des Suchers abspielt, die Lichtverhältnisse dort aber nicht gleichmäßig sind. Bei dieser Messmethode legt die Kamera bei ihrer Messung den Schwerpunkt in einen relativ großen Bereich in der Mitte, bezieht die Umgebung dabei aber auch noch mit ein.

Mit dem Hauptwahlrad vorn werden die Werte für Blende und/oder Verschlusszeit verändert. Im manuellen Modus M müssen Sie zum Verändern der Werte Hauptwahlrad und Taste Av verwenden.

Belichtung manuell einstellen

Die EOS 450D bietet neben einer Reihe an automatischen Aufnahmeprogrammen für alle möglichen Situationen vom Sport bis zum Porträt die bekannten Kreativprogramme für Zeit- und Blendenautomatik (*Av*, *Tv*), Programmverschiebung (*P*), einen komplett manuellen Modus (*M*) und ein Programm zur Maximierung der Schärfentiefe (*A-DEP*). Fotografieren Sie mit einem der Kreativprogramme, können Sie Verschlusszeit und/oder Blende direkt beeinflussen.

Verstellt werden die Werte entweder durch Drehen des Hauptwahlrads hinter dem Auslöser (*P*, *Av*, *Tv*) oder – im Modus *M* – durch Drehen des Hauptwahlrads und gleichzeitiges Drücken der Taste *Av* (rechts oben am Display).

Wichtig zu wissen ist, dass die EOS 450D die ermittelten Belichtungswerte auf dem Display, im Sucher und bei eingeschaltetem Livebild unten im Display anzeigt. Sie sehen außerdem, ob die Werte für Blende und Verschlusszeit bei einem Standardmotiv mit gleichmäßigen Lichtverhältnissen zu einer korrekt belichteten Aufnahme führen. Unterhalb der Belichtungsstufenanzeige erscheint im Fall zu hoher oder zu niedriger Belichtungswerte eine blinkende Markierung. Sie müssen die Belichtungswerte dann so verändern, dass die Markierung in den mittleren Bereich der Belichtungsstufenanzeige wandert, im Idealfall bei Motiven mit mittlerer Helligkeit exakt in die Mitte.

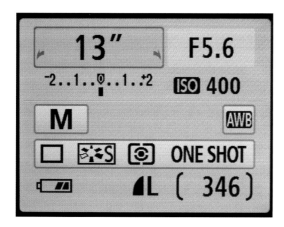

Taucht die Markierung in der Mitte der Anzeige auf, stimmen die Belichtungswerte. Ist die Markierung nach links oder rechts verschoben, werden die Fotos unter- bzw. überbelichtet.

⌈ i ⌋

INTERVALL DER BELICHTUNGS-KORREKTOR EINSTELLEN

Die Belichtungskorrektur kann in halben oder Drittelstufen erfolgen. Je nachdem, wie fein die Belichtungs-korrektur sein soll, stellen Sie dazu die erste Individualfunktion in der Gruppe *C.Fn I* auf *1/3-Stufe* bzw. *1/2-Stufe*. Die Individualfunktionen sind im Kamera-menü in der Hauptgruppe 3 (gelb markiert) zu finden.

Autofokus gezielt einsetzen

Der Autofokus ist eine der wichtigsten Erfin-dungen im Laufe der technischen Entwicklung der Fotografie. Denn der Autofokus sorgt mit großer Sicherheit dafür, dass ein mit der Kamera anvisiertes Motiv auch wirklich scharf auf den Fotos zu sehen ist. Die manuelle Fokussierung bleibt immer mit dem Risiko verbunden, dass man den exakten Punkt für perfekte Schärfe nicht richtig erwischt. Allerdings ist auch auf den Autofokus nicht immer hundertprozentig Verlass. Wenig Licht, bestimmte Oberflächenstrukturen, bewegte Motive – hier stößt die Technik an ihre Grenzen.

*Hier liegt der Fokus außerhalb der Bildmitte auf dem Kopf des vorderen Stieres, deshalb wurde nicht mit der auto-matischen Messfeldauswahl fotografiert. Hier wurde viel-mehr dasjenige **AF-Messfeld** manuell aktiviert, das sich über dem zu fokussierenden Bereich befand.*

AUFNAHMEDATEN	
Brennweite	70 mm
Belichtung	1/1000 sek
Blende	f2,8

Autofokussystem der EOS 450D

Das Autofokussystem der EOS 450D arbeitet mit neun *AF*-Messfeldern, die durch kleine Rechtecke bzw. Punkte im Sucherbild symbolisiert werden. Steht der Autofokusschalter am Objektiv auf *AF*, kann der Autofokus aktiv werden.

Richten Sie die Kamera auf ein Motiv und drü-cken den Auslöser halb durch, stellt die EOS 450D automatisch scharf. Sie verwendet dazu das am besten geeignete *AF*-Messfeld bzw. eine Gruppe von *AF*-Messfeldern. Die Messfelder, die für die Fokussierung verwendet wurden, leuchten im Su-cher kurz rot auf, sobald der Fokus sitzt. Dieser hier kurz skizzierte Ablauf ist der Standard beim sorglosen Fotografieren z. B. mit der Vollautoma-tik. Doch man kann den Autofokus noch gezielter einsetzen.

AF-Messfelder auswählen

Schwierige Motive, bei denen es auf die exakte Festlegung des fokussierten Punkts ankommt (z. B. Porträts, Makro), fotografiert man in der Regel nicht mit der *AF*-Messfeldautomatik. Man wählt vielmehr eines der neun *AF*-Messfelder manuell aus. Das funktioniert jedoch nur in den Kreativprogrammen *M*, *P*, *Av* und *Tv*. Bei allen anderen Aufnahmeprogrammen übernimmt die Kamera die Messfeldauswahl.

Drücken Sie die Taste zur Messfeldauswahl (rechts oben auf der Kamerarückseite). Auf dem Monitor wird eine Darstellung der neuen Mess-felder angezeigt. Das gerade aktive Messfeld ist dunkel hinterlegt. Sind alle Messfelder gleichzei-tig dunkel hinterlegt, ist die automatische Mess-feldauswahl aktiv.

Um nun ein einziges der Messfelder zu aktivieren, drücken Sie die Taste *SET* und anschließend eine der Pfeiltasten. Das jeweils aktive Feld wird dun-kel markiert und leuchtet außerdem im Sucher rot auf. Um wieder zur automatischen Messfeld-auswahl zurückzukehren, drücken Sie einfach nochmals die Taste *SET*.

AF-Modi geschickt einsetzen

Ihre Canon EOS 450D kann auf unterschiedliche Weise den Autofokus einsetzen, es gibt drei *AF*-Modi: *ONE SHOT, AI FOCUS* und *AI SERVO*. Fotografieren Sie mit der Vollautomatik oder einem der Motivprogramme, lässt sich der *AF*-Modus nicht verändern.

Die Kamera entscheidet je nach Motiv (und Motivprogramm), ob der Autofokus nur einmal scharf stellt:

- *ONE SHOT* – für statische Motive.

- *AI FOCUS* – für Motive, die abwechselnd ruhig stehen und sich wieder bewegen. Die Kamera erkennt dann automatisch, ob der Fokus nachjustiert werden muss.

- *AI SERVO* – für bewegte Motive. Die Kamera justiert kontinuierlich nach.

Um den *AF*-Modus zu verändern, drücken Sie die Taste *AF* hinten auf der Kamera. Drücken Sie danach eine der Pfeiltasten (rechts/links), um die drei Einstellungen nacheinander aufzurufen. Kehren Sie mit einem kurzen Antippen des Auslösers zur normalen Displayansicht zurück, sehen Sie dort ungefähr in der Mitte rechts, welcher Modus gerade aktiv ist.

AF-Modus ONE SHOT

Ist der *AF*-Modus *ONE SHOT* aktiv, stellt die Kamera, sobald Sie den Auslöser halb durchdrücken, automatisch scharf (*AF*-Schieber am Objektiv auf Stellung *AF*). Das Motiv muss dabei statisch sein, eine Bewegung würde den Autofokus aus dem Takt bringen. Sobald die Kamera den Schärfepunkt gefunden und festgelegt hat, ertönt ein Signal, und der Schärfeindikator (Punkt) im Sucher leuchtet permanent auf. Wenn das Motiv nun die Entfernung zur Kamera verändert, müssen Sie erneut scharf stellen. Sollte der Schärfeindikator blinken, bedeutet dies, dass die Kamera keine geeigneten Punkte zum Fokussieren gefunden hat und Sie es weiter versuchen müssen. Richten Sie dann Ihre Kamera auf eine strukturierte, möglichst gut beleuchtete Oberfläche, um das Fokussieren zu ermöglichen.

┌ ¡ ┐
└   ┘

AUTOMATISCHE AF-MESS-FELDWAHL BEI BEWEGUNGEN

Wenn Sie Tiere oder Sportler im *AF*-Modus *AI SERVO* fotografieren, sollten Sie die Auswahl des *AF*-Messfelds der Kamera überlassen. Denn sobald Sie Ihr Motiv in der Mitte des Suchers sehen und den Auslöser zum Fokussieren halb durchdrücken, verwendet die EOS 450D das mittlere *AF*-Feld zum Scharfstellen. Bewegt sich das Motiv sehr schnell, passiert es häufig, dass es sich plötzlich aus der Bildmitte bewegt und Sie nicht mehr mit dem Schwenken der Kamera nachkommen. In diesem Fall wechselt die EOS 450D automatisch zum nächsten, außerhalb der Mitte liegenden *AF*-Messfeld, um den Fokus nicht zu verlieren. Würden Sie das mittlere *AF*-Messfeld manuell festlegen und sich das Motiv aus der Mitte bewegen, hätte das Autofokussystem plötzlich keinen Anhaltspunkt mehr und würde die Schärfe falsch justieren.

AF-Modus AI FOCUS

Im *AF*-Modus *AI FOCUS* erkennt die EOS 450D automatisch, ob sich das anvisierte Motiv bewegt oder ob es stillsteht. Der Autofokus wird dementsprechend entweder nachjustiert (bei bewegten Motiven) oder erfasst das Motiv ein einziges Mal. Sobald der Fokus sitzt, ertönt ein Signal, der Schärfeindikator im Sucher leuchtet permanent.

AF-Modus AI SERVO

So praktisch der *AF*-Modus *AI FOCUS* auch sein mag – wenn Sie genau wissen, dass ein Motiv in Bewegung ist (Sport, laufende Menschen und Tiere, Autos etc.) und sich die Entfernung zur Kamera ständig ändert, verwenden Sie lieber den Modus *AI SERVO*. Denn auch wenn das Umschalten zwischen statischem und präemptivem (nachjustiertem) Fokus im Modus *AI FOCUS* sehr schnell geht, gehen doch möglicherweise wenige Millisekunden verloren. Bei schnellen Bewegungen können diese Millisekunden durchaus entscheidend sein.

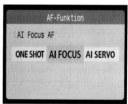

AF-*Modus* AI FOCUS

AF-*Modus* AI SERVO

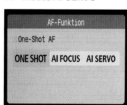

AF-*Modus* ONE SHOT

5

FOTOGRAFIEREN

MIT DER EOS 450D

KAPITEL 5

FOTOGRAFIEREN MIT DER EOS 450D

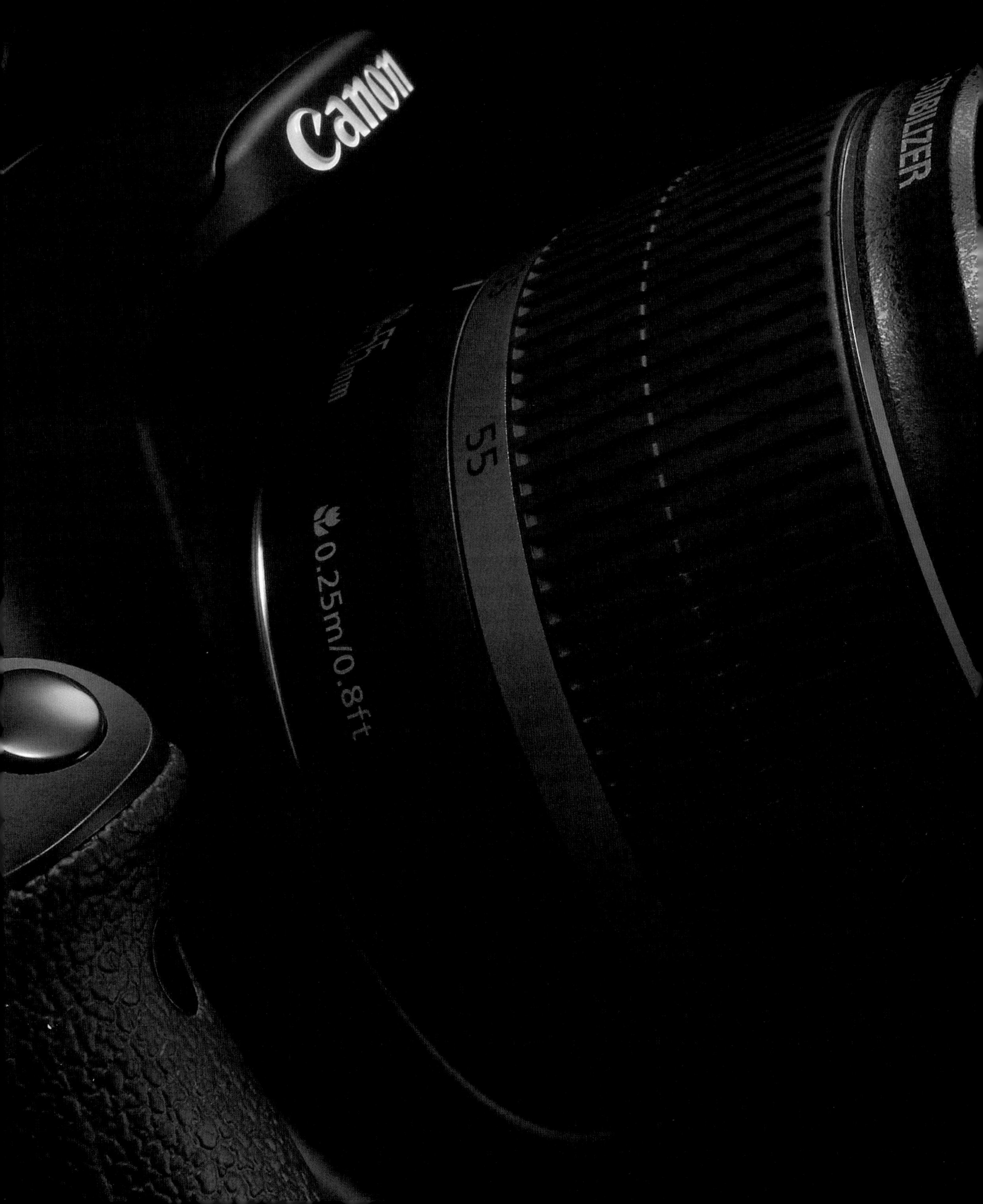

5

Fotografieren mit der EOS 450D

`⌈5⌋` Fotografieren mit der EOS 450D

Im ersten Abschnitt über die EOS 450D haben Sie erfahren, wie Sie Ihre neue Kamera einstellen müssen,

um mit besten technischen Voraussetzungen ans Werk gehen zu können. Im Folgenden geht es in die

fotografische Praxis. Denn ist die Kamera auch grundsätzlich konfiguriert, bedeutet das natürlich nicht,

dass jede fotografische Situation auf die gleiche Weise angegangen werden kann.

Weitwinkel – Landschaften und Gebäude

■ Wie hoch ist wohl der Prozentsatz an Motiven aus dem Bereich Weitwinkel/Landschaft/Gebäude, wenn man sämtliche Urlaubsfotos deutscher Touristen des letzten Jahres kategorisieren würde? Vermutlich dürften diese Bilder den größten Posten ausmachen. Warum auch nicht? Schließlich bieten Landschaften und Gebäude einen unschätzbaren Vorteil gegenüber spielenden Kindern oder hektischen Menschen: Sie bewegen sich nicht. Und deshalb lässt sich mit Landschaften und Architektur hervorragend die Bedienung der EOS 450D einüben. In Ruhe und

mit diesem Buch in der Hand. Logisch also, dass sich das erste Praxiskapitel zur Canon EOS 450D um Weitwinkel-, Landschafts- und Architekturfotografie dreht.

Kleiner Sensor – große Schärfentiefe

Wie schon weiter vorne erwähnt, besitzt die EOS 450D einen Sensor, der im Vergleich zur Fläche eines Kleinbildnegativs um den Faktor 1,6 kleiner ist. Für die Praxis bedeutet das, dass die Brennweiten, die auf Ihren Objektiven stehen, mit 1,6 multipliziert werden müssen, um mit den Brennweiten bzw. Bildwinkeln in der Kleinbildfotografie vergleichbar zu sein. Der Verlängerungsfaktor 1,6 hat zwei Auswirkungen: Der Blickwinkel eines

⌈ i ⌋

BRENNWEITENEFFEKT VON 30 MM

Ein für die Kleinbildfotografie konzipiertes Weitwinkelobjektiv von z. B. 30 mm hat an Ihrer EOS 450D nur noch den Bildwinkel eines 48-mm-Objektivs (30 x 1,6), entspricht also der sogenannten Normalbrennweite, die in der Kleinbildfotografie bei ca. 50 mm liegt. Um den Effekt eines Objektivs mit einer Brennweite von 30 mm zu erzielen, müsste das Objektiv an einer EOS 450D die Brennweite von 19 mm haben (19 x 1,6 = 30,4).

KLEINER SENSOR, MEHR SCHÄRFENTIEFE

Die Schärfentiefe, also der vom Vorder- bis zum Hintergrund scharf abgebildete Bereich, ist durch den im Vergleich zum Kleinbildfilm kleineren Sensor bei gleicher Brennweite ausgedehnter. Da die Schärfentiefe vom Abbildungsmaßstab, also dem Verhältnis zwischen tatsächlicher Objektgröße und seiner Darstellungsfläche auf dem Sensor, abhängt und kleine Sensoren Objekte mit kleinerem Maßstab abbilden, liefern Kameras mehr Schärfentiefe, je kleiner ihre Sensoren sind. Das ist übrigens auch der Grund dafür, dass Kompaktkameras, die noch wesentlich kleinere Sensoren haben, so gut für Urlaubsschnappschüsse geeignet sind. Die Schärfentiefe ist mit solchen Knipsern automatisch sehr groß.

Objektivs ist im Vergleich zum Kleinbildformat reduziert, und die Schärfentiefe ist bei gleicher Brennweite grundsätzlich größer als in der Kleinbildfotografie.

Empfohlene Kameraeinstellungen

Stellen Sie als Erstes das Programmwahlrad ein. Für Landschaften und Gebäude sind die Programme Blendenvorwahl/Zeitautomatik (Av), manuelle Aufnahme (M) oder auch das Motivprogramm Landschaft geeignet. Mit dem Programm Av wählen Sie eine kleine Blende von 8, 11 oder noch kleiner vor, um maximale Schärfentiefe zu erzielen. Die Kamera steuert automatisch die für

AUFNAHMEDATEN	
Brennweite	24 mm
Belichtung	0,5 sek
Blende	f11
Stativ	

Die Schärfentiefe lässt sich durch die Wahl der Blende beeinflussen. Je kleiner die Blendenöffnung, desto ausgedehnter ist die Schärfentiefe. Wählen Sie bei Weitwinkelaufnahmen z. B. im Programm Av (Zeitautomatik) Blende 11, 16 oder noch kleiner vor, erhalten Sie Fotos, auf denen vom Vorder- bis zum Hintergrund praktisch alles scharf gezeigt wird.

AUFNAHMEDATEN
Brennweite   17 mm
Blende   f16
Montage aus drei Fotos
mit unterschiedlichen
Belichtungszeiten

Diese Aufnahme entstand aus einer Belichtungsreihe von drei RAW-Bildern, da die Schatten im Vordergrund sehr dunkel waren. Mithilfe der RAW-Bearbeitung und einer Montage verschieden belichteter Varianten konnten die Schatten dezent und detailreich aufgehellt werden.

eine korrekte Belichtung notwendige Verschlusszeit bei.

Natürlich können Sie die Werte für Blende und Verschlusszeit auch komplett manuell einstellen, bequemer geht es aber auf jeden Fall mit dem

Die Aufnahmeprogramme **Av**, **M** und Landschaft sind für Landschaften und Gebäude in der Gesamtansicht am besten geeignet. Hierbei kommt es in der Regel auf große Schärfentiefe an, die mit möglichst kleinen Blenden und kurzen Brennweiten erzielt wird.

Programm *Av*. Noch bequemer, allerdings dabei ohne die Option, mit RAW-Dateien zu arbeiten, lässt sich mit dem Motivprogramm *Landschaft* arbeiten. Hier stellt die Kamera einige Funktionen wie Autofokus, Messmethode und Qualität automatisch ein, und Sie müssen sich nur um die Bildgestaltung kümmern. Für echte Schnappschüsse im Vorbeigehen ist das Landschaftsprogramm sicher gut geeignet, für eine bessere Kontrolle der Aufnahme und maximale Bildqualität auch für Vergrößerungen sollten Sie lieber auf *Av* schalten.

Check der Menüeinstellungen

Um für Weitwinkelaufnahmen von Landschaften und Gebäuden gerüstet zu sein, sollten Sie die Menüeinstellungen Ihrer EOS 450D zunächst überprüfen. Wenn es nicht nur um ein paar Urlaubsschnappschüsse geht, sollten Sie als Bildqualität entweder die qualitativ höchste JPEG-Stufe verwenden oder besser noch mit

RAW-Dateien arbeiten. Gerade bei Gebäuden mit tiefen Schatten oder sehr hellem Himmel kann die RAW-Verarbeitung noch deutlich mehr aus dunklen Bildpartien herausholen. Leichte Über- oder Unterbelichtungen sind weit besser auszugleichen als bei einem JPEG-Foto.

Autofokus und Belichtung

Als Autofokusfunktion muss *ONE SHOT* aktiviert sein, schließlich müssen Sie mit der Kamera keine Bewegung verfolgen. Ein Druck auf die Taste *AF* auf der Kamerarückseite blendet auf dem Monitor die Einstellungen für den *AF*-Modus ein. Drücken Sie die Pfeiltaste (rechts/links), um die *AF*-Methode zu verstellen.

Zur Belichtungsmessung sollte die Methode *Mehrfeldmessung* in den meisten Fällen die besten Ergebnisse bringen (Pfeiltaste nach oben). Graue Gebäude oder grüne Wiesen stellen für die moderne Technik der EOS 450D keine Herausforderung dar, für Winterlandschaften oder Strände sollten Sie die Belichtungswerte ein wenig erhöhen, düstere Gewölbe müssen eher mit geringeren als den angezeigten Werten belichtet werden. Drehen Sie zur Belichtungskorrektur nach der Ermittlung der Belichtungswerte (Auslöser halb durchdrücken) das Hauptwahlrad bei gleichzeitigem Drücken der Taste *Av*. Die Markierung unter der Belichtungsstufenanzeige wandert nach links (dunklere Bilder) oder rechts (hellere Bilder).

i

FISHEYE-OBJEKTIVE

Eine Besonderheit in der Weitwinkelfotografie sind die sogenannten Fisheye-Objektive. Die meisten Fisheyes haben extrem kurze Brennweiten und zeigen alles in einem Bildwinkel von 180°. Die Abbildungen sind je nach Modell rechteckig oder auch kreisrund mit entsprechend schwarzen Rändern. Gerade interessante Innenraumarchitektur lässt sich mit Fisheyes besonders dynamisch darstellen. Allerdings sind die für Fisheye-Aufnahmen typischen gebogenen Linien – je weiter ein Motivteil vom Mittelpunkt entfernt ist, desto gebogener sind die Linien – nicht jedermanns Sache. An einer Kamera wie der EOS 450D ist durch den im Vergleich zum Kleinbildfilm kleineren Sensor der Fisheye-Effekt nicht ganz so ausgeprägt. Immerhin hat z. B. das 15-mm-Fisheye von Canon dann eine effektive Brennweite von 24 mm, und die besonders gebogenen Ränder werden abgeschnitten.

Empfindlichkeit und Bildrauschen

Je nachdem, in welcher Größe Sie Ihre Fotos verwenden werden, wählen Sie die ISO-Empfindlichkeit möglichst klein. Je höher der ISO-Wert, desto deutlicher wird Bildrauschen in Form von feinen Störungen sichtbar. Außerdem werden Kontrast und Farbsättigung verschlechtert. Lassen Sie Abzüge bis zu einer Größe von 13 x 18 cm machen, können Sie auch die Werte 400 bis 1600 einstellen. Dadurch lassen sich, weil der Sensor weniger Licht für korrekte Belichtungen braucht, die Verschlusszeiten deutlich reduzieren, sodass Sie auch in schummrigen Ecken einer Kirche noch aus der Hand fotografieren können. Für beste Bildqualität gerade auf großen Abzügen ist jedoch ein niedriger Wert von 100 oder 200 angebracht.

Stativ und Spiegelverriegelung nutzen

Wenn es die Lichtverhältnisse nicht erlauben, aus der Hand zu fotografieren, benötigen Sie ein Stativ. Besonders für Landschaften und Gebäude ist ein Stativ grundsätzlich zu empfehlen, weil es mit der fixierten Kamera einfacher ist, sich auf die Bildgestaltung zu konzentrieren. Außerdem

MIT WEITWINKELOBJEKTIV FOTOGRAFIEREN

Fotografieren Sie Gebäude mit einem Weitwinkelobjektiv aus der Nähe von einem niedrigen Standpunkt aus, müssen Sie die Kamera nach oben kippen, um das Bauwerk komplett aufs Bild zu bekommen. Das Resultat: stürzende Linien. In der Natur senkrecht stehende Kanten laufen auf dem Foto nach oben hin zusammen, und das Gebäude scheint zu kippen. Vermeiden lässt sich der Effekt nur, indem Sie einen weiter entfernten und höheren Standpunkt beziehen und mit möglichst großer Brennweite fotografieren. Was sich leider bei Weitwinkelfotos nicht vermeiden lässt, sind Objektivfehler, die sich in tonnen- bzw. kissenförmigen Verzerrungen der eigentlich parallelen Gebäudekanten zeigen. Hier gilt, je besser (und teurer) das Objektiv, desto besser sind solche Verzeichnungen schon bei der Objektivkonstruktion korrigiert.

Einmal mit, einmal ohne Tonwertpriorität. Man sieht deutlich, dass die EOS 450D durch dieses Feature mehr Details in den Lichtern erfasst.

AUFNAHMEDATEN

Brennweite	35 mm
Belichtung	1/30 sek
Blende	f5,6
Stativ	

sind lange Verschlusszeiten, bedingt durch kleine Blenden, bei Landschaftsfotos keine Seltenheit, sodass es nicht möglich ist, unverwackelte Bilder aus der Hand zu fotografieren.

Und wenn die Kamera sowieso schon auf einem Stativ montiert ist, können Sie für perfekte Schärfe auch gleich die Individualfunktion *Spiegelverriegelung* (drittes Register in der dritten Menügruppe, Customfunktion) nutzen. Dann erschüttert auch der hochklappende Spiegel den Kamerabody nicht, und Sie müssen sich um verwackelte Aufnahmen noch weniger Sorgen machen.

Tonwertpriorität für mehr Dynamikumfang

Die EOS 450D hat eine Funktion zur Steigerung des Dynamikumfangs, wodurch gerade in sehr hellen Motivbereichen wie hellem Himmel oder von der Sonne beschienenen Motivteilen deutlich mehr Details erhalten bleiben als mit früheren Kameramodellen. Die Funktion heißt *Tonwert Priorität*, der entsprechende Befehl befindet sind im Menü mit den Customfunktionen. Rufen Sie in der zweiten Gruppe der Customfunktionen *C.Fn II: Bild* den Befehl auf und wählen Sie die Option *1: Möglich* aus.

Wichtig zu wissen: Die ISO-Empfindlichkeit kann mit der *Tonwert Priorität* minimal auf *200* eingestellt werden. ISO 100 ist nicht möglich.

Fotografieren Sie oft Landschaften und Gebäude, sollten Sie sich ein Stativ gönnen. Es erleichtert die Bildgestaltung, weil Sie die Kamera nicht in der Hand zu halten brauchen, und verhindert verwackelte Fotos durch lange Verschlusszeiten.

Zur Sicherheit Belichtungsreihen

Haben Sie bei der Bildkontrolle Ihrer Aufnahmen auf dem Display das Gefühl, dass die Belichtung nicht recht klappt und die vorhandenen Kontraste das maximal erfassbare Helligkeitsspektrum Ihrer Kamera überfordern, sollten Sie mit Belichtungs-

CHECKLISTE – WEITWINKEL

Aufnahmemodus	Manuell, Av, Motivprogramm Landschaft
Qualität	RAW, RAW+JPEG, JPEG (L)
AF-Funktion	ONE SHOT
Messmethode	Mehrfeldmessung
ISO-Empfindlichkeit	100 bis 200
Spiegelverriegelung (Customfunktion)	empfohlen bei langen Belichtungszeiten
Tonwert Priorität (Customfunktion)	1: Möglich
AEB/Belichtungsreihe	empfohlen bei schwierigen Lichtverhältnissen
Weißabgleich	je nach Licht und Tageszeit, AWB
Parameter (nur für JPEG-Fotos)	geringe Schärfe, mittlerer Kontrast, erhöhte Farbsättigung
Brennweite	15 bis ca. 45 mm, für Details längere Brennweite
Blende	ab f5,6
Verschlusszeit	abhängig von gewählter Blende
Stativ	empfohlen
Fern-/Selbstauslöser	empfohlen

reihen arbeiten. Einerseits ist die Wahrscheinlichkeit größer, wenigstens ein korrektes Bild zu bekommen, andererseits können Sie, wenn Sie fit in der Bildbearbeitung sind, eventuell zu helle oder zu dunkle Teile eines Bildes durch die Bereiche der anderen Aufnahmen der Belichtungsreihe ersetzen.

Dann sollten Sie allerdings darauf achten, dass die Blende bei den Aufnahmen gleich bleibt und die Verschlusszeit verändert wird. Fotografieren Sie daher am besten im Modus *Av* (Blendenvorwahl/Zeitautomatik) und stellen Sie die Blende manuell auf einen festen Wert ein. Denn würden Sie die Blende ändern, würde sich dadurch die Schärfentiefe der Einzelbilder unterscheiden, und eine Montage per Bildbearbeitung würde schwierig werden. Belichtungsreihen mit der EOS 450D können Sie über den Menüeintrag *AEB* im zweiten Register des ersten Hauptmenüs steuern.

Das ist ein klassischer Schnappschuss, der spontan im Vorbeigehen entstanden ist. In so einer Situation ist es sehr praktisch, wenn man auf die Belichtungsmessung der Kamera vertrauen und sich lediglich auf den Bildausschnitt konzentrieren kann.

AUFNAHMEDATEN	
Brennweite	40 mm
Belichtung	1/60 sek
Blende	f5

Schnappschuss – spontane Szenen

Wer sagt, dass eine Spiegelreflexkamera nicht auch für Schnappschüsse geeignet sei? Im Gegenteil, je besser die Kamera, desto größer ist die Ausbeute an technisch gelungenen Bildern, da man sich eher auf Belichtungsmessung und Autofokus verlassen kann. Gelegenheiten für unbeschwertes Fotografieren gibt es ständig. Kinder, Tiere, Veranstaltungen, spontane Szenen auf der Straße – Ihre EOS 450D ist mit ein paar Handgriffen für jeden Spaß zu haben.

Brennweite und Aufnahmeprogramm

In der Kleinbildfotografie wird die Brennweite 50 mm als Normalbrennweite angesehen. Da die EOS 450D einen um den Faktor 1,6 kleineren Sensor im Vergleich zum Kleinbildfilm hat, müssen Sie an Ihrem Objektiv ungefähr die Brennweite von 30 mm einstellen, um den gleichen Effekt zu erzielen. Normalbrennweite bedeutet, dass der Blick durchs Objektiv in etwa die für Menschen gewohnten Größenverhältnisse und Perspektiven zeigt. Es geht in diesem Abschnitt also um Fotos, die die Wirklichkeit auf eher dokumentarische Weise zeigen und nicht durch extrem kurze oder lange Brennweiten den Bildinhalt beeinflussen. Natürlich spricht nichts dagegen, die verfügbaren Brennweiten Ihres Objektivs einzusetzen, um den Bildausschnitt festzulegen.

Je länger die Brennweite, desto kleiner ist der Bildwinkel und umgekehrt. Aber da die Brennweite bei Schnappschüssen weniger dazu dient, eine bestimmte Perspektive und damit Bildaussage bewusst zu unterstützen, ist es hier wichtiger, sich auf das Motiv und das dokumentarische Festhalten zu konzentrieren. Bleibt Zeit genug, die Brennweite zu wechseln – umso besser. Muss es dagegen schnell gehen und möchten Sie die Welt so zeigen, wie Sie sie gesehen haben, fotografieren Sie am besten mit Normalbrennweite oder leichtem Weitwinkel.

Die Vollautomatik, die durch das grüne Rechteck symbolisiert wird, kümmert sich um alle Einstellungen. Sie können sich voll und ganz auf das Motiv konzentrieren.

Grüne Welle

Das für Schnappschüsse mit ständig wechselnden Motiven am besten geeignete Aufnahmeprogramm ist die oft als „grüne Welle" bezeichnete Einstellung. Drehen Sie dazu das Moduswahlrad auf die Stellung mit dem grünen Rechteck. Die Kamera gibt in diesem Modus fast sämtliche wichtigen Aufnahmeparameter selbstständig vor. Das Einstellmenü, das Sie mit einem Druck auf die Taste *MENU* auf den Monitor holen, zeigt dementsprechend eine reduzierte Anzahl an Befehlen. Der Sinn dieser Vorgaben ist klar: Je mehr Parameter Sie beim Fotografieren beachten müssen, desto weniger können Sie sich aufs Motiv konzentrieren. Und da die EOS 450D sehr zuverlässig arbeitet, können Sie sich bei Schnappschüssen auch auf sie verlassen.
Ihre EOS stellt die ISO-Empfindlichkeit automatisch auf die vorhandenen Lichtverhältnisse ein. Wenn bei den ermittelten Belichtungswerten keine unverwackelten Fotos mehr machbar sind, erhöht die Kamera den ISO-Wert automatisch auf die nächste Stufe und öffnet bei Bedarf außerdem den eingebauten Kamerablitz.
Vorausgesetzt, der Schieber am Objektiv steht nicht auf *MF* (manuelle Fokussierung), stellt die EOS 450D als Autofokusmodus automatisch *AI*

MEHR EINFLUSSNAHME AUF BILD- UND KAMERAPARAMETER

Wenn Sie mehr Einfluss auf die Bild- und Kameraparameter haben möchten, als die Vollautomatik zulässt, verwenden Sie die Programmautomatik bzw. Programmverschiebung (*P*). Grundsätzlich stellt auch hier die Kamera die Belichtungswerte automatisch ein, Sie haben jedoch auch Zugriff auf die Einstellungen im Kameramenü, die in der Vollautomatik ausgeblendet werden und nur für die Kreativprogramme zur Verfügung stehen. Weiterer Vorteil der Programmautomatik: Mit Drehen des Hauptwahlrads lassen sich die Werte für Blende und Verschlusszeit parallel verschieben, ohne dass sich die Belichtung insgesamt verändert. Möchten Sie z. B. den Hintergrund eines Porträts in Unschärfe verschwimmen lassen, drehen Sie das Hauptwahlrad so, dass der kleinste Blendenwert (große Blende) eingestellt wird. Die Verschlusszeit wird automatisch angepasst, in diesem Fall verkürzt.

FOCUS ein. Das bedeutet, das Autofokussystem erkennt, ob ein Motiv stillsteht oder sich bewegt. Bewegte Motive werden vom intelligenten Autofokus automatisch verfolgt, die Schärfenachführung wird also ständig angepasst (Modus *AI SERVO*). Bei unbewegten Motiven stellt die Kamera

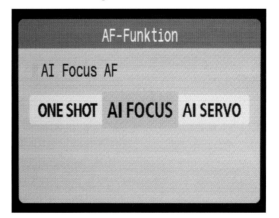

*Auf der Monitoranzeige wird nach einem Druck auf die Taste **AF** (rechte Pfeiltaste) der gerade aktive **AF**-Modus angezeigt. Der **AF**-Modus kann mit den Pfeiltasten (links/ rechts) verändert werden, wenn Sie mit einem der Kreativprogramme arbeiten.*

AUFNAHMEDATEN	
Brennweite	85 mm
Belichtung	1/160 sek
Blende	f2,8
ISO	200
Blitz	

Wenn Sie sich keine Gedanken um die Kameraeinstellungen machen möchten, stellen Sie für schnelle Schnappschüsse von Menschen und Porträts am besten das Motivprogramm für Porträts ein.

wie gewohnt einmal scharf (Modus *ONE SHOT*), die Fokussierung stoppt. Der Clou am Modus *AI FOCUS* ist jedoch, dass die EOS es registriert, wenn sich ein zuvor statisches Motiv in Bewegung setzt und sich die Entfernung zur Kamera verändert. Die Kamera beginnt dann sofort, die Schärfe je nach Motivabstand zu variieren.

┌ i ┐

AUTOFOKUS FÜR SPONTANE FOTOGRAFIE

In vielen Situationen, vor allem wenn es um spontane Fotografie geht, ist die Autofokuseinstellung *AI FOCUS* den beiden anderen Methoden *ONE SHOT* und *AI SERVO* vorzuziehen. Mit aktiviertem *AI FOCUS* stellt die Kamera selbstständig fest, ob sich ein Motiv in Bewegung befindet oder statisch ist. Problematisch ist der Modus nur dann, wenn Sie z. B. einen sitzenden Menschen fotografieren möchten, vor dem ständig andere Leute vorbeigehen. Dann ist der Modus *ONE SHOT* eindeutig die bessere Wahl.

Über die Messmethode zur Belichtungswertermittlung müssen Sie sich mit der Vollautomatik natürlich auch keine Gedanken machen. Ihre EOS 450D wählt die Mehrfeldmessung vor, die auch nicht verändert werden kann. Weiterhin wählt die Kamera als Bildaufnahmequalität die qualitativ beste JPEG-Stufe, als Weißabgleich die *Weißabgleichsautomatik* und als Bildfrequenz den Modus *Einzelbilder* (also weder Serienaufnahmen noch den zeitgesteuerten Selbstauslöser). Den Selbstauslöser können Sie übrigens auch in der Vollautomatik nutzen. Drücken Sie die linke Pfeiltaste, wählen Sie durch einen Druck auf die rechte Pfeiltaste den Modus *Selbstauslöser* (mittleres Symbol) aus und bestätigen Sie mit einem Druck auf die Taste *SET*.

Motivprogramme der EOS 450D

Neben der Vollautomatik bietet Ihnen die EOS 450D noch eine ganze Palette an Motivprogrammen, die ebenfalls für Schnappschüsse geeignet sein können. Allerdings sind Sie bei der Wahl eines der Motivprogramme natürlich mehr oder weniger auf einen Motivbereich festgelegt.

Porträt

Möchten Sie auf einer Party vor allem Kopf- oder Brustporträts der Gäste machen, wählen Sie das Motivprogramm *Porträt*. Die Einstellungen

AUFNAHMEDATEN	
Brennweite	50 mm
Belichtung	1/40 sek
Blende	f11
Stativ	

Ist genügend Licht vorhanden, kann die Kamera eine kleine Blende verwenden, um maximale Schärfentiefe zu erzielen.

unterscheiden sich kaum von denen der Voll-automatik, nur der Autofokus arbeitet im Modus *ONE SHOT*, die Bildfrequenz wird auf Serienbilder voreingestellt, und als *Picture Style* wird der *Porträtstil* verwendet. Da Porträts dann am besten aussehen, wenn der Hintergrund ein wenig in Unschärfe verschwimmt, hat bei der Belichtungsmessung eine möglichst große Blende für

Das Motivprogramm **Porträt** *ist gut geeignet, wenn Sie auf einer Party Schnappschüsse der Gesichter machen möchten.*

geringe Schärfentiefe Priorität. Die Verschlusszeit wird entsprechend angepasst.

Landschaft

Anders beim Motivprogramm *Landschaft*. Hier stellt die Kamera für maximale Schärfentiefe eine möglichst kleine Blende ein. Dadurch kann die Verschlusszeit relativ lang werden, was oft den Einsatz eines Stativs sinnvoll macht.

Sport

Schnappschüsse bei Sportveranstaltungen machen Sie am besten mit dem Motivprogramm *Sport*. Hier kommt es in erster Linie auf extrem kurze Verschlusszeiten an, um die Bewegungen der Sportler, Motorräder, Fahrräder oder Autos einzufrieren. Der Autofokus wird auf *AI SERVO* festgelegt, passt die Schärfe also permanent neu an das Motiv an. Außerdem sind in diesem Fall natürlich Serienaufnahmen sinnvoller, um eine möglichst große Auswahl an Fotos spannender Situationen zur Auswahl zu haben.

AUFNAHMEDATEN	
Brennweite	20 mm
Belichtung	1/800 sek
Blende	f4

*Mit dem Motivprogramm **Sport** lassen sich nicht nur sportliche Events fotografieren. Das Programm ist vielmehr immer dann interessant, wenn sich Motive sehr schnell bewegen.*

CHECKLISTE – NORMALBRENNWEITE/SCHNAPPSCHÜSSE

Aufnahmemodus	Vollautomatik, je nach Situation Motivprogramme
Qualität	beste JPEG-Stufe, RAW (nur bei Kreativprogrammen möglich)
AF-Funktion	AI FOCUS
Messmethode	Mehrfeldmessung
ISO-Empfindl.	automatisch
Weißabgleich	automatisch
Parameter (nur für JPEG-Fotos)	mittlere Schärfe, mittlerer Kontrast, mittlere Farbsättigung
Blende	abhängig von der Verschlusszeit
Verschlusszeit	1/60 sek und weniger

Denn eines ist klar: Selbst die beste Ausrüstung liefert unter extremen Bedingungen wie z. B. einem Autorennen oder einem Fußballspiel nur eine begrenzte Anzahl an wirklich scharfen Bildern. Immerhin ist der Prozentsatz an brauchbaren Fotos in den letzten Jahren durch immer exaktere Autofokussysteme, bessere Kameras und Objektive stetig gestiegen. Auch die Canon EOS 450D profitiert natürlich von diesen Entwicklungen.

Schnappschüsse bei Sportveranstaltungen macht man am besten mit dem Programm Sport.

Kein Blitz

Eines der Motivprogramme ist für Situationen gedacht, in denen nicht geblitzt werden darf oder soll. Schnappschüsse z. B. während einer Feier in der Kirche, wenn das Blitzlicht zu aufdringlich oder aus ästhetischer Sicht ungeeignet wäre, weil es die Lichtstimmung zerstören würde, machen Sie am besten mit dem Motivprogramm *Kein Blitz*.

Stellen Sie dazu das Motivwahlrad auf das letzte der Motivprogramme, wird der integrierte Blitz auf keinen Fall ausgelöst. Die EOS 450D wählt dann den ISO-Wert automatisch vor, das höhere Bildrauschen durch die größere Sensorempfindlichkeit muss man hier in Kauf nehmen.

Machen Sie sich aber keine allzu großen Sorgen wegen des Bildrauschens. Selbst bei ISO 1600 sind korrekt belichtete Bilder, die die EOS 450D aufnimmt, in jeder Hinsicht brauchbar. Noch ein Hinweis: Bei sehr dunkler Umgebung kann es natürlich passieren, dass die Verschlusszeiten

Rechts: Beim Fotografieren des Orchestergrabens mit seinen beleuchteten Notenpulten ist ein Blitz nicht sinnvoll. Er würde die schöne Lichtstimmung kaputtmachen.

AUFNAHMEDATEN

Brennweite	20 mm
Belichtung	1/30 sek
Blende	f4
ISO	1600

trotz maximaler Blende und Empfindlichkeit nicht für unverwackelte Aufnahmen genügen. Ein Stativ ist hier unbedingt empfehlenswert.

Das Programm **Kein Blitz** *zwingt die Kamera dazu, auch bei unzureichenden Lichtverhältnissen auf den Blitz zu verzichten.*

Telebrennweiten – Sport und Bewegung

Telebrennweiten setzt man nicht nur für Fotos von weit entfernten oder kleinen Motiven ein. Im Gegenteil, manchmal macht erst der Effekt, dass durch eine lange Brennweite die Perspektive gerafft wird, den Reiz eines Bildes aus. Raffung bedeutet hier, dass Motive, die in einem gewissen Abstand hintereinander angeordnet sind, auf Bildern, die mit Telebrennweite aufgenommen werden, näher zusammenrücken. Das Motiv wird sozusagen verdichtet, was z. B. langweiligen Landschaften plötzlich zu mehr inhaltlicher Intensität verhelfen kann. Gehen Sie, wenn Sie die Zeit dazu haben, jedes Motiv mit unterschiedlichen Brennweiten an, und probieren Sie auf jeden Fall auch die Telestellung des Objektivs aus.

AUFNAHMEDATEN	
Brennweite	400 mm
Belichtung	1/25 sek
Blende	f2,8
Stativ	

Typischer Fall für eine Telebrennweite: Das Eichhörnchen lässt es natürlich nicht zu, dass man ihm zu nahe kommt. Schöner Nebeneffekt der langen Brennweite: Der Hintergrund verschwimmt in Unschärfe.

Kamera für Teleaufnahmen vorbereiten

Wer glaubt, dass eine gute Teleaufnahme einfach nur dadurch entsteht, dass man das Objektiv auf die maximale Brennweite einstellt, irrt. Es gibt einige Dinge zu beachten, und die Kamera sollte für Teleaufnahmen vorbereitet werden. Je länger die Brennweite, desto drastischer wirkt sich selbst leichtes Verwackeln aus. Die alte Faustregel, wonach für Fotos ohne Stativ die Verschlusszeit immer höchstens den umgekehrten Wert der Brennweite betragen darf (Brennweite 200 mm – Verschlusszeit 1/200 sek), gilt für die EOS 450D grundsätzlich ebenso.

Fotografieren mit Bildstabilisator

Große Ausnahme: Fotografieren Sie mit einem IS-Objektiv (mit Bildstabilisator), gewinnen Sie zwei bis drei Belichtungsstufen. Das bedeutet, eine 200-mm-Aufnahme ist auch noch mit einer Verschlusszeit von 1/50 oder sogar 1/25 sek ohne Stativ möglich, wenn auch nicht in jeder Situation zu empfehlen.

Verwackler gänzlich ausschließen

Wegen des durch die Sensorgröße bedingten Verlängerungsfaktors von 1,6 wirkt ein 200-mm-Objektiv an der EOS 450D wie eine 320-mm-Optik. Das heißt, um wirklich sicherzugehen, dass Ihre Fotos nicht verwackeln, sollten Sie sogar noch geringere Verschlusszeiten einkalkulieren und, um beim Beispiel zu bleiben, beim Fotografieren mit 200 mm eine Verschlusszeit von höchstens 1/350 sek vorwählen. Und fotografieren Sie dann noch entfernte Bewegungen, müssen Sie die Verschlusszeit natürlich weiter verkürzen.

Tipps für Bilder mit Telebrennweiten

Zwei Aufnahmeprogramme sind für Bilder mit Telebrennweiten am besten geeignet: die Blendenautomatik (*Tv*) und die manuelle Belichtungskontrolle (*M*). Ebenfalls möglich ist die Arbeit mit der Programmautomatik (*P*), die nahezu genau so wie die Vollautomatik funktioniert, aber mehr Freiheiten bei der Einstellung sämtlicher Aufnahmeparameter gibt. Fotografieren Sie mit Telebrennweiten Bewegungen, z. B. bei Sportveranstaltungen, kommt außerdem noch das Motivprogramm *Sport* infrage. Allerdings steht hier der Autofokus auf *AI SERVO*, was bedeutet, dass das Autofokussystem ausschließlich für die Erfassung von bewegten Motiven geeignet ist. Statische Objekte oder Menschen können dann nicht optimal erfasst werden, weil der Autofokus ständig neu justiert.

Diese Dorfansicht wurde aus erhöhter Perspektive mit 200 mm aufgenommen, was zu hoher gestalterischer Dichte im Bild führt.

AUFNAHMEDATEN	
Brennweite	200 mm
Belichtung	1/60 sek
Blende	f11

AUFNAHMEDATEN
Brennweite   560 mm
(400 mm + 1,4-fach-Konverter)
Belichtung   1/250 sek
Blende   f8

AUFNAHMEDATEN
Brennweite   560 mm
(400 mm + 1,4-fach-Konverter)
Belichtung   1/60 sek
Blende   f8

Einmal wurde mit langer Verschlusszeit, das andere Mal mit kurzer Verschlusszeit (oben) aus der Hand fotografiert. Die unscharfe Aufnahme (links) mit langer Verschlusszeit ist nicht zu gebrauchen.

Blendenautomatik

Prädestiniert für Tele-, Sport- und Bewegungsbilder ist die Blendenautomatik, bei der die Verschlusszeit vorgewählt wird. Stellen Sie dazu das Moduswahlrad auf *Tv*. Wählen Sie dann durch Drehen des Hauptwahlrads eine Verschlusszeit aus, die nach oben genannter Faustregel kurz genug ist, um nicht zu verwackeln. Blicken Sie bei aktiviertem Monitor (Taste *DISP*) auf die Anzeige. Blinkt der Blendenwert, bedeutet das, dass die verfügbare Blende nicht groß genug für korrekt belichtete Aufnahmen ist. Sie können nun entweder die Empfindlichkeit nach einem Druck auf die Taste *ISO* erhöhen oder eine längere Verschlusszeit wählen.

Blitzlicht und höhere ISO-Empfindlichkeit

Eine weitere Alternative ist der Einsatz von Blitzlicht, wenn das Motiv nicht zu weit dafür entfernt ist. In der Regel dürfte jedoch eine höhere ISO-Empfindlichkeit am praktikabelsten sein, auch wenn die Aufnahmen dadurch mehr oder weniger deutliches Bildrauschen zeigen werden. Geht es darum, mit extrem kurzen Zeiten zu fotografieren, um z. B. schnelle Läufer scharf zu erwischen, werden Sie um hohe ISO-Werte vermutlich selten herumkommen. Allerdings stört bei guten Sportfotos, die die Action packend wiedergeben, ein wenig Bildrauschen niemanden.

Die Blendenautomatik Tv ist immer dann erste Wahl, wenn Sie bei Sportaufnahmen eine bestimmte Verschlusszeit wegen der Verwacklungsgefahr nicht unterschreiten möchten. Aber auch für gezielte Verwischeffekte mit langen Verschlusszeiten (z. B. 1/15 sek) ist die Blendenautomatik das richtige Aufnahmeprogramm.

Wahl der geeigneten Messmethode

Je nachdem, welche Lichtverhältnisse vorherrschen (Tageslicht, Scheinwerfer bei Nacht), sollten Sie sich ein paar Gedanken über die Messmethode machen. Zwar ist die Standardmethode Mehrfeldmessung auch für Bewegungen und Action geeignet, es kann bei ständig wechselnden Lichtverhältnissen im Hintergrund eines Objekts aber auch sinnvoll sein, die mittenbetonte Integralmessung zu verwenden. Denn schließlich soll das mit der Kamera verfolgte Motiv korrekt belichtet werden, die Belichtung sich also vornehmlich am Hauptmotiv orientieren. Die Selektivmessung kann, da sie nur 9 % der Bildfläche ausmisst, schon zu eingeschränkt sein, außerdem lässt sie den Hintergrund bei der Ermittlung von Blende und Verschlusszeit völlig außer Acht. Aus dem gleichen Grund ist die Spotmessung nur bedingt für Sportfotos geeignet. Ausnahme: Das Geschehen ist relativ weit entfernt, und die Sportler etc. machen nur einen kleinen Teil des Motivs aus.

Ist als Messmodus die mittenbetonte Integralmessung eingestellt, sieht die Displayanzeige nach einem Druck auf die obere der vier Pfeiltasten so aus.

Autofokusmodus und Weißabgleich festlegen

Den Autofokus sollten Sie auf den Modus *AI FOCUS* stellen oder, wenn Sie ausschließlich Bewegungen festhalten und nicht auch mal zwischendurch statische Motive, den Modus *AI SERVO* verwenden. Die Kamera passt die Scharfeinstellung in diesen beiden Modi permanent an ein bewegtes Objekt an. Je nach Umgebung kann auch ein Blick auf den Weißabgleich nicht schaden. Flutlicht, Scheinwerfer in einer Halle oder Glühbirnen im Haus verursachen mehr oder weniger deutliche Farbstiche, probieren Sie am besten eine der Weißabgleichsvoreinstellungen aus.

AUFNAHMEDATEN

Brennweite	400 mm
Belichtung	1/320 sek
Blende	f2,8
Serienbilder	

Aufnahmen von Bewegungen lassen sich häufig am besten mit der Serienbildfunktion festhalten. Viele Motive gewinnen dadurch an Reiz, wenn man sie als Bilderreihen präsentiert.

Serienaufnahmen für schnelle Bewegungen

Hilfreich für die Erfassung von Bewegungen: Machen Sie Serienaufnahmen! Stellen Sie die Bildfrequenz der Kamera nach einem Druck auf die linke Pfeiltaste auf Serienbilder, das zweite Symbol von links steht für *Reihenaufnahme*. Halten Sie den Auslöser einfach gedrückt, um mit der EOS 450D ca. 3,5 Bilder pro Sekunde zu schießen. Die Fotos werden von der Kamera permanent auf die Speicherkarte geschrieben, Sie können den Auslöser einfach so lange gedrückt halten, bis die Szene vorbei ist. Allerdings benötigt die Kamera je nach eingestellter Bildqualität einige Zeit, bis die Aufnahmen auf der Speicherkarte verstaut sind. Das heißt, die Geschwindigkeit von 3,5 Bildern pro Sekunde lässt sich nur wenige Sekunden aufrechterhalten.

*Um Serienbilder zu schießen, drücken Sie die linke Pfeiltaste auf der Kamerarückseite. Wählen Sie den zweiten Menüeintrag **Reihenaufnahme** mit den Pfeiltasten aus und quittieren Sie mit der Taste **SET**.*

CHECKLISTE – TELEBRENNWEITEN	
Aufnahmemodus	Tv, M, Motivprogramm Sport
Qualität	beste JPEG-Stufe, RAW (nur bei Kreativprogrammen möglich)
AF-Funktion	AI FOCUS, AI SERVO
Messmethode	Mehrfeldmessung, mittenbetonte Integralmessung
ISO-Empfindlichkeit	100 bis 1600
Spiegelverriegelung (Customfunktion)	nur bei unbewegten Motiven
Weißabgleich	je nach Licht und Tageszeit
Bildstil	mittlere Schärfe, hoher Kontrast, erhöhte Farbsättigung
Blende	abhängig von der Verschlusszeit
Verschlusszeit	möglichst kurz, bei Bewegung abhängig von der Brennweite
Stativ	empfohlen
Bildfrequenz	bei Sport Serienbilder

Makro – Blüten, Blumen, Insekten

Blüten, Blumen, Insekten – in jeder privaten Foto-
galerie im Internet oder in den bekannten Foto-
communities findet man immer auch prächtige
Nahaufnahmen. An dieser Stelle soll es darum
gehen, wie Sie Ihre EOS 450D so konfigurieren,
dass Sie sich nicht mehr um die Technik, sondern
voll und ganz auf die kleinen Motive konzentrieren können.

Makro manuell oder mit Motivprogramm?

Ihre EOS 450D besitzt für Nahaufnahmen ein spezielles Motivprogramm. Auf dem Moduswahlrad
finden Sie dazu ein Tulpensymbol. Für die ersten
Versuche in der Makrofotografie sollten Sie dieses
Motivprogramm anwählen, die Kamera stellt
dann automatisch die wichtigsten Parameter ein.
Legen Sie jedoch Wert auf maximale Bildqualität
und möchten dazu im RAW-Format fotografieren, sollten Sie das Motivprogramm nicht nutzen
und mit einem der Kreativprogramme *P, Av, Tv*
oder *M* arbeiten. Denn im Makroprogramm wählt
die Kamera als Bildqualität die beste JPEG-Stufe
aus, RAW-Bilder, die für die Nachbearbeitung am
PC besser geeignete Bilddaten liefern, sind nicht
möglich.

*Das Aufnahmeprogramm für Nahaufnahmen nimmt Ihnen
zwar die wichtigsten Einstellungen ab, Sie sollten jedoch
trotzdem auf die angezeigten Belichtungswerte achten. Ist
die Belichtungszeit zu lang, wird der Blitz ausgeklappt, und
die Aufnahmen können dadurch flach wirken.*

Eine weitere Einstellung kann beim Makroprogramm aus gestalterischer Sicht Probleme be-
reiten. Möchten Sie z. B. eine Blüte zwar aus
der Nähe, aber nicht mit Blitzlicht fotografieren
– frontales Blitzlicht kann zu flach wirkenden

NAHAUFNAHMEN IMMER MIT STATIV

Wer ernsthaft Nah- und Makrofotos
schießt, arbeitet mit einem Stativ.
Aus zwei Gründen ist die Fixierung
der Kamera wichtig. Zunächst sind bei
Nahaufnahmen häufig relativ lange
Verschlusszeiten nötig, da für große
Schärfentiefe mit kleinen Blendenöffnungen gearbeitet wird. Außerdem
geht es bei der Bildgestaltung einer
Nah- oder Makroaufnahme häufig um
Millimeter bei der Positionierung der
Kamera. Im Fotofachhandel gibt es für
die Makrofotografie spezielle Stative
bzw. Stativköpfe, sogenannte Einstellschlitten. Mit so einem Schlitten
können Sie die Kamera millimetergenau
ausrichten.

Aufnahmen führen –, müssen Sie darauf achten,
dass genügend Umgebungslicht Ihr Motiv beleuchtet. Ist nicht genug Licht für eine ausreichend lange Verschlusszeit und damit für unverwackelte Bilder vorhanden, wird der Kamerablitz
in den meisten Aufnahmeprogrammen automatisch ausgeklappt. Zwar werden die Fotos korrekt
belichtet sein, die Stimmung eines zarten, von
hinten beleuchteten Blütenblatts ist dann aber
vermutlich dahin.

*Wichtig bei Makroaufnahmen ist die exakte und bewusste Fokussierung. Hier wurde der
Schärfepunkt auf die Fühler der Weinbergschnecke im Vordergrund gelegt.*

AUFNAHMEDATEN	
Brennweite	50 mm (Makroobjektiv)
Belichtung	1/250 sek
Blende	f5,6
Aufhellblitz	

AUFNAHMEDATEN	
Brennweite	40 mm
Belichtung	1/10 sek
Blende	f5,6
Stativ	

Für Nahaufnahmen sind nicht immer Spezialzubehör und Blitzlicht notwendig, auch mit Tageslicht und einem Stativ gelingen Bilder von Objekten, die man sonst nie aus der Nähe sieht. So wird auch aus einem kleinen Rinnsal ein ansehnlicher Bach.

Makro mit Kreativprogrammen

Wie oben erwähnt, bringt das Motivprogramm für Nahaufnahmen einige Einschränkungen mit sich. Fortgeschrittene Fotografen sollten daher besser mit einem der Kreativprogramme arbeiten. Sie können dann unter anderem RAW-Dateien aufnehmen, den ISO-Wert für beste Qualität auf den niedrigsten Wert 100 einstellen, die für das Motiv am besten geeignete Messmethode bestimmen und die Blende für die gezielte Steuerung der Schärfentiefe manuell vorwählen. Ebenfalls wichtig gerade bei Blütenfotos: Verwenden Sie den manuellen Weißabgleich für farbneutrale Wiedergabe, stellen Sie den Farbraum auf *Adobe RGB* und passen Sie, wenn Sie mit JPEG-Dateien arbeiten, im Kameramenü *Bildstil* die Parameter für *Schärfe*, *Kontrast*, *Farbton* und *Farbsättigung* an.

Rechts: Die Spinne wurde mit kleiner Blende (11) aufgenommen, fokussiert wurde auf den Kopf. Trotz der kleinen Blende sind die Beine vorn und hinten bereits unscharf geworden.

┌ ┐
  i
└ ┘

AUTOFOKUS ABSCHALTEN UND MANUELL FOKUSSIEREN

Unabhängig davon, ob Sie mit einem Motiv- oder Kreativprogramm Nahaufnahmen machen, sollten Sie den Autofokus abschalten und manuell fokussieren. Stellen Sie den Schieberegler am Objektiv dazu auf *MF*. Der Grund: Da die Schärfentiefe bei Nah- und Makroaufnahmen sehr begrenzt ist, ist es umso wichtiger, exakt auf den Motivteil zu fokussieren, der für die Bildaussage am wichtigsten ist. Zwar könnten Sie auch eines der *AF*-Messfelder manuell auswählen, da die EOS 450D jedoch „nur" neun davon besitzt, haben Sie eventuell nicht genügend Spielraum für die exakte Platzierung des schärfsten Punkts im Bild.

AUFNAHMEDATEN

Brennweite	50 mm (Makroobjektiv)
Belichtung	1/160 sek
Blende	f11
seitlicher Aufhellblitz	

Blendenvorwahl Av

Besonders geeignet für Nah- und Makromotive ist die Blendenvorwahl *Av*. Je näher Sie an ein Motiv herangehen und je größer die Brennweite ist, desto geringer ist die Schärfentiefe. Um dennoch einen ausreichend großen Schärfebereich zu bekommen, müssen Sie die Blende so weit wie möglich schließen, das heißt einen sehr großen Blendenwert einstellen. Stellen Sie, nachdem Sie die auf einem Stativ befestigte Kamera auf das Nahmotiv ausgerichtet haben, das Moduswahlrad auf *Av* und wählen Sie mit dem Hauptwahlrad eine Blende von 11, 16 oder höher. Sie werden im Sucher bzw. auf dem Display sehen, dass die Kamera eine relativ lange Verschlusszeit einstellt, um die korrekte Belichtung zu gewährleisten.

Manueller Modus

Fotografieren Sie mit dem eingebauten oder einem externen Blitz, können Sie anstelle der Blendenvorwahl auch in den manuellen Modus

*Mit den Aufnahmemodi **Av** (Blendenvorwahl) und **M** (manueller Modus) sollte man Makros fotografieren, wenn man schon ein wenig Erfahrung im Umgang mit Blende und Verschlusszeit hat.*

Neben der exakten Fokussierung kommt es auch in der Nahfotografie auf die Bildgestaltung an. Hier wurde der dunkle Innenbereich der Mohnblüte außermittig platziert, um mehr Spannung ins Bild zu bringen.

AUFNAHMEDATEN	
Brennweite	50 mm (Makroobjektiv)
Belichtung	1/60 sek
Blende	f4
Motivprogramm Makro	

AUFNAHMEDATEN

Brennweite	50 mm (Makroobjektiv)
Belichtung	1/250 sek
Blende	f16
Studioblitz	

Auch so banale Dinge wie ein paar Küchenkräuter sind tolle Makromotive. Vor strahlend weißem Hintergrund wirken die Farben besonders kräftig. Farbige Hintergründe bringen Abwechslung in die Gestaltung.

M wechseln. Je nachdem, welche Leistung Ihr Blitzgerät hat, können Sie die erforderliche Verschlusszeit, die nicht kürzer als die Synchronzeit von 1/200 sek sein darf, mit ein paar Versuchen ermitteln. Aber Vorsicht bei Makroaufnahmen mit dem Kamerablitz! Obwohl der Blitz relativ

hoch aufklappt, kann es je nach Objektivlänge passieren, dass bei Makroaufnahmen sehr nahe Objekte im Schatten des Objektivs bzw. der Gegenlichtblende liegen. Hier helfen nur externe Blitzgeräte oder der Verzicht auf den Blitz weiter.

ⓘ

FÜR UNVERWACKELTE AUFNAHMEN

Nahaufnahmen vom Stativ aus und mit langen Belichtungszeiten sind sehr anfällig für Verwacklungen. Daher sollten Sie für unverwackelte Aufnahmen mit dem Selbstauslöser und aktivierter Spiegelverriegelung (im Menübefehl *Individualfunktionen*) arbeiten.

CHECKLISTE – MAKRO- UND NAHAUFNAHMEN

Qualität	RAW, RAW+L, L (JPEG)
AF-Funktion	Manuell fokussieren, ONE SHOT
Messmethode	Mehrfeldmessung, mittenbetonte Integralmessung
ISO-Empfindlichkeit	100
Spiegelverriegelung (Customfunktion)	empfohlen bei Stativaufnahmen
Weißabgleich	manuell, Voreinstellung je nach Licht
Bildstil (nur für JPEG-Fotos)	geringe Schärfe, mittlerer Kontrast, hohe Farbsättigung
Blende	8 und höher
Verschlusszeit	abhängig von gewählter Blende
Stativ	empfohlen
Fern-/Selbstauslöser	empfohlen

6

FOTOGRAFIE

MIT BLITZ

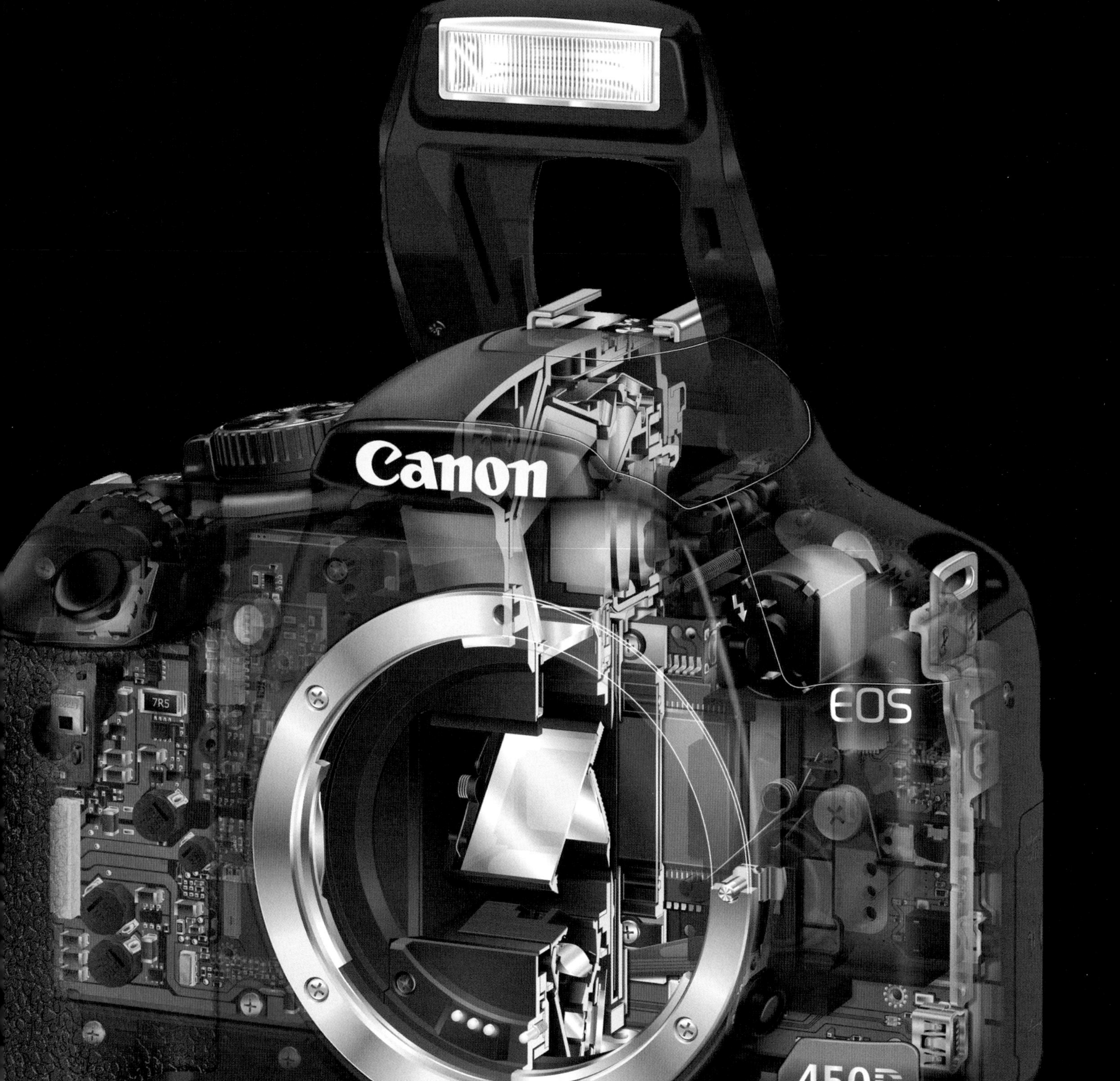
Canon
EOS
450D
7R5

6

Fotografieren mit Blitz

Der integrierte Kamerablitz der Canon EOS 450D hat eine Leitzahl von 13 bei ISO 100. Damit lassen sich bei auf 100 eingestellter ISO-Empfindlichkeit Objekte ausleuchten, die bis zu ca. 3 m entfernt sind. Stellen Sie den ISO-Wert auf 1600, reicht die Blitzleistung sogar für Entfernungen bis zu ca. 10 bis 14 m je nach Brennweite. Externe Aufsteckblitze liefern je nach Modell entsprechend mehr Lichtleistung.

⌐6⌐ Fotografieren mit Blitz

Für eine optimale Belichtung wird immer die gleiche Lichtmenge benötigt, um vom Sensor der Kamera verarbeitet zu werden. Da sie jedoch je nach Motivhelligkeit und Motivkontrast variiert, muss diese Lichtmenge durch die Einstellung von Empfindlichkeit, Belichtungszeit und Blende an der Kamera geregelt werden und manchmal hilft nur noch ein Blitz.

■ Ist es zu dunkel zum Freihandfotografieren, braucht man künstliches Licht. Strahler, Scheinwerfer, einfache Schreibtischlampen, Deckenlampen oder Kerzenschein – viele Lichtquellen kommen infrage. Mit Abstand am praktischsten beim digitalen Fotografieren dürfte aber Blitzlicht sein. Und weil Ihre Kamera einen eingebauten E-TTL-II-Blitz hat, der für Schnappschüsse auf Partys, im Restaurant oder zu Hause bestens geeignet ist, sollten Sie wissen, wie man den kleinen Lichtspender oder einen zusätzlichen Aufsteckblitz optimal einsetzt.

Je nachdem, mit welchem Aufnahmeprogramm Sie fotografieren, können Sie den Blitz unterschiedlich einsetzen. Prinzipiell lassen sich vollautomatische von manuell beeinflussten Blitzaufnahmen unterscheiden. In den Motivprogrammen *Vollautomatik*, *Porträt*, *Nahaufnah-*

men und im *Nachtmodus* klappt die Kamera bei zu geringer Beleuchtung den Blitz automatisch aus, um für korrekte Belichtung zu sorgen. Bei den Motivprogrammen *Landschaft*, *Sport* und *Kein Blitz* ist der Blitz nicht sinnvoll, deswegen wird er nicht automatisch ausgeklappt und kann auch nicht manuell eingeschaltet werden.

Rote-Augen-Effekt reduzieren

Ihre Canon EOS 450D beherrscht natürlich die Standardblitzfunktion zum Reduzieren des Rote-Augen-Effekts. Schalten Sie dazu die entsprechende Funktion *R.Aug. An/Aus* im ersten Hauptmenü ein. Drücken Sie dann bei ausgeklapptem Blitz den Auslöser halb durch, beginnt die kleine Lampe links vom Objektiv (von vorn gesehen) beim Antippen des Auslösers hell aufzuleuch-

TTL

Abkürzung für Through The Lens, ein Messverfahren, bei dem die Belichtungsmessung anhand des durch das Objektiv fallenden Lichts erfolgt. Die Kamera verwendet für die Ermittlung der korrekten (Blitz-)Belichtungswerte also vereinfacht ausgedrückt genau das Licht, das auch tatsächlich später für die Aufnahme verwendet wird.

ten, damit sich die Pupillen der fotografierten Menschen schließen und bei der anschließenden Blitzaufnahme nicht rot reflektieren. Wichtig

hierbei ist, die Leute darauf hinzuweisen, dass sie in Richtung Kamera sehen sollen. Außerdem muss die kleine Lampe für den Effekt ca. 1 sek lang aufleuchten, bevor Sie das Foto machen.

Blitzen auf den 2. Verschlussvorhang

Für kreative Blitzfotos kommt noch eine in der Fotowelt weit verbreitete und oft genutzte Funktion ins Spiel, mit der die EOS 450D ebenfalls dienen kann: Blitzen auf den 2. Verschlussvorhang. Wenn Sie in der Dunkelheit oder bei wenig Licht mit längerer Verschlusszeit auf ein bewegtes Motiv blitzen, kann es zu einem optischen Effekt kommen, der ziemlich irritierend wirkt. Da der Blitz üblicherweise am Anfang eines Belichtungsvorgangs ausgelöst wird, wird das Motiv vom Blitz am Anfang der Belichtung erhellt und

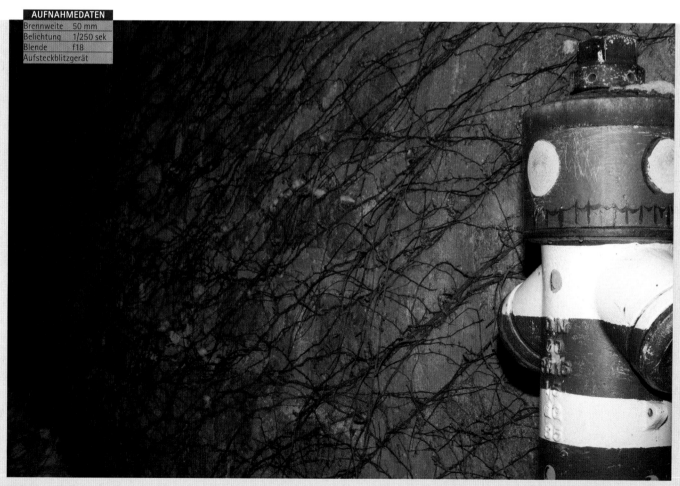

AUFNAHMEDATEN	
Brennweite	50 mm
Belichtung	1/250 sek
Blende	f18
Aufsteckblitzgerät	

Auf dieser simplen Aufnahme kann man den Leistungsabfall des Blitzlichts sehr gut erkennen. Der Hydrant im Vordergrund ist gut ausgeleuchtet, die Mauer im Hintergrund wird mit zunehmendem Abstand immer dunkler.

LANDSCHAFTSAUFNAHME MIT PRÄGNANTEM VORDERGRUNDMOTIV

Möchten Sie eine Landschaftsaufnahme mit einem prägnanten Vordergrundmotiv machen, das ein wenig Blitzlicht benötigt, sollten Sie mit einem der Kreativprogramme *Av*, *Tv*, *M* oder *A-DEP* fotografieren. Dann können Sie den Blitz manuell öffnen und eine für die Landschaftsaufnahme geeignete Blende für die gewünschte Schärfentiefe einstellen.

AUFNAHMEDATEN	
Brennweite	40 mm
Belichtung	0,5 sek
Blende	f5,6
ISO	400
Blitz auf 2. Verschluss-vorhang	

Die Kombination aus Blitz und Mitziehen – die Kamera verfolgt die Bewegung eines Motivs – ergibt mitunter sehr dynamische Effekte. Für den Wischeffekt im Hintergrund war eine relativ lange Verschlusszeit von 1/2 sek verantwortlich.

Das grelle Licht der kleinen Lampe vorn an der Kamera bewirkt das Schließen der Pupillen und verringert den Rote-Augen-Effekt. Sie leuchtet bei halb durchgedrücktem Auslöser und aufgeklapptem Blitz auf.

scharf abgebildet. Bewegt sich das Motiv dann noch weiter und wird durch die längere Verschlusszeit auch weiterhin belichtet, scheint dem Motiv ein verschwommener Lichtschein vorauszueilen.

Dieser Effekt lässt sich umkehren, damit der Lichtschein hinter dem Motiv auftaucht und der Bewegung nacheilt. Dazu müssen Sie im Kameramenü *Blitzsteuerung* (zweites Register der dritten Menügruppe) den Eintrag *Funktionseinst. Int. Blitz* aufrufen und dort die Option *Verschluss-Sync* auf *2. Verschluss* einstellen (nur Kreativprogramme). Dadurch wird der Blitz erst am Ende der Belichtungszeit abgefeuert und das bewegte Motiv im letzten Augenblick durch den Blitz erhellt.

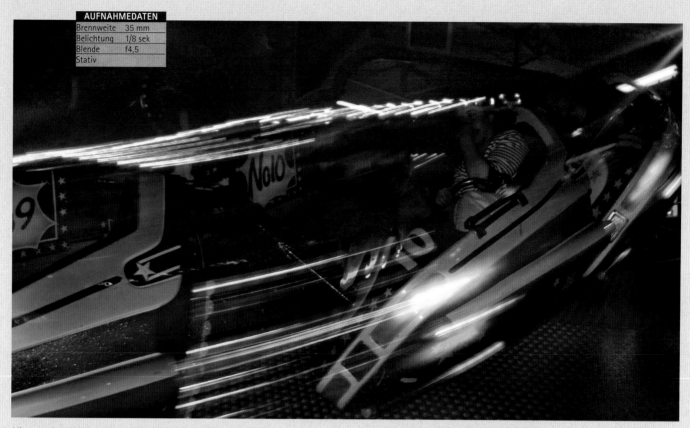

AUFNAHMEDATEN	
Brennweite	35 mm
Belichtung	1/8 sek
Blende	f4,5
Stativ	

*Hier wurde mit langer Verschlusszeit im Modus **Av** fotografiert, um die verwischten Lichter einzufangen. Zusätzlich feuerte am Anfang der Belichtungszeit der Blitz ab, die Menschen wurden dadurch scharf abgebildet.*

Blitz und lange Verschlusszeit kombinieren

Für bessere Blitzfotos in schlecht beleuchteter Umgebung sollten Sie die Möglichkeit nutzen, Blitz und lange Verschlusszeiten zu kombinieren. Stellen Sie sich eine Szene am abendlichen, fast schon nächtlichen Strand vor. In der Nähe steht ein Strandkorb, in dem Menschen sitzen. Sie möchten einerseits den Strandkorb fotografieren, aber auch die dahinterliegende Szenerie wie z. B. eine Strandpromenade richtig belichtet haben, um die Stimmung wiederzugeben.

Fotografieren Sie mit der Vollautomatik, klappt das nicht, weil die Kamera sich ausschließlich auf das Vordergrundmotiv konzentriert. Der Blitz wird ausgeklappt, die Verschlusszeit aber wegen Verwacklungsgefahr so kurz eingestellt, dass der Blitz zwar den Vordergrund ausreichend ausleuchtet, der Hintergrund aber viel zu dunkel wird.

Da die Landschaft im Hintergrund vom Blitz nicht erreicht werden kann, benötigen Sie also eine längere Verschlusszeit, was üblicherweise ein Stativ nötig macht. Die Kombination aus langer Verschlusszeit und Blitzlicht wird Langzeitsynchronisation genannt, und Sie können sie am besten im Kreativprogramm *Av* (Blendenvorwahl) oder im Motivprogramm für *Nachtaufnahmen* verwenden.

Blitzen mit Blendenvorwahl

Stellen Sie das Moduswahlrad auf *Av* und wählen Sie eine Blende, die für die gewünschte Aufnahme die entsprechende Schärfentiefe ergibt. Fotografieren Sie eine nächtliche Landschaft, wählen Sie für maximale Schärfentiefe kleine Blenden wie 8 oder 11, soll nur das Hauptmotiv in der Nähe scharf sein, verwenden Sie eine große Blendenöffnung von 2,8 bis 5,6. Klappen Sie dann den Blitz mit einem Druck auf die Taste links (von hinten gesehen) vom Objektiv auf.

Sobald Sie die Kamera auf das Motiv richten und den Auslöser nun halb durchdrücken, wird die für die Belichtung der gesamten Szene, also auch des Hintergrunds, notwenige Verschlusszeit automatisch ermittelt. Da die Verschlusszeit bei

Dunkelheit oder Dämmerung zu lang sein wird, um aus der Hand zu fotografieren, benötigen Sie ein Stativ. Der Hintergrund würde sonst verwackelt dargestellt.

Lösen Sie aus, belichtet der Blitz das Vordergrundmotiv, die lange Verschlusszeit sorgt dafür, dass auch die Umgebung wiedergegeben wird. Wegen der langen Verschlusszeit sollte die Person oder das Motiv im Vordergrund auch nach dem Blitz, der am Anfang der Belichtungszeit ausgelöst wird, noch eine Weile unbewegt bleiben, da sonst Unschärfen entstehen.

Mit dem Programm **Zeitautomatik** *bzw.* **Blendenvorwahl Av** *wird die für die Bildgestaltung (Schärfentiefe) notwendige Blende eingestellt, die Kamera sorgt durch die automatische Einstellung der Verschlusszeit und den automatischen Blitz für das Vordergrundmotiv für korrekte Belichtung. In der Dämmerung oder nachts ist hier ein Stativ Pflicht.*

Blitzen im Nachtmodus

Der Nachtmodus ist immer dann die beste Wahl, wenn Sie Personen im Vordergrund bei Nacht oder Dämmerung fotografieren möchten. Für Landschaften oder Gebäude ohne Vordergrundmotive, die außerhalb der Reichweite des Blitzes liegen, sollten Sie entweder auf eines der Kreativprogramme (*M, Av, P*) oder das Motivprogramm für Landschaften ausweichen. Im Modus für Nachtaufnahmen wählt die Kamera für ausgewogene Belichtung relativ lange Verschlusszeiten, sodass Sie mit Stativ oder zumindest mit auf irgendeine Weise fixierter Kamera arbeiten sollten.

Der Unterschied zum Fotografieren mit der Blendenvorwahl *Av* liegt darin, dass Sie die Blende nicht manuell vorwählen können, sich also auf die Entscheidung der Kamera verlassen müssen.

Im Nachtmodus wird der Blitz automatisch ausgeklappt, Sie müssen also nichts weiter tun, als die Kamera auf das Hauptmotiv zu richten, den Auslöser erst halb und nach dem automatischen Scharfstellen ganz durchzudrücken.

Vollkommen automatisch steuert die EOS 450D die Belichtung samt Blitz im Programm für Nachtaufnahmen. Weil längere Verschlusszeiten zu erwarten sind, sollten Sie auch hier mit Stativ oder abgestützter Kamera arbeiten.

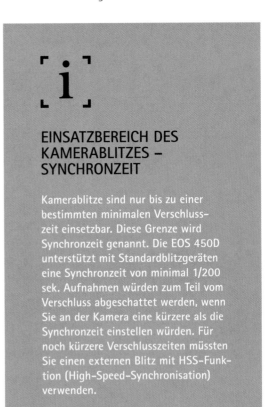

EINSATZBEREICH DES KAMERABLITZES – SYNCHRONZEIT

Kamerablitze sind nur bis zu einer bestimmten minimalen Verschlusszeit einsetzbar. Diese Grenze wird Synchronzeit genannt. Die EOS 450D unterstützt mit Standardblitzgeräten eine Synchronzeit von minimal 1/200 sek. Aufnahmen würden zum Teil vom Verschluss abgeschattet werden, wenn Sie an der Kamera eine kürzere als die Synchronzeit einstellen würden. Für noch kürzere Verschlusszeiten müssten Sie einen externen Blitz mit HSS-Funktion (High-Speed-Synchronisation) verwenden.

Blitzbelichtungsspeicherung einsetzen

Es gibt Situationen, in denen die automatische Blitzbelichtung nicht zufriedenstellend funktioniert, weil das Hauptmotiv nicht optimal ausgeleuchtet wird. Liegt das Motiv außerhalb der Mitte, belichtet die Kamera möglicherweise den Hintergrund richtig, das näher liegende Hauptmotiv wird aber überstrahlt, weil die Blitzleistung auf eine größere Entfernung abgestimmt war. Hier hilft die FE-Blitzbelichtungsspeicherung (FE – Flash Exposure), die über die *Stern*-Taste gesteuert wird. Der Ablauf ist ganz einfach.

[1] Klappen Sie den Blitz mit einem Druck auf die *Blitz*-Taste aus und stellen Sie ein Kreativ- oder Motivprogramm ein, bei dem der Blitz auch ausgelöst wird. Sie erkennen, ob der Blitz bei der Aufnahme ausgelöst wird, wenn im Sucher das Blitzsymbol aufblinkt. Taucht dieses Symbol nicht auf (z. B. im Motivprogramm *Sport*), gibt es keinen Blitz.

[2] Richten Sie anschließend die Kamera direkt auf das Hauptmotiv und drücken Sie den Auslöser halb durch, um zu fokussieren. Drücken Sie dann mit dem Daumen der rechten Hand die *Stern*-Taste. Ein Messblitz wird ausgelöst, und die Kamera speichert die für die korrekte Belichtung notwendige Blitzintensität.

Das klappt allerdings nur, wenn das Motiv nicht zu weit für den kleinen Kamerablitz entfernt ist. Ist das Motiv außerhalb der Blitzreichweite, blinkt das Blitzsymbol im Sucher. Sie können den Messblitz und die Ermittlung der Blitzleistung jederzeit vor dem endgültigen Auslösen wiederholen, wenn Sie näher an das Hauptmotiv herangehen.

[3] Richten Sie nach der Messung und Speicherung bei nach wie vor halb gedrücktem Auslöser die Kamera im Sinne der Bildgestaltung aus und drücken Sie den Auslöser schließlich ganz durch.

*Beim Fotografieren mit Blitz misst die Kamera durch einen Druck auf die **Stern**-Taste, wie hoch die Blitzleistung sein muss. Beim Auslösen wird dann die zuvor ermittelte Lichtmenge abgestrahlt.*

AUFNAHMEDATEN	
Brennweite	85 mm
Belichtung	1/250 sek
Blende	f16
Studioblitz	

*Bei Porträts mit Blitzlicht empfiehlt es sich, die Blitzleistung auf die Hauttöne abzustimmen und einen Messblitz mit der **Stern**-Taste auszulösen. Dabei muss mit der Kamera natürlich auf die Hautpartien „gezielt" werden.*

Die Blitztechnologie der EOS 450D

E-TTL – das ist die Blitztechnologie Ihrer Canon EOS 450D, die Sie beim Einsatz des integrierten Blitzes sowie externer Blitzgeräte perfekt unterstützt. E-TTL hat mittlerweile die zweite Version erreicht und heißt jetzt E-TTL II. Die aktuellen Blitzgeräte sind mit E-TTL II kompatibel. Die E-TTL-II-Blitzsteuerung berücksichtigt einerseits die Entfernung zum Hauptmotiv, auf das fokussiert wird, andererseits natürlich die Lichtsituation des Motivs, indem mehrere Messfelder für die Berechnung der abzustrahlenden Lichtmenge ausgewertet werden.

Die Kombination aus EOS 450D, einem aktuellen EF-S-Objektiv und einem E-TTL-II-Blitz lässt Sie mit fast hundertprozentiger Sicherheit auch in schwierigen Beleuchtungssituationen nicht im Stich. Und weil Sie mit Sicherheit irgendwann einmal vor einer Situation stehen, in der Sie sich mehr Licht wünschen, als der integrierte Blitz abzustrahlen in der Lage ist, erhalten Sie im Folgenden eine Auflistung der aktuellen Canon-Blitze für verschiedene Motivbereiche.

⌈ i ⌋

BLITZE VON FREMDHERSTELLERN

Hersteller wie Metz und Sigma bauen Blitzgeräte, die mit verschiedenen Kameramodellen kompatibel sind. Vor allem die Blitzgeräte des deutschen Herstellers Metz haben einen hervorragenden Ruf, der sich vor allem darauf gründet, dass Metz immer schnell und zuverlässig auf neue Kameramodelle reagiert und entsprechend angepasste Blitzgeräte anbietet. Obwohl die Blitze meist günstiger sind als die Originalblitze, haben sie oft die gleichen Leistungsmerkmale. Ein Blick über den Tellerrand ist hier also absolut zu empfehlen. Und sollte Ihr Metz-Blitz mal ein Update brauchen, weil Sie eine neue Kamera benötigen, klappt das völlig unbürokratisch und heute mit USB-Schnittstellen fast schon automatisch.

Externe Blitzgeräte sind immer dann notwendig, wenn die Leistung des Kamerablitzes nicht ausreicht oder für bestimmte Situationen spezielle Funktionen notwendig sind. Ein externer Blitz mit schwenkbarem Kopf kann z. B. zum indirekten Blitzen eingesetzt werden. Dabei wird der Blitz gegen die Decke (oder die Wand) gerichtet und das Blitzlicht durch die Streuung weicher gemacht. Es entstehen dabei keine so kräftigen Schatten, als würde man frontal blitzen.

BLITZGERÄT UND WEISSABGLEICH

Blitzlicht hat eine ganz bestimmte Farbtemperatur, die Sie beim Einstellen des Weißabgleichs berücksichtigen sollten. Wählen Sie die Voreinstellung für Blitzlicht, um farblich neutrale Bilder zu erhalten. Arbeiten Sie mit einem der aktuellen EX-Blitzgeräte von Canon, erhält die Kamera vom Blitz sogar Informationen zur Farbtemperatur, und Sie müssen sich beim Fotografieren in der Vollautomatik keine Gedanken mehr über den Weißabgleich machen.

Zusatzblitzgeräte nachrüsten

Sie können Ihre EOS 450D natürlich auch mit einem externen Zusatzblitzgerät aufrüsten, das auf den Blitzschuh gesteckt wird. Diese bieten mehr Leistung und teilweise zusätzliche Funktionen für noch kreativeres Blitzen. Neben den Canon-Blitzen gibt es auch einige Blitze von Fremdherstellern wie Metz oder Sigma, die sich auf den Blitzschuh stecken lassen und praktisch ebenso gut mit der Kamera kommunizieren. Welche Funktionen Ihr externes Blitzgerät beherrscht, erfahren Sie aus dem jeweiligen Handbuch.

Aufsteckblitze für Standardsituationen

Canon bietet zurzeit drei Aufsteckblitze für Standardsituationen an, die deutlich unterschiedlich ausgestattet sind. Allen drei gemeinsam ist, dass sie auf den Zubehörschuh oben auf dem Kamerabody aufgesteckt werden. Über die im Zubehörschuh angebrachten Kontakte kommunizieren die Blitze mit der Kamerasoftware. Je nach Aufnahmeprogramm laufen Blitzbelichtungen vollkommen automatisch ab. Sie haben jedoch immer die Möglichkeit, die Blitzleistung über die Blitzbelichtungskorrektur der Kamera zu beeinflussen und die Lichtmenge je nach Motiv zu erhöhen oder zu verringern.

Auch können Sie die Blitze im manuellen Modus verwenden, bei dem die Leistung des Blitzes in Teilschritten bis zur vollen Leistung abgestrahlt wird. Hierbei wird einfach die von Ihnen eingestellte Lichtmenge abgestrahlt, ohne dass E-TTL zum Einsatz käme und die Beschaffenheit des Motivs berücksichtigt würde. Im Folgenden werden die Blitze in der Reihenfolge ihrer Leistungsfähigkeit (und ihres Preises) vorgestellt.

Canon Speedlite 220EX

Reicht die Leitzahl des integrierten Kamerablitzes nicht aus, benötigt man ein Blitzgerät zum Aufstecken auf den Blitzschuh. Die leistungsschwächste Variante heißt Canon Speedlite 220EX. Die Leitzahl des kleinen Aufsteckblitzes beträgt 22 (ISO 100/21°). Der Blitz ist E-TTL-kompatibel (nicht E-TTL II). Der Kopf ist weder schwenk- noch kippbar, indirektes Blitzen ist also nicht möglich. Dafür bietet er aber die Möglichkeit der Kurzzeitsynchronisation, wodurch Blitzen auch bei kürzeren Verschlusszeiten als der Synchronzeit der Kamera möglich ist.

Canon Speedlite 220EX, Canon Speedlite 430EX (Vorder- und Rückseite)

Canon Speedlite 430EX

Das Speedlite 430EX ist das aktuelle Canon-Blitzgerät, das vermutlich die meisten EOS 450D-Fotografen ansprechen dürfte. Es hat eine Leitzahl von 43 (ISO 100/21°), einen dreh- und schwenkbaren Blitzkopf und kann somit auch für indirektes Blitzen eingesetzt werden. Das 430EX passt sich eingestellten Brennweiten von 14 bis 105 mm durch einen automatischen Zoomreflektor an und gibt außerdem seine Farbtemperaturwerte an die Kamera für einen besseren automatischen Weißabgleich weiter. Dadurch werden die Motivfarben exakter wiedergegeben. Außerdem

Hier sieht man am Rand des Fotos einen dunklen Streifen. Es ist der Schatten, den der Kameraverschluss auf den Sensor geworfen hat. Der Verschluss war noch nicht ganz geöffnet, als der Blitz abgefeuert wurde. Die Synchronzeit der Kamera betrug hier 1/250 sek, fotografiert wurde mit 1/320 sek.

⌈ i ⌉ KURZZEITSYNCHRONISATION

Das ist immer dann hilfreich, wenn man in hellem Sonnenlicht Personen fotografiert und die Schatten aufhellen möchte. Fotografiert man Porträts mit großer Blendenöffnung (für einen unscharfen Hintergrund) bei viel Umgebungslicht, muss die Verschlusszeit sehr kurz sein. Um den Blitz, der in der Regel nur bis ca. 1/250 sek (je nach Kamera verschieden) synchronisierbar ist, trotzdem zum Aufhellen verwenden zu können, muss er im Modus *Kurzzeitsynchronisation* betrieben werden. Würden Sie ihn im normalen Blitzmodus mit kürzerer als der Kamerasynchronzeit einsetzen, würden im Bild dunkle Abschattungen an den Rändern auftauchen. Man würde den Schatten der Lamellen des Schlitzverschlusses sehen, weil diese Lamellen noch nicht ganz aus dem Blickfeld verschwunden wären.

unterstützt der 430EX die *AF*-Hilfslicht-Funktion der Kamera, die Kurzzeitsynchronisation sowie die aktuelle E-TTL-II-Technologie. Er liegt preislich zwischen den beiden Blitzen Speedlite 220EX und 580EX II.

Canon Speedlite 580EX II

Profis und Leute, die es sich leisten können, finden im 580EX II das beste Blitzgerät, das Canon zu bieten hat. Mit der Leitzahl 58 (ISO 100/21°), einem automatischen Zoombereich bis zu 105 mm (14 mm mit Weitwinkelstreuscheibe) und der Möglichkeit, als Master-Blitz weitere Speedlites fernzusteuern, ist es perfekt geeignet für alle, die viel Leistung beim Blitzen benötigen. Farbtemperaturdaten werden zwischen Blitz und Kamera für exakteren Weißabgleich ausgetauscht, die E-TTL-II-Blitzsteuerung berücksichtigt die

Zwei Fotos, zwei Blitztechniken: Man erkennt deutlich den Unterschied in der Modulation der Schatten. Der frontale Blitz sorgt für harte Schatten rechts hinter dem Motiv, der nach oben geschwenkte Blitz macht die Schatten weicher, und das Motiv ist viel ausgewogener belichtet. Während beim direkten Blitzen vorn die Farben ausbleichen, bleiben sie beim indirekten Blitzen homogen.

Entfernungsdaten, die vom Objektiv an die Kamera weitergegeben werden. Bei Bedarf sendet das 580EX II ein (über Customfunktion abschaltbares) *AF*-Hilfslicht für schnelleren und exakten Autofokus aus. Man kann mit dem Blitzgerät Stroboskopblitze erzeugen, um Bewegungsabläufe festzuhalten; auch die Kurzzeitsynchronisation auf extrem kurze Verschlusszeiten ist kein Problem. Der Blitzkopf ist dreh- und schwenkbar, als Zubehör gibt es unter anderem ein Kompaktbatterieteil für acht zusätzliche Batterien des Typs AA.

Mit dem Stroboskopblitz lassen sich relativ einfach Bewegungsabläufe festhalten. Diese interessante Funktion, die nur Profiblitzgeräte bieten, hat allerdings auch ihren Preis.

Blitzgeräte für Nah- und Makrofotografie

Speziell für Freunde der Nahfotografie hat Canon zwei Makroblitzgeräte im Programm. Sie unterscheiden sich vor allem durch die Flexibilität, mit der sie eingesetzt werden können. Das Makrodoppelblitzgerät MT-24EX besitzt zwei frei positionierbare Blitzköpfe, das MR-14EX ist ein Ringblitz mit niedrigerer Leistung.

Canon MT-24EX

Der MT-24EX ist ein Doppelblitz für die Makrofotografie, der mit allen Canon-Makroobjektiven verwendet werden kann. Die Blitzreflektoren werden vorn am Objektiv angebracht. Sie sind mit einer auf den Blitzschuh aufgesteckten Steuereinheit verbunden. Die Leitzahl beträgt 24 (ISO 100/21°). Beide Blitzköpfe sind vertikal und horizontal verstellbar, die Leistung der Blitzröhren lässt sich unabhängig voneinander regulieren, wodurch schöne Licht-Schatten-Effekte in der Makrofotografie möglich sind.

Canon MR-14EX

Der MR-14EX ist ein Ringblitz mit der Leitzahl 14 (ISO 100/21°). E kann sowohl mit Makroobjektiven als auch mit dem Lupenobjektiv Canon MP-E 65

mm eingesetzt werden. Der Blitz unterstützt die E-TTL-Technologie, wodurch automatisches Blitzen relativ zuverlässig funktioniert. Natürlich kann der MR-14EX auch manuell gesteuert werden.

Canon MR-14EX

Canon MT-24EX

AUFNAHMEDATEN	
Brennweite	500 mm
Belichtung	1/250 sek
Blende	f11
Makroblitz	

Makromotive erhalten mit einem gut positionierten Blitz mehr Plastizität. Außerdem leuchten die Farben durch das zusätzliche Blitzlicht kräftiger.

7

OBJEKTIVE FÜR DIE EOS 450D

7

Objektive für die EOS 450D

Canons Objektivprogramm ist mit rund 60 Linsen mittlerweile riesig, die Anzahl an Optiken speziell für den EF-S-Anschluss ist jedoch noch überschaubar.

[7] Objektive für die EOS 450D

Wer die Canon EOS 450D kauft, hat die Wahl zwischen dem Kauf des Bodys ohne Objektiv oder einem Set, das aus Kamera und Linse besteht. Üblicherweise wird die 450D mit dem EF-S 18-55 IS angeboten. Das Allround-Zoomobjektiv wird der Leistungsfähigkeit der Kamera absolut gerecht. Allerdings ist es natürlich nicht für jede Aufgabe gleichermaßen geeignet, deshalb sollte der engagierte Fotograf durchaus noch einen oder zwei Blicke auf das weitere Objektivprogramm von Canon werfen. Und damit Sie nicht erst die gesamte Canon-Webseite durchforsten oder Kataloge wälzen müssen, finden Sie die interessantesten Objektive, die für die Canon EOS 450D geeignet sind, auf den folgenden Seiten.

■ Auf die große Anzahl an Objektiven von Fremdherstellern wie Sigma, Tamron, Tokina etc. wird am Ende des Kapitels nur kurz eingegangen, da der Autor nicht immer positive Erfahrungen mit Fremdoptiken gemacht hat und hier keine generellen Empfehlungen aussprechen möchte. Trotzdem ein Rat: Wenn Sie mit dem Gedanken spielen, ein Objektiv eines Fremdherstellers zu kaufen, probieren Sie es auf jeden Fall intensiv aus, um sich einen Eindruck über Verarbeitung, Abbildungsqualität und Handling verschaffen zu können. Da auch nicht alle Canon-Objektive immer gleich gut sind und bestimmten Fertigungstoleranzen unterliegen, gilt der Rat, Objektive vor dem Kauf zu testen, gleichermaßen für die Originaloptiken.

USM

Canon nennt seine Technologie für schnelles und leises Fokussieren USM (Ultra-Schall-Motor). Hat ein Objektiv die Bezeichnung USM im Namen, können Sie davon ausgehen, dass das Scharfstellen deutlich schneller und leiser vonstatten geht als bei Standardobjektiven.

Ein Motiv, neun verschiedene Brennweiten: Die Dorfansicht wurde mit den Brennweiten 17 mm, 35 mm, 50 mm, 70 mm, 100 mm, 135 mm, 200 mm, 400 mm und 800 mm aufgenommen. Es wurde mit Blenden zwischen f8 und f5,6 sowie mit Belichtungszeiten von 1/1250 sek bis 1/250 sek gearbeitet.

EF/EF-S

Analoge Autofokuskameras von Canon haben ebenso wie die Vollformatdigitalen das EF-Bajonett (roter Punkt) zum Anschluss von Objektiven. Mit der Einführung der EOS 300D hat Canon den Anschluss neu definiert und auf die Bedürfnisse der im Vergleich zum Kleinbildfilm kleineren Sensorgröße zugeschnitten. Objektive, die die Bezeichnung EF-S tragen, sind ausschließlich für den Gebrauch an digitalen Spiegelreflexkameras vorgesehen, die den kleinen CMOS mit Crop-Faktor 1,6 und das EF-S-Bajonett (weißes Quadrat) haben.

IS

IS bedeutet Image Stabilizer, zu Deutsch Bildstabilisator. Die IS-Technologie ist in manche Canon-Objektive eingebaut und dient als Verwacklungsschutz. Man kann also auch bei wenig Licht in gewissem Rahmen (ca. zwei bis drei Blendenstufen) noch ohne Stativ fotografieren, ohne dass die Bilder verwackeln.

Zoomobjektive für jede Brennweite

Wer keine Lust auf ständige Objektivwechsel hat, ist mit einem Zoomobjektiv bestens bedient. Sowohl für das EF- als auch für das EF-S-Bajonett gibt es für jeden Brennweitenbereich von Weitwinkel über Standard bis Tele das passende Objektiv. Ein Nachteil, der Zoomobjektiven häufig nachgesagt wird, ist deren im Vergleich zu Festbrennweiten schlechtere Abbildungsqualität. Während Festbrennweiten wenig mit Verzeichnung (kissen- oder tonnenförmig), abfallender Helligkeit in den Bildecken (Vignettierung) und schlechterer Schärfeleistung zu den Bildrändern hin zu kämpfen haben, fallen diese Objektivfehler bei Zoomobjektiven deutlicher ins Gewicht. Allerdings ist auch hier der technische Fortschritt merkbar (und messbar), sodass Sie eigentlich bedenkenlos bei den Canon-Zooms zugreifen können. Für Schnappschüsse im Urlaub, auf Partys oder einfach so in der Freizeit ist ein Zoomobjek-

tiv immer die beste Wahl, weil man die Brennweiten schnell wechseln kann. Wenn es auf perfekte Bildqualität ankommt (Studioporträts, Stillleben, Architektur, Natur- und Tieraufnahmen), sollte es dann eher eine Festbrennweite sein.

EF-S 10-22 1:3.5-4.5 USM

Wer es in der Fotografie gern extrem mag, sollte einen Blick auf das EF-S 10-22 werfen. Mit dieser Optik erhält man extreme Weitwinkelansichten, die bei den SLRs mit Crop-Faktor 1,6 sonst nur schwer zu erreichen sind. Mit der effektiven Brennweite von 17 bis 35 mm ist man für jede Innenraumreportage, Architekturaufnahme und für weitläufige Landschaften perfekt gerüstet.

EF 16-35 1:2.8L USM

Ein Weitwinkelzoom der professionellen L-Serie, das mit seiner hohen Lichtstärke von 1:2.8 perfekt für Reportagen und Innenraumaufnahmen geeignet ist. Es ist spritzwassergeschützt und robust verarbeitet. Die Bildqualität ist top.

VERLÄNGERUNGSFAKTOR

Eine kleine Umstellung sollten Sie einkalkulieren, wenn Sie Ihre analoge gegen eine digitale Spiegelreflexkamera eintauschen. Da die Fläche eines Aufnahmesensors bei den meisten Kameras kleiner ist als die Fläche eines Kleinbildnegativs bzw. -dias, verändert sich bei gleicher Brennweite der Bildausschnitt, den Sie im Sucher einer digitalen Spiegelreflexkamera im Vergleich zum analogen Pendant sehen. Die Kamerahersteller geben deshalb einen Verlängerungsfaktor an, der ausdrückt, wie sich der Bildausschnitt einer bestimmten Brennweite im Vergleich zu einer analogen Kamera verändert. Für die aktuelle Canon EOS 450D wird zum Beispiel ein Verlängerungsfaktor von 1,6 angegeben, bei der Nikon D40X liegt der Faktor bei 1,5. Das bedeutet, ein 50-mm-Objektiv zeigt im Vergleich zur analogen Kamera bei den digitalen SLRs ungefähr den Bildausschnitt eines 80-mm-Objektivs. Aufgrund dieses Verlängerungsfaktors behaupten manche Geschäftsleute in ihren Onlineauktionen, dass Sie beim Erwerb eines Teleobjektivs – nehmen wir an, es sei ein 300-mm-Tele – bei der Verwendung an einer digitalen Spiegelreflexkamera plötzlich ein viel stärkeres Tele – beim Beispiel der EOS 450D ein 480-mm-Objektiv (300 x 1,6) – erhielten. Dies ist schlicht Unsinn. Der Vergrößerungsfaktor zur Abbildung eines weit entfernten Motivs bleibt natürlich gleich, lediglich der Bildausschnitt wird kleiner. Im Grunde genommen verlieren Sie also durch die Verwendung eines Objektivs an einer digitalen Spiegelreflexkamera sogar einiges an Bildinformationen am Rand, was übrigens bei Objektiven, die mit Abschattungen im Randbereich zu kämpfen haben, kein großer Nachteil sein muss, da der Sensor die schlechter abgebildeten Ränder gar nicht erst erfasst.

EF 17-40 1:4L USM

Ein relativ günstiges und weit verbreitetes Weitwinkelzoom aus der L-Serie. Es ist nicht ganz so lichtstark wie das 16-35er, dafür aber auch deutlich günstiger. Die Abbildungsqualität ist sehr gut, wenn auch in den Bildecken bei 17 mm deutliche Verzeichnung und Unschärfen zu sehen sind. Wird es an einer Digital-SLR mit APS-C-Sensor eingesetzt (Crop-Faktor 1,6), sind die Schwächen in den Bildecken vernachlässigbar.

AUFNAHMEDATEN	
Brennweite	17 mm
Belichtung	1/100 sek
Blende	f4
ISO	800
Raumbelechutng	

Man kann Porträts durchaus auch mal mit extremem Weitwinkel aufnehmen. Dieses überspitzte Businessporträt wurde mit dem 17-40 1:4 in 17-mm-Stellung aufgenommen.

EF-S 18-55 1:3.5-5.6 IS

Ein echter Allrounder im Canon-Objektivprogramm, der für die EOS 450D geeignet ist, ist das EF-S 18-55 1:3.5-5.6 IS. Allerdings ist dieses Objektiv vor allem ein Einsteigerangebot, da es einen relativ kurzen Brennweitenbereich hat und nicht mit USM ausgestattet ist. Wer jedoch ein preiswertes, aber qualitativ ansprechendes Objektiv für den täglichen Einsatz sucht, ist hier genau richtig. Die effektive Brennweite beträgt 29 bis 88 mm, ist also sowohl für Landschaften als auch für Porträts selbst bei schlechten Lichtverhältnissen vollkommen ausreichend. Achtung! Nicht verwechseln mit dem immer noch angebotenen 18-55 II ohne IS. Lieber die aktuelle Variante des Objektivs mit IS kaufen.

EF-S 17-85 1:4-5.6 IS USM

Das EF-S 17-85 ist mit f1:4-5.6 zwar nicht besonders lichtstark, hat aber einen Bildstabilisator, wodurch rund drei Blendenstufen gewonnen werden. Damit kann man das Zoomobjektiv also auch durchaus in der Available-Light-Fotografie einsetzen, ohne Gefahr zu laufen, dass die Aufnahmen verwackeln. Besonders bei bewegten Motiven und reportageartigen Aufnahmen interessant: Der ringförmige USM-Motor, der für schnelle und nahezu lautlose Fokussierung sorgt. Mit der effektiven Brennweite von 27 bis 136 mm in Bezug auf das Kleinbildformat stellt das EF-S 17-85 ein ausgezeichnetes Allround-Objektiv für Ausflüge und auf Reisen dar. Außerdem erübrigt sich mit diesem Zoomobjektiv aufgrund des weiten Brennweitenbereichs der ständige Objektivwechsel, was vor Staub im Kameragehäuse schützt. Eine Gegenlichtblende ist nicht im Lieferumfang, der Fachhandel hilft hier weiter.

EF-S 17-55 1:2.8 IS USM

Richtig lichtstark, dazu noch mit Bildstabilisator und USM ausgestattet, ist das EF-S 17-55 1:2.8 IS USM, der professionelle große Bruder des zuvor vorgestellten EF-S 18-55. Die Lichtstärke genügt in Kombination mit dem Bildstabilisator, der rund drei Blenden bringt, selbst hohen Ansprüchen in der Reportagefotografie. Die effektive Brennweite beträgt 27 bis 88 mm. Aufgrund der professionellen Ausstattung ist es natürlich deutlich teurer als das 18-55er-Pendant, liefert dafür aber auch noch bessere Bildqualität durch den Einsatz von UD- und asphärischen Linsen.

EF 20–35 1:3.5–4.5 USM

Ein recht günstiges Allround-Weitwinkelzoom mit variabler Lichtstärke, das jedoch über einen schnellen Ultraschallmotor (USM) zum Fokussieren verfügt. Für Zeitungsreporter, die oft Gruppenaufnahmen in beengten Räumlichkeiten machen müssen, eine preiswerte Alternative zu den lichtstarken L-Objektiven. Wenn man die Empfindlichkeit der Kamera bis zu ISO 1600 oder 3200 ausreizt und mit dem Bildrauschen leben kann, kann man auch ohne Blitz fotografieren.

EF 24–85 1:3.5–4.5 USM

Ein günstigeres Standardzoom mit großem Brennweitenbereich. Ideal für unterwegs, wenn man nur ein Objektiv mitnehmen möchte. An einer APS-C-Kamera (Crop-Faktor 1,6) erhält man ein ordentliches 39-136-mm-Objektiv, das praktisch jeder Situation gewachsen ist. Allerdings kann der Weitwinkelbereich schon zu eingeschränkt sein, wenn „viel aufs Bild muss".

EF 24–105 1:4L IS USM

Ein hervorragendes Zoomobjektiv in L-Serien-qualität für den ambitionierten Fotografen und für Profis. Der Brennweitenbereich ist toll, die Lichtstärke mit 1:4 zwar nicht extrem, aber durch den Bildstabilisator (IS) gewinnt man bis zu drei Blendenstufen. Ein Spitzenobjektiv im Reportageeinsatz oder als Allrounder für unterwegs.

EF 24–70 1:2.8L USM

Das professionelle Standardzoom mit Lichtstärke 1:2.8 wird häufig von Fotografen eingesetzt, die mit einer Vollformatkamera (5D, 1D, 1Ds) arbeiten. Hier ist die Weitwinkelbrennweite noch sehr gut für Innenraumaufnahmen und Landschaften zu gebrauchen. An einer APS-C-Kamera erhöht sich der Brennweitenbereich auf ca. 39 bis 112 mm, was das Objektiv hier zum Standardzoom werden lässt. Topleistung, die ihren Preis hat.

EF 28-90 1:4-5.6 III

Das 28-90 hat mittlerweile die dritte Generation erreicht, was für die Beliebtheit des Objektivs spricht. Ein Standardzoom für den Amateur, dem die 90 mm (bei Crop-Faktor 1,6–144 mm) als längste Telebrennweite genügen. Man sollte keine herausragende Bildqualität erwarten, für Urlaubs- und Freizeitschnappschüsse ist das Objektiv dennoch perfekt geeignet.

EF 28-105 1:4-5.6 USM

Soll es etwas günstiger sein als beim 28-105 1:3.5-4.5 II USM? Und können Sie auf die bessere Lichtstärke verzichten? Dann kommt das 28-105 1:4-5.6 für Sie infrage. Dieses Objektiv gibt es in zwei Versionen, einmal mit USM, einmal ohne. Die USM-Version ist natürlich etwas teurer, dafür aber auch schneller und leiser beim Fokussieren.

EF 28-135 1:3.5-5.6 IS USM

Hier wird noch mal eins draufgelegt, indem der Brennweitenbereich um weitere 30 mm erweitert wird. Und weil 135 mm aus der Hand oft nicht mehr verwacklungsfrei zu fotografieren sind, hat das 28-135 einen Bildstabilisator. Dieser und der USM-Antrieb machen das Objektiv zwar teurer, dafür bekommt man aber auch eine nahezu professionelle Optik, die man aufgrund des langen Brennweitenbereichs fast immer an der Kamera angeschraubt lassen kann.

EF 28-105 1:3.5-4.5 II USM

Das 28-105 in zweiter Version hat eine für den langen Brennweitenbereich sehr gute Lichtstärke, außerdem sorgt ein Ultraschallmotor (USM) für schnelle und lautlose Fokussierung. Ein guter Allrounder für unterwegs.

EF 28–200 1:3.5–5.6 USM

Wer es besonders bequem mag und wirklich nur ein einziges Objektiv dabeihaben möchte, sollte sich das 28-200er mal ansehen. Die Bildqualität ist konstruktionsbedingt natürlich nicht mit kurzen Zooms oder Festbrennweiten vergleichbar. Das Objektiv liefert trotzdem ansprechende Bilder, wenn man vor allem Schnappschüsse macht und auf das letzte bisschen Schärfe keinen allzu großen Wert legt. Ein ideales Reiseobjektiv für den Amateur.

EF 55–200 1:4.5–5.6 II USM

Hier kommt ein Standardzoom, das als perfekte Ergänzung für ein Weitwinkelzoom (z. B. 17-55) gelten kann. Der Brennweitenbereich von 55 bis 200 mm deckt alles vom moderaten bis zum langen Tele ab. Die Bildqualität ist sehr gut, die Lichtstärke normal, dafür aber mit USM-Antrieb für schnelles und leises Fokussieren.

EF 28–300 1:3.5–5.6L IS USM

Geht ein Profi auf Reisen und möchte er nur ein Objektiv dabeihaben (oder zumindest ein Zoom), greift er möglicherweise zum 28-300 der L-Serie. Die Qualität ist für den extrem langen Brennweitenbereich toll, hat jedoch auch ihren Preis. Mit Bildstabilisator und USM.

EF-S 55–250 1:4–5.6 IS

Wenn Porträts und Telemotive wie z. B. Tier- und Naturaufnahmen Ihr Faible sind, muss das EF-S 55-250 1:4-5.6 IS in Ihre Fototasche. Das mit einem Bildstabilisator (wichtig besonders für die Telebrennweite) ausgestattete Objektiv hat eine effektive Brennweite im Vergleich zum Kleinbildformat von 88 bis 400 mm, was jeden Besuch im Tierpark zum echten Fotogenuss werden lässt. Zwar ist die Optik mit der relativ geringen Lichtstärke nicht vergleichbar mit den professionellen L-Teleobjektiven mit Festbrennweite, die Bildqualität genügt trotzdem auch gehobenen Ansprüchen im Amateurbereich. In Kombination entweder mit dem 17-55 2.8 oder dem 18-55 4-5.6 wird praktisch der gesamte Brennweitenbereich abgedeckt, den man im Alltag benötigt.

Mit zwei Objektiven sind Sie also für fast jede Eventualität bestens gerüstet.

wegen der Lichtstärke von 1:4 besonders an, um auch in schwierigen Situationen noch ohne Stativ fotografieren zu können.

EF 70–200 1:2.8L USM

Eines der besten Telezooms für den professionellen Einsatz mit einer tollen Lichtstärke von 1:2,8. Die beiden Varianten mit und ohne Bildstabilisator bieten gleichermaßen hervorragende Bildqualität. Die Version ohne IS ist nur noch selten zu bekommen, gebraucht aber oft ein echtes Schnäppchen. Der Brennweitenbereich von 70 bis 200 mm ist ideal, wenn man nicht nah genug an seine Motive herankommen kann, um mit Normalbrennweite oder Weitwinkel zu schießen.

EF 70–300 1:4–5.6 IS USM

Das Supertelezoom mit einem Brennweitenbereich von 70 bis 300 mm ist ein idealer Reisebegleiter, wenn man zusätzlich ein Objektiv für den Bereich von ca. 28 bis 70 mm dabeihat. Vor allem im langen Telebereich leistet der Bildstabilisator hervorragende Dienste. Wer bei der Bildqualität noch eins drauflegen will, greift zur Variante mit DO-Beugungsglied. Durch das DO-Glied wird die Konstruktion noch leichter und die Abbildungsfehler noch besser beseitigt. Allerdings geht auch der Preis dadurch ziemlich in die Höhe.

EF 70–200 1:4L USM

Die etwas lichtschwächere Version der 70-200 1:2.8 ist deutlich günstiger, trotzdem genügt sie noch immer höchsten professionellen Ansprüchen. Die Variante mit Bildstabilisator bietet sich

EF 75-300 1:4-5.6 III USM

Das 75-300 1:4-5.6 III gibt es in zwei Versionen: mit und ohne USM. Obwohl die USM-Version etwas teurer ist, lohnt sich der Mehrpreis gerade bei bewegten und Schnappschussmotiven, da der Autofokus deutlich schneller arbeitet. Die Bildqualität ist in Ordnung, für professionelle Arbeiten jedoch nicht ausreichend.

EF 90-300 1:4-5,6 III USM

Das Amateurobjektiv wurde noch an die Anforderungen der analogen EOS-Kameras (300V) angepasst. Grundsätzlich kann man es zwar auch an digitalen SLRs verwenden, man sollte sich dann jedoch auf jeden Fall für die USM-Version entscheiden. Diese ist deutlich schneller und leiser beim Fokussieren. Die optische Qualität ist in Ordnung, beim genauen Hinsehen aber nicht mit neueren Objektiven und besseren Linsensystemen vergleichbar.

EF 100-300 1:4.5-5.6 USM

Das 100-300er ist ein relativ kompaktes, leichtes Telezoom mit recht ordentlicher optischer Leistung. Für digitale SLRs ist es nur bedingt geeignet, weil das Linsensystem noch nicht auf die höheren Ansprüche eines digitalen Sensors zugeschnitten ist. Der Tubus fährt beim Ändern der Brennweite in den Telebereich ziemlich weit aus. Allerdings dreht sich die Frontlinse beim Fokussieren nicht mit, was beim Einsatz von Polfiltern oder anderen drehbaren Filtern sehr nützlich ist.

EF 100-400 1:4.5-5.6L IS USM

Eine beliebte Optik bei Profis und Amateuren, die auf bessere Qualität Wert legen. Das Objektiv ist für seine L-Serienqualität noch relativ preiswert und bietet einen hervorragenden Brennweitenbereich. An einer APS-C-Kamera (30D, 450D, 400D, 450D etc.) ergeben sich Brennweiten von 160 bis 540 mm. Das 100-400er ist spritzwasser- und staubgeschützt, sodass man auch mal beim Speedway oder bei einem Reitturnier nah ans Geschehen herangehen kann, wenn auch die Kamera solche Einsätze mitmacht.

Festbrennweiten – ohne Kompromiss

Bis auf das 60-mm-Makroobjektiv sind alle EF-S-Objektive als Zoomoptiken ausgelegt. Festbrennweiten gibt es nur als EF-Variante, also für das Kleinbildformat gerechnet. Da Festbrennweiten in der Regel bessere Bildqualität liefern als Zooms, weil hier keine an den Brennweitenbereich geschuldeten Kompromisse in der Konstruktion eingegangen werden müssen, sollten Sie sich für manche Aufgaben durchaus auch bei den entsprechenden Objektiven umsehen.

Die Einsatzgebiete für Festbrennweiten beginnen bei Landschaft und Architektur (z. B. EF 20 1.8, EF 28 1.8 oder 2.8), gehen weiter über die Porträtfotografie mit mittleren Telebrennweiten (z. B. EF 85 1.8 USM oder EF 135 2.0 L USM) bis zur Naturfotografie, die extrem lange Brennweiten mit hoher Lichtstärke benötigt. Beachten Sie jedoch immer, dass Sie bei der Verwendung einer Festbrennweite an einer Digitalkamera mit APS-C-Sensor die Brennweite mit dem Faktor 1,6 multiplizieren müssen. Aus einem 20-mm-Superweitwinkel wird ein 32-mm-Objektiv, aus einem 85er-Porträtobjektiv wird ein Objektiv, das den Bildwinkel eines 135-mm-Objektivs hat.

EF 14 1:2.8L USM

Ein 14-mm-Superweitwinkelobjektiv für Innenraumreportagen bei wenig Platz und für die kreative Fotografie mit extremen Perspektiven. Die hohe Lichtstärke ist vor allem für professionelle Reportagefotografen interessant, wenn nicht geblitzt werden kann oder darf. Den Profianspruch unterstreicht auch das L im Namen des Objektivs. Optiken der L-Serie werden speziell für

15 mm Fisheye-Objektiv, f11 bzw. f16, 1/60 bis 1/1000 s
Mit einem Fisheye-Objektiv lassen sich mitunter extrem dynamische Fotos gestalten. Die gebogenen Linien an den Bildrändern sind typisch für diese Objektive. Platziert man die wichtigen Motivlinien in der Bildmitte, fällt der Effekt mitunter kaum ins Gewicht.

Profis gebaut. Sie sind spritzwassergeschützt, robuster und genügen noch höheren Qualitätsansprüchen, haben allerdings auch ihren Preis.

EF 15 1:2.8 Fisheye

An einer Vollformatkamera (1Ds, 5D etc.) ein Objektiv mit einem Blickwinkel von 180°. Das ergibt extreme Perspektiven mit gebogenen Linien (Verzeichnung). Vor allem für Experimente und Architekturaufnahmen interessant. An einer Digitalkamera mit APS-C-Sensor ist die Perspektive nicht ganz so dramatisch, die Verzeichnung trotzdem noch sichtbar.

EF 20 1:2.8 USM

Ähnlich wie das 14-mm-Objektiv, jedoch mit einer Brennweite von 20 mm. Wem die Brennweite genügt, der findet hier ein recht günstiges Objektiv mit hervorragender Abbildungsleistung. Für Architekturfreaks und Freunde von Landschaftsaufnahmen gleichermaßen geeignet.

EF 24 1:1.4L USM

Ein Weitwinkelobjektiv mit USM-Antrieb für schnelle und lautlose Fokussierung mit extremer Lichtstärke. Das Objektiv hilft bei Aufnahmen in schlecht beleuchteter Umgebung. Als L-Serien-Vertreter ist es ebenfalls an die Bedürfnisse von Profis angepasst und dementsprechend teuer. Im Amateurbereich ist das 24er mit der Lichtstärke von 1:2.8 interessanter.

EF 24 1:2.8

Architektur, Landschaft, Innenraumaufnahmen – das sind die Anwendungsgebiete für das 24 1:2.8. Es besitzt keinen USM-Antrieb, ist daher beim Fokussieren etwas langsam und ein wenig lauter als das L-Serien-Pendant. Preislich ist es jedoch sehr interessant, weil auch die Abbildungsqualität hohen Ansprüchen genügt.

EF 28 1:1.8 USM

Ein für die tolle Lichtstärke sehr preiswertes Objektiv für den Weitwinkelbereich. Wer mit einer APS-C-Kamera fotografiert (z. B. EOS 400D, EOS 450D etc.), erhält durch den Brennweitenverlängerungsfaktor von 1,6 ein tolles Normalobjektiv mit umgerechnet ca. 45 mm Brennweite. Der Ring-USM stellt schnell und leise scharf, die optische Qualität ist ausgezeichnet.

EF 28 1:2.8

Gleiche optische Wirkung bei noch etwas besserer Abbildungsqualität wie das lichtstärkere Modell, jedoch deutlich preiswerter ist das 28 2.8. Ein echtes Schnäppchen, wenn man mit der Lichtstärke von 1:2.8 auskommt. Kleines Manko: Das Objektiv fokussiert langsam und relativ geräuschvoll.

EF 35 1:1.4L USM

Das EF 35 1.4 L USM ist ein professionelles (und teures) Weitwinkelobjektiv vor allem für den Reportageeinsatz. Wer Landschaften fotografiert, wird vermutlich eher zu einer kürzeren Brennweite greifen. Auch für die Architektur ist es nur bedingt geeignet, da durch die hohe Lichtstärke die optischen Fehler deutlicher zutage treten als bei der lichtschwächeren Variante.

EF 35 1:2

Mit 1:2 immer noch enorm lichtstark, dennoch mit besserer optischer Qualität: Das EF 35 1:2 ist ein Allrounder für moderate Weitwinkelaufnahmen. An APS-C-Kameras hat es mit 56 mm Brennweite eine ähnliche Bildwirkung wie ein Normalobjektiv. Wegen des günstigen Preises ist es für APS-C-Kameras wie die EOS 450D als Standardoptik mit hoher Lichtstärke absolut zu empfehlen.

EF 50 1:1.2L USM

Teuer, superlichtstark und wirklich nur für Profis sinnvoll. Mit der Lichtstärke von 1:1,2 ist das 50er prädestiniert für Reportagen und Veranstaltungen in schlecht beleuchteter Umgebung, wenn man nicht blitzen möchte. Mithilfe der großen Blendenöffnung sind Aufnahmen mit extrem geringer Schärfentiefe möglich – gerade für Porträtfotografen ein wichtiger Faktor bei der Entscheidung für ein Objektiv. Aufgrund der riesigen Glaskonstruktion ist das Objektiv mit knapp 600 g ziemlich schwer und trotz USM relativ träge beim Fokussieren.

Porträts mit einem 50-mm-Normalobjektiv wirken, vor allem wenn man sehr nah an ein Gesicht herangeht, etwas verzerrt. Der Effekt kann einem Foto jedoch durch die geschickte Wahl des Bildausschnitts zu starker Ausdruckskraft verhelfen.

EF 50 1:1.4 USM

Nicht ganz so lichtstark wie der große Bruder, mit 1:1,4 dennoch für fast alle Einsätze bei wenig Umgebungslicht bestens geeignet. Auch hier liefert die offene Blende geringste Schärfentiefe, um Motive aus dem Kontext zu lösen und den Hintergrund in Unschärfe verschwimmen zu lassen. Der USM sorgt für schnelles und leises Fokussieren.

EF 50 1:1.8 II

Das EF 50 1.8 II ist die Standardoptik schlechthin. Es wurde früher in der ersten Version als Standardobjektiv an analogen Spiegelreflexkameras in Massen verkauft. Die Lichtstärke ist so hoch, dass man für nahezu jede Schnappschusssituation bestens gerüstet ist. Die Abbildungsleistung ist im Gegensatz zum Preis ausgesprochen hoch. Leider fokussiert das Objektiv etwas geräuschvoll.

⌐ i ⌐

PORTRÄTFOTOS MIT 50 MM

Kleiner Tipp zur Porträtfotografie: Versuchen Sie es doch mal mit einem der günstigen Normalobjektive mit 50 mm (EF 50 1.8 oder 1.4 USM). Diese Optiken wirken an Ihrer EOS 450D wie eine mittlere Telebrennweite mit 80 mm. Da die 50 1.8er früher zusammen mit den analogen SLRs in Massen verkauft wurden, gibt es sie nach wie vor sehr günstig. Selbst die Variante mit der Lichtstärke von „nur" 1,8 bietet hervorragende Abbildungsqualität, ist allerdings nicht mit USM ausgestattet und daher relativ laut und langsam beim Fokussieren.

EF 85 1:1.2L USM II

Dieses Profiobjektiv bringt etwas mehr als 1 kg auf die Waage, deshalb fokussiert es trotz USM relativ träge. Der gesamte Linsenblock wird hier

beim Scharfstellen bewegt. Die optische Leistung ist absolut traumhaft, mit der hohen Blendenöffnung verschwimmt der Hintergrund (vor allem in der Porträtfotografie) komplett in Unschärfe. Schärfe, Kontrast und Farbwiedergabe des 85ers sind über jeden Zweifel erhaben. Leider hat derartige Qualität auch ihren Preis.

AUFNAHMEDATEN	
Brennweite	85 mm
Belichtung	1/250 sek
Blende	f411
Studioblitz	

Solche Porträts sind die Domäne des 85-mm-Porträtobjektivs. Die Weichzeichnung wurde nachträglich am Computer hinzugefügt.

AUFNAHMEDATEN	
Brennweite	85 mm
Belichtung	1/200 sek
Blende	f8
ISO	100
Studioblitz	

Dieses Porträt mit roten Schuhen wurde im Studio mit dem 85 1:1.8 aufgenommen. Die Brennweite des Objektivs lässt es zu, sich auf einen aussagekräftigen Motivausschnitt zu konzentrieren.

EF 85 1:1.8 USM

Auch dieses 85er wird häufig in der Porträtfotografie eingesetzt, weil es mit Blende 1,8 die Schärfentiefe drastisch reduzieren hilft. Die Abbildungsqualität ist beim Blick durchs Mikroskop nicht ganz so gut wie beim teureren Pendant, für Semiprofessionals und ambitionierte Amateure ist es aber auf jeden Fall eher zu empfehlen als

der Lichtriese 85 1:1.2. Das Preis-Leistungs-Verhältnis ist – auch wegen des schnellen USM – hervorragend.

EF 100 1:2 USM

In der Kleinbildfotografie ein hervorragendes Porträtobjektiv. Wer jedoch mit einer APS-C-Kamera mit Verlängerungsfaktor 1,6 arbeitet, be-

kommt ein 160-mm-Objektiv mit Lichtstärke 1:2, das für Porträts wegen der zu langen Brennweite nicht mehr optimal geeignet ist. Dafür dringt man aber schon in den Bereich der professionellen Sport- und Naturfotografie vor.

EF 135 1:2L USM

Das professionelle 135 1:2L bietet absolute Spitzenleistung, die über jeden Zweifel erhaben ist. Mit der hohen Lichtstärke und der langen Brennweite erhält man mit einer APS-C-Kamera ein hervorragendes 216-mm-Objektiv, das gerade für Sportveranstaltungen, bei denen man noch relativ nah am Geschehen ist, prädestiniert ist.

EF 135 1:2.8 SF

Das 135 1:2.8 SF (Soft Focus) ist eine kleine Kuriosität. Denn es hat einen eingebauten, zuschaltbaren Weichzeichner. Der Weichzeichner kann in zwei unterschiedlich starken Stufen verwendet werden. Wird zusätzlich die Blende variiert, lassen sich tolle Weichzeichnereffekte von subtil bis

neblig erzielen. Für Erotik, Porträts und romantische Hochzeitsreportagen toll, die Lichtstärke genügt hier gerade noch professionellen Ansprüchen.

EF 200 1:2.8L II USM

Profifotografen sieht man in kleinen Sporthallen oft mit diesem Objektiv, da es eine für die Brennweite tolle Lichtstärke hat, durch USM extrem schnell fokussiert und ausgezeichnete Schärfe liefert. An einer APS-C-Kamera ergibt sich wegen des Verlängerungsfaktors eine Brennweite von 320 mm, man hat praktisch schon ein Superteleobjektiv, das für Sport- und Naturfotografie geeignet ist.

EF 400 1:5.6L USM

Etwas außer der Reihe, aber bei ambitionierten Naturfotografen ein echter Geheimtipp: das schon etwas ältere EF 400 1:5.6L USM. Dieses Objektiv wird in Deutschland neu praktisch nicht mehr angeboten, obwohl es bei einem moderaten Preis tolle optische Leistung liefert. Gerade in Verbindung mit einer digitalen Spiegelreflexkamera mit APS-C-Sensor ergibt sich eine effektive Brennweite von 640 mm. Erhöht man die Empfindlichkeit noch auf ISO 200, was in der Regel zu keinen sichtbaren Qualitätsverlusten führt, erhält man ein 640/1:4-Supertele, von dem selbst Profis vor einigen Jahren nur träumen konnten.

Superteleobjektive

Superteleobjektive sind nicht nur super in Sachen Abbildungsleistung, sie sind auch top bei der Verarbeitung, beim Handling und – leider – auch beim Preis. Sie sind allesamt vor Staub und Spritzwasser geschützt – Profis arbeiten eben nicht immer bei strahlendem Sonnenschein und in angenehmer Umgebung. Man sieht Superteleobjektive eigentlich nur bei den Profis (Naturfotografie, Sportreportage) im Einsatz, die die Kosten absetzen können. Wer aber gerade ein paar Tausend Euro übrig hat und sich so ein Extremobjektiv zulegen möchte, findet ab und zu etwas günstigere Varianten älterer Baureihen. Allerdings sollte man sich nicht der Illusion hingeben, dass derartige Objektive hohe Wertverluste haben. Die Preise auch für ältere Modelle bleiben sehr lange auf extrem hohem Niveau.

EF 200 1:2L IS USM

Das kürzeste der weißen Superteleobjektive von Canon hat eine Brennweite von 200 mm bei einer Lichtstärke von 1:2. Die Abbildungsleistung ist hervorragend, der Preis ist entsprechend der Qualität sehr hoch. Mit dem Objektiv kann man auch aus der Hand noch fotografieren, obwohl auf Dauer natürlich ein Stativ angebracht ist. Es hat einen Bildstabilisator und USM und ist gegen Staub und Spritzwasser effektiv geschützt.

EF 300 1:2.8L IS USM

Eines der unter Profis beliebtesten Superteleobjektive von Canon hat eine Brennweite von 300 mm bei einer Lichtstärke von 1:2.8. Die Abbildungsleistung ist atemberaubend, ebenso der Preis. Und wer weite Wege mit dem Objektiv zurücklegen muss, sollte sich einen Trolley zulegen, denn das Gewicht kann untrainierten Zeitgenossen auf Dauer ebenfalls den Atem nehmen. Aller-

dings ist das Objektiv auch oft mal kurz aus der Hand oder auf dem Einbeinstativ im Einsatz. Die aktuelle Generation – es gibt ältere Vorgängermodelle – hat einen Bildstabilisator, der wegen des Gewichts auch häufig zum Einsatz kommt.

EF 300 1:4L IS USM

Mit 1:4 ist dieses 300er etwas lichtschwächer als der große Bruder, kostet aber auch nur rund ein Viertel des 300 2.8. Die Abbildungsleistung kommt fast an die des High-End-Modells heran. Wer in die Naturfotografie einsteigen will oder häufiger Sportaufnahmen macht, sollte sich die günstigere 300er-Version auf jeden Fall ansehen. Nicht zu vergessen: An einer APS-C-Kamera wie der EOS 450D bekommt man wegen des Verlängerungsfaktors ein 480-mm-Traumtele.

EF 400 1:2.8L IS USM

Sowohl in Fußballstadien als auch in freier Wildbahn wird das 400 2.8 häufig gesehen. Denn auch hier gilt wie bei allen anderen Superteleobjektiven:

Es ist zwar schwer und extrem teuer, liefert dafür aber außergewöhnliche Abbildungsleistung.

EF 400 1:4 DO IS USM

Um den professionellen Fotografen ihre Arbeit zu erleichtern, hat Canon das DO-Beugungsglied in die Objektivkonstruktion eingeführt. Denn durch die DO-Linse können Objektive gebaut werden, die gegenüber herkömmlichen Optiken deutlich kleiner und leichter sind. Das 400 1:4 DO ist tatsächlich nur 2 kg schwer, bietet bei etwas geringerer Lichtstärke jedoch fast die gleiche optische Qualität wie das mit rund 5,4 kg viel schwerere 400 2.8. Leider liegt auch hier der Preis in den Regionen der anderen Superteleobjektive, was zwar das Gewicht des Fotorucksacks, aber eben auch den Stand des Bankkontos deutlich verringert.

EF 500 1:4L IS USM, EF 600 1:4L IS USM

Beide Superteleobjektive haben die Lichtstärke von 1:4 und sind daher vor allem für Natur- und Sportfotografen interessant. Beide Optiken sind sehr schwer, sehr teuer, bieten aber auch eine sehr gute Abbildungsleistung. Aus der Hand lässt sich hier kaum noch fotografieren, auch wenn beide Objektive mit leistungsstarken Bildstabilisatoren ausgestattet sind. Sportfotografen verwenden häufig Einbeinstative, wo der IS seine Stärken ausspielt und Verwacklungen effektiv verhindert.

EF 800 1:5.6L IS USM

Das neueste Pferd im Canon-Stall der Superteleobjektive hat eine Brennweite von 800 mm bei einer Lichtstärke von 1:5,6. Sagenhafte Bildqua-

lität und sagenhafter Preis machen es zum Arbeitsgerät für Profis in der Natur-, Sport- und Nachrichtenfotografie. Die Alternative zum 800er: Ein 400 2.8 IS USM zusammen mit einen 2x-Extender kostet und wiegt etwas weniger bei annähernd gleicher optischer Leistung.

Spezialobjektive

Freunde von Insekten, Blüten und anderen kleinen Motiven mussten zwar ein wenig warten, sind von Canon jedoch erhört und mit einem tollen Makroobjektiv für das EF-S-Bajonett belohnt worden. Daneben gibt es von Canon noch weitere Makroobjektive mit EF-Anschluss, die man ebenfalls an Kameras mit APS-C-Sensor nutzen kann. Dies sind die Objektive EF 50 2.5, EF 100 2.8 sowie das EF 180 3.5. Außerdem finden Sie hier noch Informationen über ein Lupenobjektiv mit Vergrößerungsfaktor 1:5 sowie über die drei TS-E-Objektive zum Tilten und Shiften.

EF 50 1:2.5 Compact Macro

Das EF 50 2.5 Compact Macro ist das lichtstärkste Makroobjektiv, das Canon im Programm hat. Motive können bis zu halber Lebensgröße aufgenommen werden (Maßstab 1:2). Aufgrund seiner ausgezeichneten Abbildungsqualität eignet sich das 50 2.5 jedoch nicht nur zum Fotografieren von Makromotiven, sondern ist auch als Normal- und Porträtobjektiv uneingeschränkt zu empfeh-

len. Die Fokussierung läuft relativ langsam und ein wenig geräuschvoll ab, deshalb eignet es sich nicht unbedingt für Insektenfotos. Außerdem ist die Brennweite von 50 mm nicht ausreichend, um die in der Insektenfotografie nötigen Fluchtdistanzen einzuhalten. Als Zubehör gibt es von Canon den Life-Size-Converter, einen Zwischenring, mit dem sich der Abbildungsmaßstab auf 1:1, also volle Lebensgröße, erweitern lässt.

EF–S 60 1:2.8 Macro USM

Das mit f/2,8 sehr lichtstarke Makroobjektiv EF-S 60 hat zur fast geräuschlosen Scharfstellung einen USM-Antrieb eingebaut, eine Grundvoraussetzung, wenn Sie lebende Insekten aus nächster Nähe fotografieren möchten. Denn das Surren des Standardmotors zur Fokussierung würde jedes halbwegs flinke Tier verjagen, lange bevor Sie scharf gestellt haben. Mit der effektiven Brennweite von 96 mm im Vergleich zum Kleinbildformat können Sie außerdem genügend Abstand einhalten und auch kleinere Fluchtdistanzen meistern. Wichtig bei einem Makroobjektiv: der Abbildungsmaßstab. Für das EF-S 60 beträgt er 1:1. Das bedeutet, Sie können Motive in Originalgröße fotografieren, ein Objekt von einem Zentimeter Größe wird mit einem Zentimeter auf dem Kamerasensor abgebildet.

EF 100 1:2.8 Macro USM

Mit dem Abbildungsmaßstab von 1:1, dem schnellen und leisen USM-Fokussiersystem und der mittleren Brennweite von 100 mm ist das 100 2.8 Macro u. a. bestens geeignet für die Fotografie von lebendigen Makromotiven. Sie können sich Makromotiven bis auf ca. 15 cm (Abstand von Objektivvorderseite zu Motiv) nähern. Die Abbildungsleistung ist ausgezeichnet, daher sollten

Makrofreunde unbedingt einen Blick auf dieses Objektiv werfen – vor allem beim Fotografieren mit einer EOS 450D oder einer anderen Kamera mit APS-C-Sensor. Denn hier bekommen Sie durch den Verlängerungsfaktor 1,6 ein tolles Makroobjektiv mit effektiven 160 mm Brennweite.

EF 180 1:3.5 Macro USM

Die längste Brennweite für ein Canon-Makroobjektiv bietet das EF 180 3.5. Die Brennweite ist bei der Arbeit mit einer APS-C-Kamera schon fast zu lang (180 x 1,6 = 288 mm). Der kleinste Motivabstand liegt bei lediglich 0,48 m (Abstand Sensor – Motiv), da das Objektiv innen fokussiert und das Linsensystem nicht ausfährt, besteht nicht die Gefahr, das Motiv aus Versehen zu berühren. Die leise Fokussierung übernimmt ein Ring-USM, es lassen sich für schnelleres Scharfstellen zwei Fokussierbereiche einstellen (0,48 m bis unendlich oder 1,5 m bis unendlich). Um den Abbildungsmaßstab von 1:1 noch weiter zu erhöhen, können die beiden Extender EF 1.4x II oder EF 2x II zwischen Kamera und Objektiv geschraubt werden. Aufgrund des Gewichts von 1.090 g empfiehlt sich bei der Arbeit mit dem 180 3.5 Macro unbedingt ein stabiles Stativ. Das Objektiv wird

mit Stativschelle ausgeliefert, mit der die Kamera schnell ins Hochformat gebracht werden kann.

MP-E 65 1:2.8 Lupenobjektiv

Das MP-E 65 ist ein Objektiv für echte Spezialisten, denn es liefert Vergrößerungen von 1:1 bis 1:5. Wenn es also um die Darstellung extrem kleiner Strukturen geht, kommt man mit dem Lupenobjektiv am besten an seine Motive heran. Die beiden Makroblitzgeräte von Canon lassen sich problemlos anschließen.

Tilt/Shift-Objektive

Canon hat drei TS-Objektive im Programm, die die Brennweiten 25 mm, 45 mm und 90 mm abdecken. Sie lassen sich nur manuell fokussieren, bieten aber ansonsten dank elektromagnetischer Blende den Komfort der automatischen Belichtungssteuerung. TS-E-Objektive lassen sich verschieben (+/–11 mm – Shift-Funktion) und neigen (+/–8° – Tilt-Funktion).

Shiften gegen stürzende Linien

Das Verschieben hilft vor allem in der Architekturfotografie dabei, stürzende Linien zu vermeiden. Stürzende Linien entstehen, wenn man mit Weitwinkelbrennweite ein Gebäude fotografiert und dabei die Kamera nach oben neigt, weil man sonst den oberen Teil des Motivs nicht aufs Bild bekäme. Einfach gesagt: Die optische Achse der Kamera trifft nicht im rechten Winkel auf die Fassade des Gebäudes. Bei Verwendung eines TS-E-Objektivs wird die Kamera zunächst lotrecht zum Gebäude ausgerichtet, um die stürzenden Linien zu vermeiden. Anschließend wird das Objektiv so weit nach oben verschoben, bis der zuvor abgeschnittene obere Bereich wieder im Bild ist. Ergebnis: keine stürzenden Linien.

Tilt-Funktion zur Steuerung der Schärfentiefe

Neben dem Verschieben bieten die TS-E-Objektive noch die Möglichkeit der Neigung um +/–8°. Diese Technik kommt immer dann zum Einsatz, wenn man die Schärfentiefe in einem Motiv optimieren möchte und dabei trotzdem mit großer Blendenöffnung arbeiten will. Eine sehr einfache Erklärung: Trifft die optische Achse der Kamera schräg auf ein Motiv, ist der Bereich der Schärfentiefe je nach Blende und Brennweite auf einen mehr oder weniger großen Bereich beschränkt. Alles vor und hinter der Schärfeebene ist unscharf. Um die Schärfentiefe nun zu optimieren und auszudehnen, wird das Objektiv aus der optischen Achse heraus geneigt. Natürlich ist auch der umgekehrte Fall denkbar, und der Fotograf neigt das Objektiv entgegengesetzt. Dadurch wird die Schärfentiefe extrem verkürzt, auch wenn mit kleinen Blenden fotografiert wird. Ein Effekt, den man häufig in der Porträtfotografie sieht, um die Augen eines Modells zu betonen.

AUFNAHMEDATEN	
Brennweite	45 mm
Belichtung	1/250 sek
Blende	f2,8
ISO	50
Studioblitz	

Hier wurde die Tilt-Funktion eines TS-E 45 mm eingesetzt, um die Schärfentiefe drastisch zu reduzieren und den Blick des Betrachters auf die Augen zu lenken.

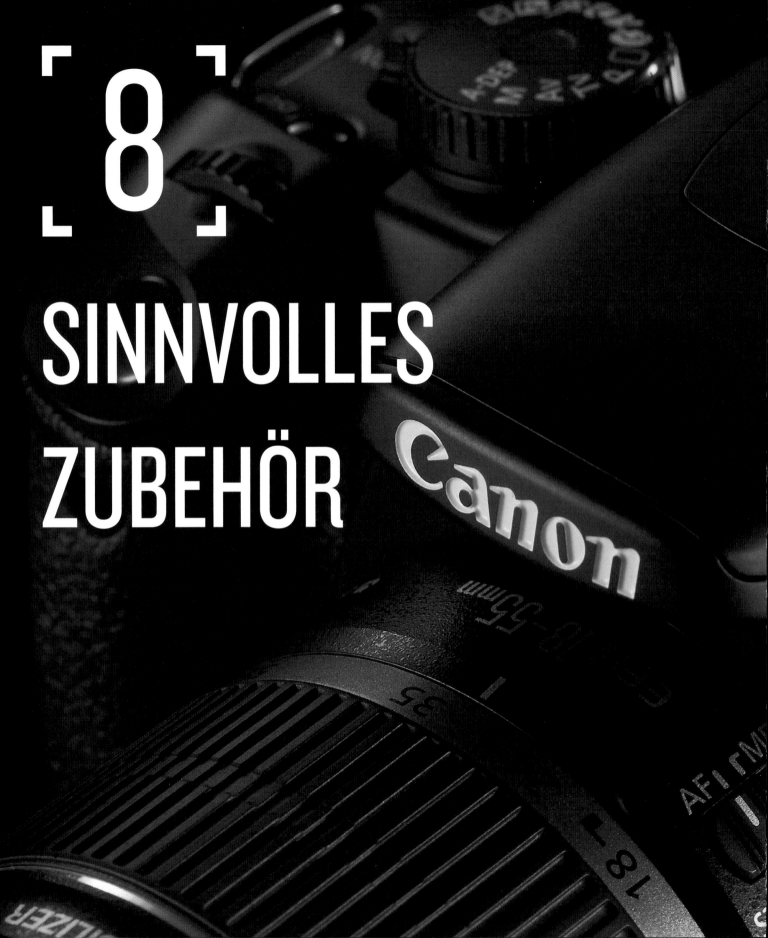

8
SINNVOLLES
ZUBEHÖR

8

Sinnvolles Zubehör

Mit Hochformatgriff sieht die 450D nicht nur professioneller aus, sondern ist auch einfacher zu bedienen. Außerdem passt ein zusätzlicher Akku in den Griff, um noch länger vom Netzstrom unabhängig zu sein.

[8] Sinnvolles Zubehör

Jeder Kamerahersteller bietet für seine Digitalkameras eine ganze Palette an Zubehör an. Hinzu kommt eine schier unüberschaubare Auswahl an Zusatzausrüstung von Fremd- und Spezialherstellern. Ob die zusätzliche Ausrüstung sinnvoll oder sogar notwendig ist, weiß man leider oft erst, wenn man vor einer überraschend neuen Motivsituation steht.

Filter, Fototaschen & Co

■ Am leichtesten dürfte da noch die Entscheidung für ein Stativ fallen. Es gibt etliche Motive und Lichtstimmungen, die – qualitativ hochwertig – nur mit Stativ zu schaffen sind. Welches Zubehör ist aber über ein Stativ hinaus wirklich notwendig?

Hochformatgriff

Ein Hochformatgriff ist, wie der Name schon sagt, eigentlich für eine einfachere Handhabung der Kamera bei Hochformataufnahmen konzipiert. Der Griff hat an entsprechenden Stellen zusätzliche Bedienelemente wie Auslöser und *Stern*-Taste, wodurch die Kamera im Hochformat ebenso bedient werden kann wie im Querformat. Weiterer Vorteil des Griffs: Er verstaut einen zusätzlichen Akku und verdoppelt dadurch die Aufnahmekapazität. Außerdem gibt es einen Bat-

teriekorb, um handelsübliche AA-Batterien im Hochformatgriff unterbringen zu können – zur Sicherheit, wenn mal ein wirklich langer Ausflug ansteht.

Schutzfolien

Haben Sie Angst, dass das Display Ihrer Kamera verkratzt wird? Kein Problem, denn im Fachhandel oder auch in diversen Onlineauktionen werden speziell zugeschnittene Schutzfolien angeboten. Diese Folien passen dann exakt auf das Display der jeweiligen Kamera und schützen so effektiv vor leichten Kratzern.

Kamerahülle

Die Firma Made Products aus Seattle/USA hat sich einen Namen mit Silikonhüllen für diverse Digitalkameras gemacht. Diese Hüllen schützen vor Stößen, Kratzern und Verschmutzungen. Sie werden einfach über das Kameragehäuse gestülpt.

Die Hüllen werden unter dem Namen Camera Armor im Fachhandel vertrieben. Die Homepage des Herstellers lautet *http://cameraarmor.us*.

Fernauslöser

Wer sich für die Natur- und Makrofotografie interessiert, weiß vermutlich, wie schwer es ist, die Kamera im entscheidenden Moment absolut ruhig zu halten. Gerade wenn man nicht das schwerste und teuerste Stativ samt Stativkopf besitzt, kann es schnell Probleme geben, wenn es auf absolute Schwingungsfreiheit ankommt. Das vielleicht wichtigste Hilfsmittel ist hier ein Fernauslöser. Mit dem Fernauslöser können Sie es vermeiden, die Kamera beim Auslösen zu berühren. Es gibt Fernauslöser, die per Funk bzw. Infrarot Signale an die Kamera weitergeben, und Kabelfernauslöser, die an eine dafür vorgesehene Buchse an der Kamera befestigt werden.

Blitzkabel

Wer ein Aufsteckblitzgerät besitzt, hat sich womöglich auch schon darüber geärgert, dass der Blitz fest oben auf der Kamera montiert ist. Diese Position sorgt leider in vielen Situationen dafür, dass direkt hinter einem Motiv ein deutlicher Schatten entsteht. Es wäre also wünschenswert, den Blitz frei positionieren zu können, ohne dabei die bequemen Blitzfunktionen (E-TTL) aufgeben zu müssen. Die Lösung: ein spezielles Blitzkabel mit zwei entsprechenden Adaptern an beiden Enden, um Kamera und Blitz miteinander zu verbinden. Achten Sie beim Kauf darauf, dass das Blitzkabel kompatibel zu Kamera und Blitz ist. Denn oft werden auch ältere Versionen der Kabel angeboten, mit denen die Kommunikation zwischen Kamera und Blitzgerät nicht klappt.

Unterwassergehäuse

Wer seinen Urlaub gern am Meer verbringt und ab und zu zum Tauchen oder Schnorcheln geht, kann sich nach einem für seine Kamera geeigneten Unterwassergehäuse umsehen. Von relativ einfachen Lösungen wie wasserdichten Plastiksäcken bis zu Spezialgehäusen ist für jeden Geldbeutel etwas dabei. Um die Unterwasserfotografie nur auszuprobieren, können Sie auch zu einfachen Unterwasserkameras greifen, die für ein paar Euro zu haben sind.

Mit dem Fernauslöser können Sie fotografieren, ohne die Kamera dabei zu berühren. Das hilft, Verwacklungen zu vermeiden.

Ein Ende des Blitzkabels wird mit dem Blitz, das zweite Ende mit dem Zubehörschuh der Kamera verbunden. Die Steuerung des Blitzgeräts durch die Kamera wird mit so einem Spezialkabel nicht beeinträchtigt.

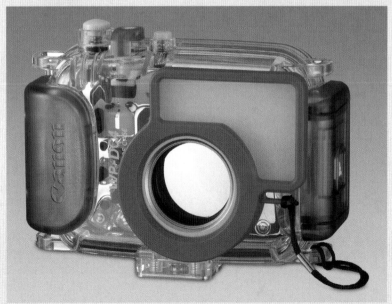

Für viele Kameras gibt es vom gleichen Hersteller die passenden Unterwassergehäuse. Fragen Sie im Fachhandel, ob für Ihre Kamera ein Gehäuse verfügbar ist. Der Vorteil gegenüber Allround-Lösungen: Sämtliche Bedienelemente sind auch unter Wasser optimal zu erreichen.

Mit dem hier abgebildeten Extender lässt sich die Brennweite von einigen Canon-Objektiven verdoppeln. Manche Extender sind so aufgebaut, dass sie nur an bestimmte, kompatible Objektive passen. Passende Extender von Fremdherstellern wie Kenko oder Sigma sind in der Regel problemlos an jedes Objektiv anschließbar.

Auf der Abbildung sieht man vorn eine Nahlinse, dahinter einen Orange- und einen Grauverlaufsfilter. Links im Bild befinden sich Adapterringe, mit denen man Filter an Objektive schrauben kann, deren Durchmesser von dem des Filters abweicht.

Telekonverter

Haben Sie sich auch schon geärgert, wenn die Brennweite des Objektivs Ihrer Digitalkamera nicht ausreicht? Für digitale Spiegelreflexkameras sind Telekonverter erhältlich, die die Brennweite um einen bestimmten Faktor (meist zwischen 1,4 und 2) verlängern. Diese Konverter werden zwischen Kamera und Objektiv geschraubt. Im Gegensatz dazu gibt es für Kompaktkameras mit

festem Objektiv Tele- und Weitwinkelkonverter, die wie Filter vorn ans Objektiv geschraubt werden.

In jedem Fall führen Konverter zu mehr oder weniger großen Einbußen in der Bildqualität, Sie sollten daher den Konverter wenn möglich vor dem Kauf ausprobieren. Generell ist von sehr günstigen Konvertern abzuraten, da die Qualitätseinbußen wie farbige Säume und Verzerrungen sehr störend werden können.

Fotofilter

Filter bestehen aus Glas oder Kunststoff und werden in der Regel vor dem Objektiv angebracht. Sie verändern das Bild auf unterschiedliche Weise. Es gibt Farbfilter, die vor allem in der Schwarzweißfotografie wichtig sind, und eine ganze Reihe an Korrekturfiltern, die die Bildqualität positiv beeinflussen können. Keine große Bedeutung haben heute sogenannte Effektfilter, denn deren Wirkung lässt sich per Computer exakter steuern und bei Bedarf rückgängig machen. Hier einige Beispiele für Filter, die auch in der Digitalfotografie sinnvoll sind:

UV-Filter

Diese Art von Filter reduziert bzw. sperrt die UV-Anteile des Sonnenlichts. Der UV-Anteil kann besonders im Gebirge und am Meer zu Unschärfen führen. UV-Filter sind recht preiswert, deshalb werden sie auch häufig als Schutz für das empfindliche Objektivglas verwendet.

Polarisationsfilter

Polfilter reduzieren bzw. eliminieren störende Reflexe an spiegelnden Oberflächen wie z. B. Fensterglas oder Wasser. Sie sind drehbar, da die Auswirkung des Filters von der Position der Beleuchtung und dem Winkel zum Motiv abhängt. Durch die Drehung kann der Filtereffekt optimiert werden. Besonders beliebt sind Polfilter bei Landschaftsfotografen, die satte Farben und Kontraste lieben. Mit der Sonne schräg hinten im Rücken erzeugt der Filter atemberaubendes Himmelblau.

Neutralgraufilter

Neutral- oder ND-Filter (Neutraldichte) haben nur einen einzigen Sinn: Sie reduzieren die auf

Mit korrekt eingestelltem Polfilter lassen sich Farben intensivieren und Spiegelungen reduzieren – Effekte, die per Bildbearbeitung nicht oder nur mit großem Aufwand simuliert werden können. Polfilter werden häufig in der Landschaftsfotografie, vor allem aber auch in der Produktfotografie verwendet.

den Sensor fallende Lichtmenge. Das ist immer dann sinnvoll, wenn Sie z. B. mit sehr offener Blende für selektive Schärfe arbeiten möchten, das vorhandene Umgebungslicht aber zu hell für korrekte Belichtungen ist und Ihre Kamera keine genügend kurze Verschlusszeit mehr beisteuern kann. Neutralfilter sind in verschiedenen Stärken erhältlich.

Grauverlaufsfilter

Eine Besonderheit unter den Graufiltern ist der Grauverlaufsfilter. Er dient dazu, den Himmel (oder einen anderen zu hellen Bereich) abzudunkeln und damit den Kontrastumfang eines Motivs so zu reduzieren, dass der Kamerasensor nicht überfordert wird und den hellen Bereich völlig weiß aufnimmt.

Nah- und Makrolinsen

Nahlinsen sind im Prinzip lediglich Vergrößerungsgläser. Mit einer Nahlinse kann der mögliche Motivabstand verkleinert werden, um näher mit der Kamera an ein Objekt herankommen zu können.

Kamera- und Objektivpflege

Um Kamera und Objektive zu pflegen, gibt es mehrere Möglichkeiten. Handelt es sich bei Verschmutzungen am Gehäuse lediglich um Staubpartikel, kann man mit einem einfachen Brillenputztuch ohne zusätzliche Reinigungsmittel arbeiten. Auch ein Blasebalg oder ein Reinigungspinsel mit Blasebalg kommt infrage. Sind Schlieren oder andere hartnäckigere Verschmutzungen auf dem Objektivglas, ist meist ein Feuchttuch, wie es auch zur Brillenreinigung verwendet wird, ausreichend. Diese feuchten Brillenputztücher gibt es z. B. beim Optiker. Feuchte Brillenputztücher kann man ebenfalls benutzen, wenn das Kameragehäuse Flecken und Fingerabdrücke abbekommen hat.

Falls im Laufe der Zeit Staub ins Kameragehäuse eingedrungen ist und sich auf dem Kamerasensor abgesetzt hat – man erkennt das an dunklen Flecken auf den Bildern, vor allem bei Fotos mit kleiner Blendenöffnung –, gibt es allerhand Spezialgeräte und -mittel. Hier ist eine generelle Empfehlung schwierig, da die Sensorreinigung immer auf eigene Gefahr geschieht und man sehr

Ist der Himmel im Vergleich zum Vordergrund sehr hell und würde er bei einer normalen Belichtung ausfressen, hilft ein Grauverlaufsfilter. In den Beispielfotos sieht man deutlich, dass der Grauverlaufsfilter die Strukturen der Wolken im hellen Himmel herausarbeitet (oberes Bild).

vorsichtig vorgehen muss. Vom einfachen Blase-
pinsel, der locker anhaftenden Staub entfernt, bis
zum Spezialstäbchen, das mit einem fusselfreien
Tuch umwickelt und mit einer Reinigungslösung
getränkt über den Sensor gewischt wird, ist für
jeden Verschmutzungsgrad etwas zu bekommen.
Trotzdem sollte man keine Wunder von den angebotenen Reinigungsmethoden erwarten – hart-
näckig haftenden Staub oder Schlieren, die durch
unsachgemäße Reinigung entstanden sind, sollte
man immer vom Fachmann entfernen lassen.

Box für Speicherkarten

Wer länger mit seinem Fotoapparat unterwegs ist
und mehrere Speicherkarten dabeihat, sollte sich
unbedingt eine stabile und möglichst staubdichte
Box für die Karten zulegen. In so einer Box kann
den wertvollen Speicherkarten eigentlich nichts
passieren, und Ihre Fotos sind gut verstaut.

Mobile Speichergeräte

Digitale Fotos werden von jeder Digitalkamera
auf einer Speicherkarte abgelegt. Der Speicherplatz dieser Karten wird zwar immer größer, die
Kapazitäten sind jedoch begrenzt. Gerade wenn
man mit speicherintensiven RAW-Daten arbeitet,
sind die Speicherkarten schnell voll. Aber auch
im Urlaub, wenn man seine Fotos nicht auf den
Computer überspielen kann, gibt es nur zwei
Möglichkeiten: Entweder man kauft zusätzliche
Speicherkarten oder investiert in eine mobile, am
besten akkubetriebene Festplatte. Diese mobilen
Speicher gibt es mittlerweile mit mehreren 100
GByte Kapazität.

Die Handhabung ist einfach. Man steckt die
volle Speicherkarte in einen Kartenschacht im

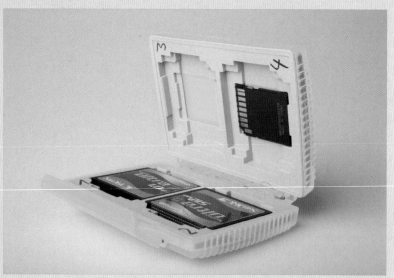

*Reinigungsgeräte gibt es verschiedene. Zumindest ein geeignetes Tuch sollte immer dabei
sein. Ebenfalls zu empfehlen sind ein Reinigungspinsel und ein Blasebalg oder – wie in der
Abbildung zu sehen – ein kleines Druckluftgerät zum Reinigen des Objektivs.*

*Der hier abgebildete GIGA one ultra der Firma JOBO hat
eine Kapazität von bis zu 200 GByte und erkennt alle aktuell verwendeten Speicherkarten von CF über MemoryStick
bis SD und SDHC.*

Eine Box für Speicherkarten sollte stabil sein und Platz für mehrere Karten haben.

i

GELÖSCHTE DATEN WIEDERHERSTELLEN

Ist eine Speicherkarte nicht mehr lesbar oder wurden versehentlich Bilder gelöscht, kann man die Fotos eventuell mithilfe eines Spezialprogramms wiederfinden. Der Speicherkartenhersteller SanDisk legt seinen Karten das kleine, aber überaus effektive Programm RescuePro bei, mit dem man seine Speicherkarten nach verlorenen Daten durchsuchen kann. Wurde die Karte nicht formatiert – bei diesem Vorgang wird der Karteninhalt endgültig gelöscht –, besteht eine gute Chance, dass RescuePro oder eines der vielen ähnlichen Datenrettungstools, die man leicht im Internet findet, die Fotos aufstöbern und wiederherstellen kann.

Gehäuse des mobilen Speichergeräts, drückt eine Taste und kopiert die Fotos auf die mobile Platte. In der Regel zeigt ein kleines Display Informationen über den Status bzw. die Belegung der Festplatte an. Wer sich so einen Datenspeicher zulegt, sollte vor allem auf die Kompatibilität zu den in der Kamera verwendeten Speicherkarten achten. Die mobilen Speicher werden nach der Rückkehr zum heimischen Computer üblicherweise per USB 2.0 mit dem Rechner verbunden, um die Daten dann zu überspielen.

Panoramazubehör

Neben der Kamera benötigt man für professionelle Panoramen zwei Dinge: ein Stativ und einen Panoramakopf, auf den die Kamera montiert wird. Der Panoramakopf dient dazu, die Kamera exakt um den Nodalpunkt zu drehen. Der Nodalpunkt liegt auf einer senkrecht durch die Kamera verlaufenden Achse und ist abhängig von der Brennweite des verwendeten Objektivs. Wie man den Nodalpunkt seiner eigenen Kamera-Objektiv-Kombination herausfindet, erfahren Sie im Internet z. B. auf der Homepage *www.panphoto. de* oder *www.pixelrama.de*. Nur so viel zur Erklärung: Wird die Kamera für ein Panoramafoto auf einem Stativ nicht um den Nodalpunkt gedreht, verändert sich die Position von im Vordergrund liegenden Objekten im Verhältnis zum Hinter-

grund (Parallaxe), was dazu führt, dass die Montage der Einzelfotos sehr schwierig und nicht mehr wirklich professionell möglich ist.

Nah- und Makrozubehör

Freunde der Nahfotografie haben mit mehreren Problemen zu kämpfen. Das Licht muss passen, die Kamera darf nicht wackeln, und die Fokussierung muss oft auf den Millimeter genau vorgenommen werden. Wenn das Umgebungslicht nicht ausreicht, helfen spezielle Makroblitzgeräte weiter. Mit ihnen lassen sich auch besonders kleine Objekte perfekt ausleuchten. Gegen Verwackeln helfen ein stabiles Stativ samt Stativkopf sowie ein Fernauslöser. Und zum perfekten Fokussieren benutzen Makroprofis Einstellschlitten. Ein Einstellschlitten, auf dem die Kamera fixiert ist, wird auf den Stativkopf geschraubt. Das Scharfstellen erfolgt dann nur grob mit dem Fokussierring des Kameraobjektivs. Das letzte Quäntchen an Genauigkeit erzielt man mithilfe des Einstellschlittens, der mit Rändelschrauben extrem fein vor- und zurückbewegt werden kann.

Ebenfalls sehr hilfreich in der Nahfotografie: Zwischenringe und Balgen. Beide erfüllen den gleichen Zweck, nämlich den Abstand zwischen Motiv und Objektiv noch weiter zu verringern. Jedes Objektiv hat eine charakteristische Naheinstellgrenze, man kann sich einem Motiv also nur bis zu einem bestimmten Punkt nähern. Geht man dichter heran, ist es nicht mehr möglich zu fokussieren. Um die Naheinstellgrenze zu unterschreiten, benötigt man Zwischenringe oder ein Balgengerät. Beide werden zwischen Kamera und Objektiv angebracht, der Unterschied besteht lediglich darin, dass das Balgengerät im Gegensatz zu den Zwischenringen stufenlos verstellbar ist. Zwischenringe gibt es oft im Dreierpack, die Ringe haben dann unterschiedliche Tiefen. Je größer der Ring, desto kleiner wird die Naheinstellgrenze des Objektivs.

Der spezielle Makroblitz leuchtet selbst kleinste Motive gut aus. Um die Naheinstellgrenze des Objektivs noch weiter herabzusetzen, montiert man entweder Zwischenringe oder ein Balgengerät zwischen Kamera und Objektiv. (Fotos: Sigma, Novoflex, Haasz)

Tasche für Kamera und Zubehör

Fotografieren Sie nicht nur daheim, sondern nehmen Ihre Kamera auch auf Reisen und beim Wandern mit, sollten Sie Kamera und Ausrüstung schützen. Kleine Bereitschaftstaschen, in denen gerade einmal die Kamera und ein paar Speicherkarten Platz haben, genügen für den Kurztrip und einige Schnappschüsse. Diese kleinen, auf die jeweiligen Kameras zugeschnittenen Taschen werden häufig von den Kameraherstellern angeboten, man erhält sie aber auch oft günstiger von Fremdherstellern. Größere Umhängetaschen und Rucksäcke, je nach Modell (und Preis) sogar wasserdicht, können bei einer Ausrüstung notwendig werden. Ein Rat aus eigener Erfahrung: Wenn Sie Spaß an der Fotografie haben, kaufen Sie sich gleich zu Beginn eine Kameratasche oder einen Rucksack, der Platz für noch kommende Ausrüstungsgegenstände hat. Denn wenn die Fotografie zu einem ernsthaften Hobby wird, kommt über kurz oder lang Ausrüstung hinzu. Mit Sicherheit!

Im Laufe der Zeit sammelt sich einiges an Zubehör an, wenn man die Fotografie ernsthaft betreibt. Große Fotorucksäcke und -taschen helfen, Ordnung zu halten und immer alles Wichtige dabeizuhaben.

9

RAW – SILKYPIX DEVELOPER STUDIO

9

RAW – SILKYPIX Developer Studio

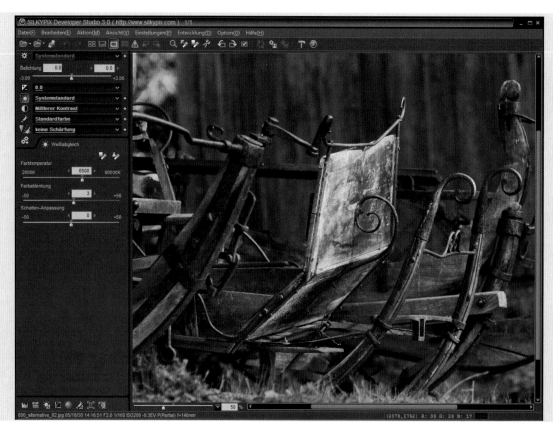

Datei(F) Bearbeiten(E) Aktion(M) Ansicht(V) Einstellungen(P) Entwicklung(D) Option(O) Hilfe(H)

Systemstandard

Belichtung 0.0   0.0
-3.00   +3.00

0.0

Systemstandard
Mittlerer Kontrast
Standardfarbe
keine Schärfung

Weißabgleich

Farbtemperatur
2000K   6500   90000K

Farbablenkung
-50   3   +50

Schatten-Anpassung
-50   0   +50

50 %

000_alternative_02.jpg 05/10/30 14:16:51 F2.8 1/160 ISO200 -0.3EV P(Partial) f=140mm   (2078,1752) R: 33 G: 23 B: 17

Nachdem die Installation beendet ist, wird SILKYPIX automatisch gestartet und präsentiert sich in einem edlen schwarzen Outfit. Der Vorgang dauert auf einem halbwegs schnellen Rechner nicht länger als eine Minute.

⌐9⌐ RAW – SILKYPIX Developer Studio

Wer seine RAW-Daten mit dem mehrfach ausgezeichneten SILKYPIX Developer Studio entwickeln möchte, sollte sich die Zeit nehmen, das Programm zu Beginn grundlegend kennenzulernen. Die Feinheiten ergeben sich später automatisch. Alle notwendigen Grundlagen finden Sie in diesem Kapitel. Die Struktur der Programmoberfläche entspricht grundsätzlich den gängigen Standards. SILKYPIX präsentiert sich übersichtlich, schnörkellos und geradlinig in einem edlen Schwarzgrau.

Installation und Konfiguration

■ SILKYPIX gibt es als Download- und als Box-Version, der Preis für die Box-Version ist etwas höher. Die Installation läuft wie gewohnt ab: entweder den Datenträger (Box-Version) ins Laufwerk stecken und auf den Autostart warten oder einen Doppelklick auf die heruntergeladene Datei mit der Download-Version ausführen. Anschließend erscheinen verschiedene Infofenster mit Anweisungen. Unter anderem können Sie festlegen, in welches Verzeichnis SILKYPIX Developer Studio 3.0 gelegt werden soll. Das Standardverzeichnis ist *C:\ Programme\ISL\SILKYPIX Developer Studio 3.0G\.*

[1] Um die Software zu registrieren, sollten Sie über einen Internetanschluss verfügen. Starten Sie eine Onlineverbindung und rufen Sie über das Menü *Hilfe* den Befehl *Registrierung* auf. Geben Sie die Seriennummer bzw. den Lizenzschlüssel ein und klicken Sie anschließend auf *Lizenzschlüssel registrieren.*

[2] Steht keine Internetverbindung zur Verfügung, führen Sie stattdessen die *Offline-Registrierung* durch, bei der Sie per E-Mail oder Fax einen zusätzlichen Lizenzschlüssel erhalten. Nach der Eingabe des Lizenzschlüssels

stehen alle Funktionen des Programms uneingeschränkt zur Verfügung. Ansonsten
läuft SILKYPIX als 14-Tage-Testversion mit
eingeschränkten Funktionen.

Werkzeuge und Schalter

Die Oberfläche von SILKYPIX Developer Studio
3.0 ist mit seinen am linken Fensterrand abgelegten Werkzeugen auf maximale Anzeigefläche
hin optimiert. Viel Platz also für die Vorschau der
RAW-Fotos.

Am oberen Rand der Programmoberfläche befinden
sich die Befehlszeile und einige Werkzeugschalt-
flächen. Die Schaltflächen sind nur aktiv, wenn
Bilder oder ganze Verzeichnisse geöffnet sind. Auf
der linken Seite sieht man Schaltflächen für die

INSTALLATION UNTER WINDOWS VISTA

Wenn Sie SILKYPIX unter Windows
Vista installieren möchten, müssen
Sie über Administratorrechte verfügen bzw. mit dem Administratorkonto
arbeiten. Auch die Registrierung ist nur
mit Administratorrechten möglich.

Werkzeugpaletten mit ihren jeweiligen Optionen.
Je nachdem, welches Werkzeug gerade aktiv ist,
wird die Anzeige der Werkzeugoptionen automatisch angepasst. Die Werkzeuge der Reihe nach:

Von links oben nach rechts unten:

Belichtungsausgleich
Weißabgleich
Kontrast
Farbe
Schärfung
Rauschunterdrückung
Entwicklung

Links unten befindet sich eine weitere Reihe mit Schaltern, über die sich zusätzliche Werkzeugpaletten zum Feintuning aufrufen lassen.

Von links nach rechts heißen die Werkzeuge: *Histogramm, EXIF-Informationen, Feineinstellung Weißabgleich, Gradationskurve, Feineinstellung Lichter, Feineinstellung Farbe, Feineinstellung Objektiv, Drehung/Stürzende Linien.*

Sobald man auf einen der Schalter klickt, erscheint das dazugehörige Werkzeugfenster. Vor allem das Histogramm (ganz links) sollte immer aktiv sein, damit man die Tonwerte seiner Bilder stets im Blick behält.

Voreinstellungen überprüfen

Wird SILKYPIX zum ersten Mal gestartet, sollte man die Standardeinstellungen für Werkzeuge und Programmfunktionen einmal kurz überprüfen. Zwar wird man erst im Laufe der Zeit feststellen, inwieweit einige der Vorgaben an die persönliche Arbeitsweise angepasst werden müssen, dennoch schadet es nicht, sich gleich zu Beginn einen Überblick darüber zu verschaffen, wie man Aussehen und Workflow von SILKYPIX verändern kann. Die Befehle, mit denen man das Programm anpassen kann, befinden sich im Menü *Option*. Im Folgenden werden nur die drei wichtigsten Befehle erläutert.

Hier sind die wichtigen Befehle zur Individualisierung von SILKYPIX untergebracht.

Einstellung Bild-Entwicklung

Aktivieren Sie mit einem Mausklick den Befehl *Option/Einstellung Bild-Entwicklung.* Hier lassen sich die Standards festlegen, nach denen korri-

gierte RAW-Motive entwickelt, also exportiert und gespeichert werden sollen.

Geben Sie Ihre RAW-Fotos in erster Linie als JPEG-Dateien aus? Dann sollte eine der drei Optionen im Bereich *JPEG (komprimiert)* eingeschaltet sein. Über den Schieberegler *Qualität* wird die Kompressionsrate und damit die Bildqualität definiert. Je höher der Wert, desto besser werden die Bilder und desto größer die JPEG-Dateien. Arbeiten Sie lieber mit TIFF-Dateien, aktivieren Sie eine der Optionen im Bereich *TIFF (unkomprimiert).*

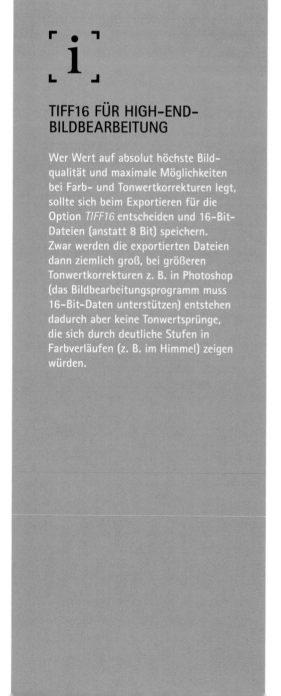

TIFF16 FÜR HIGH-END-BILDBEARBEITUNG

Wer Wert auf absolut höchste Bildqualität und maximale Möglichkeiten bei Farb- und Tonwertkorrekturen legt, sollte sich beim Exportieren für die Option *TIFF16* entscheiden und 16-Bit-Dateien (anstatt 8 Bit) speichern. Zwar werden die exportierten Dateien dann ziemlich groß, bei größeren Tonwertkorrekturen z. B. in Photoshop (das Bildbearbeitungsprogramm muss 16-Bit-Daten unterstützen) entstehen dadurch aber keine Tonwertsprünge, die sich durch deutliche Stufen in Farbverläufen (z. B. im Himmel) zeigen würden.

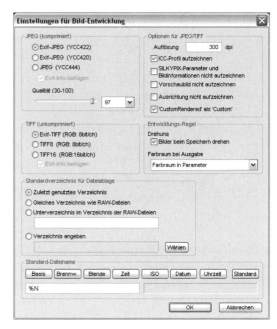

Die Voreinstellungen sind in den meisten Fällen in Ordnung. Wer spezielle Wünsche bei der Datenspeicherung hat, kann sie an dieser Stelle artikulieren.

Anzeige-Einstellung

Professionelle Bildbearbeitung und RAW-Entwicklung ist nur möglich, wenn man auf das Farbmanagement achtet. Das bedeutet, dass zu-

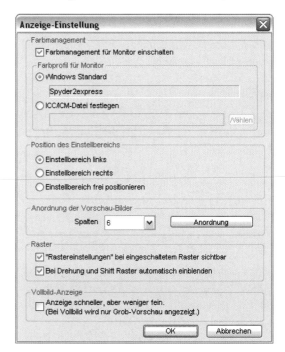

Ist Ihr Monitor kalibriert, erkennt SILKYPIX automatisch das entsprechende Farbprofil, das im System hinterlegt ist.

mindest Monitor und Drucker kalibriert sein sollten und man die entsprechenden Farbprofile in den Arbeitsablauf einbindet.

Haben Sie für Ihren Monitor mit einem Colorimeter ein Farbprofil erzeugt, wird dieses in der Regel über das Betriebssystem eingebunden und als Standard für die Bildschirmanzeige erkannt. Auch SILKYPIX erkennt dieses Profil. Sie können dies im Dialogfenster *Anzeige-Einstellung* überprüfen, das Sie über den Befehl *Option/Anzeige-Einstellung* aufrufen.

Neben dem Farbprofil für den Monitor können Sie im Anzeigedialog das Layout der Programmoberfläche ein wenig verändern. So lassen sich die Werkzeuge vom linken an den rechten Rand verschieben, wer möchte, kann die Werkzeuge auch in einem frei positionierbaren Bereich erscheinen lassen.

Für mehr Flexibilität auf dem Monitor lässt sich das Werkzeugfenster auch frei positionieren.

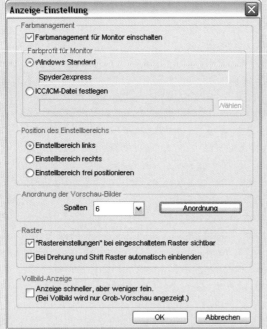

Üblicherweise werden die Vorschaubilder der gerade geöffneten RAW-Bilder nach Dateinamen sortiert. Möchten Sie eine andere Sortierreihenfolge zum Standard erheben, klicken Sie auf die Schaltfläche *Anordnung*. Es wird ein Dialog geöffnet, in dem Sie einige wichtige Dateieigenschaften, unter anderem einige EXIF-Informationen, als Grundlage für die Sortierreihenfolge deklarieren können.

Funktions-Einstellungen

Die Optionen im Dialog *Funktions-Einstellungen*, der sich über das Menü *Option* aufrufen lässt, müssen in der Regel nicht verändert werden. Interessant ist jedoch die Option *Verzeichnis für temporäre Dateien*, wenn Sie in Ihrem Computer eine spezielle Festplatte oder Partition für die Bildbearbeitung reserviert haben.

Üblicherweise legt SILKYPIX die bei der RAW-Bearbeitung anfallenden temporären Dateien auf derjenigen Partition bzw. Festplatte ab, auf der auch das Programm selbst installiert ist. In der Regel ist das die C-Partition, auf der sich auch das Betriebssystem befindet. Wer eine eigene, vielleicht sogar schnellere Festplatte für die Bildbearbeitung eingerichtet hat, kann ein eigenes Verzeichnis für temporäre Daten bestimmen. Aktivieren Sie dazu die Option *Verzeichnis für temporäre Dateien* und wählen Sie anschließend das gewünschte Verzeichnis aus.

Persönliche Vorlieben speichern

Im Zuge der Arbeit mit SILKYPIX werden Sie vermutlich einige Entwicklungseinstellungen erzeugen, die es wert wären, auch für andere Fotos zur Verfügung zu stehen. Natürlich könnte man die Entwicklungseinstellungen kopieren (Menü *Einstellungen/Entwicklungseinstellungen kopieren*), ein anderes Bild öffnen und die Einstellungen wieder einfügen [Strg]+[V].

Möchten Sie die Einstellungssets in SILKYPIX jedoch permanent per Mausklick zur Verfügung haben, sollten Sie den Befehl *Einstellungen/Vorliebe hinzufügen* öffnen. Hier lassen sich einzelne oder auch alle verfügbaren Entwicklungsparameter in persönlichen Sets abspeichern. Aufgerufen werden die Sets dann über das Dropdown-Menü ganz oben links im Werkzeugbereich. Ein Hinweis: Aktivieren Sie mit einem Mausklick auf das klei-

Sollen geöffnete Bilder nicht nach Dateiname, sondern nach dem Zeitpunkt der letzten Änderung sortiert werden, wählen Sie die entsprechende Option im Dialog Vorschaubilder Reihenfolge *aus.*

Die meisten Einstellungen müssen nicht verändert werden. Um das Programm ein wenig zu beschleunigen, kann es jedoch sinnvoll sein, ein eigenes Verzeichnis für temporäre Dateien festzulegen.

ne Zahnrad die entsprechenden Werkzeuge zum Speichern und Aufrufen von Entwicklungseinstellungen. Über die unten im Werkzeugbereich befindlichen Schaltflächen (*Vorliebe/Parameter*) können Sie die benötigten Dialogfenster ebenso aufrufen.

Ist oben im Werkzeugbereich das Zahnrädchen per Mausklick aktiviert, erscheinen unten die entsprechenden Werkzeugsymbole, um Vorlieben und Parameter zu speichern bzw. abzurufen.

Dateien und Verzeichnisse öffnen

Mit dem Befehl *Datei/Datei öffnen* werden Bilddateien in SILKYPIX aufgerufen. Im entsprechenden Dialog können einzelne Dateien oder bei gedrückter [Strg]-Taste auch mehrere Bilder gleichzeitig markiert werden. Klicken Sie im Dialog *Datei öffnen* auf die Schaltfläche *Öffnen(O)*, erscheinen die markierten Bilder im Programm.

DRAG & DROP

Wenn Sie das Programmfenster von SILKYPIX und ein Explorer-Fenster mit RAW-Dateien gleichzeitig auf dem Bildschirm sehen, können Sie RAW-Bilder oder ganze Verzeichnisse per Drag & Drop in SILKYPIX öffnen. Ziehen Sie die entsprechenden Dateien einfach aus dem Ordnerfenster in das Programmfenster von SILKYPIX.

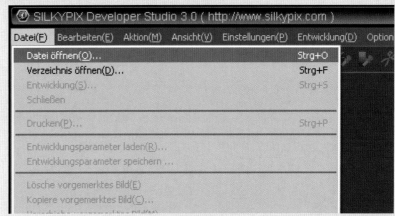

Ebenso wie in anderen Programmen befindet sich im Menü Datei *der Befehl* Datei öffnen. *Mit ihm lassen sich RAW-Bilder ins Programm laden.*

Weitere Dateien hinzufügen

Eine Besonderheit bietet SILKYPIX beim Befehl *Datei öffnen*. Sind bereits Bilder im Programm geöffnet und verwenden Sie den Befehl erneut, um eine zusätzliche Datei ins Programm zu laden, werden alle zuvor geöffneten Bilder geschlossen. Um das zu verhindern und neue Bilder zu den bereits vorhandenen hinzuzufügen, drücken Sie nach der Auswahl der neuen Fotos im Dialog *Datei öffnen* die [Strg]-Taste. Dadurch verändert sich der Schalter *Öffnen(O)* und zeigt stattdessen die Beschriftung *Anhängen(O)*.

Verzeichnisse öffnen

Da es im Workflow eines Fotografen durchaus üblich ist, Fotos einer Aufnahmesitzung in separaten Ordnern abzulegen, gibt es in SILKYPIX einen Befehl, mit dem sich der gesamte Inhalt eines Verzeichnisses ins Programm laden lässt. Der Befehl *Verzeichnis öffnen* befindet sich im Mcnü *Datei*. Sollen nicht nur die Bilddaten des ausgewählten Ordners, sondern auch Fotos aus Unterverzeichnissen geöffnet werden, wählen Sie dazu im Dialog *Verzeichnis öffnen* im Dropdown-Menü *Verzeichnistiefe* die passende Option.

TIFF- und JPEG-Fotos sichten

SILKYPIX eignet sich zudem hervorragend zum Sichten Ihres gesamten Bildbestands. Mithilfe der Funktionstaste [F6] merken Sie Bilder zum Löschen vor. Neben RAW-Dateien können Sie mit SILKYPIX auch TIFF- und JPEG-Dateien bearbeiten. Obwohl hier die Möglichkeiten im Gegensatz zu RAW-Daten natürlich beschränkt sind und nicht die hohe Bildqualität der RAW-Verarbeitung erzielt werden kann, sind viele Korrekturen vor allem im Hinblick auf Farben, Tonwerte und auch Bildrauschen/Schärfe durchaus sinnvoll. Dadurch spart man sich den Wechsel zu einem speziellen Bildbearbeitungsprogramm wie Adobe Photoshop oder anderen.

Wer seine Bilder thematisch in Ordnern sortiert, wird den Befehl **Verzeichnis öffnen** *zu schätzen wissen. Damit lässt sich der gesamte Ordnerinhalt in einem Rutsch aufrufen.*

Belichtungskorrekturen

Das A und O der RAW-Entwicklung ist die Belichtungskorrektur. Denn erst mit perfekter Tonwertverteilung, Details in Lichtern und Schatten sowie fein gesteuerten Kontrasten wird aus einem Bild eine einprägsame Fotografie.

Davon ausgehend, dass Ihre RAW-Fotos korrekt belichtet sind, stellt sich natürlich die Frage, warum die Werkzeuge zur Belichtungskorrektur in SILKYPIX – und jedem anderen Programm zur Fotobearbeitung – einen so großen Stellenwert einnehmen. Die Antwort ist einfach: Erstens kann man Fotos in vielen Fällen durch gezielte Belichtungs- und Tonwertkorrekturen deutlich aufwerten, und zweitens zeigt die Praxis, dass trotz immer besserer Belichtungsmesser in den Kameras die Belichtung manchmal eben doch nicht hundertprozentig klappt.

Mit SILKYPIX sind Sie in der Lage, globale Belichtungskorrekturen vorzunehmen, die sich auf das gesamte Helligkeitsspektrum im Bild auswirken. Außerdem ist es möglich, ganz gezielt bestimmte Tonwertbereiche zu verändern, ohne dabei Bildstellen mit anderer Helligkeit zu beeinflussen.

SILKYPIX WARNT AUTOMATISCH VOR BELICHTUNGSFEHLERN

Im Menü *Ansicht/Warnung anzeigen* finden Sie mehrere Befehle, die SILKYPIX dazu bringen, Farb- bzw. Tonwertwarnungen anzuzeigen. Sind die Befehle aktiviert, werden Bildbereiche, die außerhalb des darstellbaren Farbraums bzw. des nutzbaren Tonwertumfangs liegen, farbig markiert. So sieht man auf den ersten Blick, welche Stellen im Bild beim Druck bzw. bei der Anzeige auf dem Monitor zu hell, zu dunkel oder farblich nicht korrekt wiedergegeben werden.

Histogramm einschalten

Um die Auswirkungen der Tonwertkorrekturen im Blick zu behalten, sollten Sie noch vor der Bearbeitung Ihrer Bilder das Histogramm einschalten. Hier werden in Echtzeit Veränderungen an der Belichtung visualisiert. Wandert die Anzeige nach links oder rechts über die Skala hinaus, sind die Korrekturen zu kräftig ausgefallen und helle bzw. dunkle Stellen würden einfach nur weiß bzw. pechschwarz im Bild erscheinen und keine Detailzeichnung mehr haben. Einschalten lässt sich das Histogramm unter anderem über die Tastenkombination [Strg]+[H].

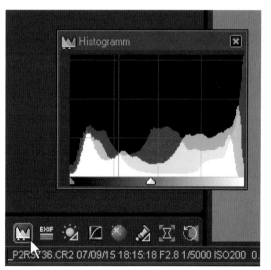

Schalten Sie das Histogramm mit einem Mausklick auf das linke Symbol in der unteren Werkzeugleiste oder mithilfe der Tastenkombination [Strg]+[H] ein. Das Histogrammfenster ist frei mit der Maus positionierbar.

Belichtung optimieren

Belichtungsfehler entstehen üblicherweise, weil der Belichtungsmesser der Kamera getäuscht wird. Das passiert, wenn die Motivumgebung sehr stark von einer bestimmten Normhelligkeit (18-prozentiges Grau) abweicht. Eine grüne Wiese oder trockener Asphalt sind gute Anhaltspunkte für den Belichtungsmesser, bei Schnee, hellem Himmel oder in dunklen Kirchenecken kommt er schnell durcheinander.

Das Beispielbild wurde zu dunkel, weil der Belichtungsmesser sich am sehr hellen Himmel orientierte. Der Himmel ist zwar fast korrekt wiedergegeben, die Landschaft ist aber zu dunkel. Verschieben Sie den Regler des Werkzeugs *Belichtung* links oben im Werkzeugbereich von SILKYPIX nach rechts, um das Foto zunächst global aufzuhellen. Für das Beispielfoto wurde der Wert auf *+1,80* gesetzt.

*Das hier gezeigte Foto ist deutlich zu dunkel geraten, die Belichtung war zu niedrig. Mit dem Schieberegler des Werkzeugs **Belichtung** lässt sich die Helligkeit um drei Belichtungsstufen verringern oder erhöhen.*

Eine Erhöhung der Belichtung um **+1,80** *hellt das gesamte Foto auf, sodass der Himmel und die meisten Teile der Landschaft korrekt angezeigt werden. Die dunklen Bereiche unten rechts im Bild sind jedoch immer noch zu dunkel.*

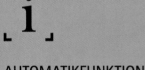

AUTOMATIKFUNKTION AUS-PROBIEREN

Das Dropdown-Menü *Manuelle Belichtung* enthält neben Optionen für numerische Korrekturschritte auch die Automatikoption *Auto* (SILKYPIX-Bewertung). In vielen Fällen ist es sinnvoll, zunächst die Automatikfunktion auszuprobieren, bevor man manuelle Belichtungskorrekturen vornimmt. Kommt SILKYPIX auf diese Weise schon nah an ein optimales Ergebnis heran, kann man schließlich über die Feineinstellungen die letzten Nuancen herausarbeiten.

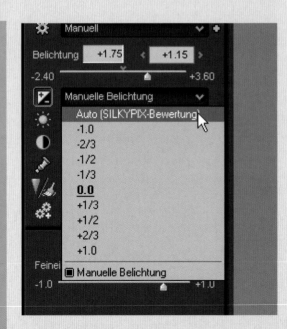

Feineinstellungen vornehmen

Klicken Sie als Nächstes auf das Symbol links unterhalb des Belichtungskorrekturreglers.

[1] Unterhalb der Werkzeugleiste erscheint ein neuer Bereich mit dem Titel *Belichtungsausgleich*. Verschieben Sie den Regler mit der Beschriftung *Feineinstellung* so weit nach rechts, bis die dunklen Bildstellen genügend aufgehellt sind, um ihre Details preiszugeben. Sollten dabei die hellen Bildbereiche ausbleichen: Keine Sorge, im nächsten Schritt werden sie gerettet.

[2] Aktivieren Sie nun das Werkzeug *Feineinstellung Farbe* mit einem Mausklick auf den entsprechenden Schalter unten im Werkzeugbereich.

Mit dem Regler **Feineinstellung** *lassen sich Belichtungsfehler noch detaillierter korrigieren.*

[3] Um die hellen Bildstellen wieder hervorzuheben, verschieben Sie den Regler *Erweiterung* unterhalb von *Dynamikbereich*. Dadurch werden die zuvor ausgeblichenen Lichter wieder abgedunkelt. Um den Effekt zu sehen, müssen Sie den Regler übrigens wieder loslassen. Die Berechnungen durch SILKYPIX erfolgen erst, wenn Sie die linke Maustaste nicht mehr gedrückt halten.

Müssen die hellsten Bildbereiche gerettet werden, hilft das Werkzeug **Feineinstellung Lichter**. *Hier lassen sich die Farben korrigieren, wichtig für bessere Detailzeichnung ist jedoch der Regler* **Dynamikbereich/Erweiterung**.

Werkzeug für Belichtungsausgleich

Mit dem *Werkzeug für Belichtungsausgleich* lässt sich die Belichtung einer Aufnahme global per Mausklick steuern. Das funktioniert so ähnlich, als würden Sie beim Fotografieren Ihre Kamera auf einen bestimmten Punkt richten und diesen als Referenz für die Belichtungseinstellungen festlegen.

[1] Das Werkzeug wird mit einem Mausklick auf das entsprechende Symbol entweder im Bereich *Belichtungsausgleich* oder in der oben im Programmfenster angeordneten Symbolleiste aktiviert.

[2] Ist das Werkzeug aktiv, wird der Mauszeiger zu einer Pipette, und Sie können einen Punkt im Bild anklicken (alternativ mit gedrückter linker Maustaste ein Rechteck aufziehen), der dann als Referenzwert für eine automatische Belichtungskorrektur fungiert.

[3] Welchen Helligkeitswert SILKYPIX als Referenz für das Werkzeug verwendet, lässt sich übrigens manuell festlegen. Rufen Sie dazu den Befehl *Funktions-Einstellungen* im Menü *Option* auf. Im erscheinenden Fenster können Sie den Referenzwert (*Zielwert Belichtungsausgleich*) zwischen *10* und *100 %* verändern.

Kontraste verändern

Sobald die Belichtung einer Aufnahme optimiert ist, geht es im nächsten Arbeitsschritt schon um eher ästhetische Aspekte der Bildbearbeitung. Motive wirken zum Teil vollkommen anders, wenn man die Kontraste verändert. Je höher der Kontrast, desto „knackiger" wirkt eine Aufnahme. Helle und dunkle Bildbereiche werden durch hohen Kontrast betont. Mehr Kontrast bedeutet, dass helle und dunkle Stellen noch heller/dunkler werden, der Mitteltonbereich bleibt mehr oder weniger unangetastet.

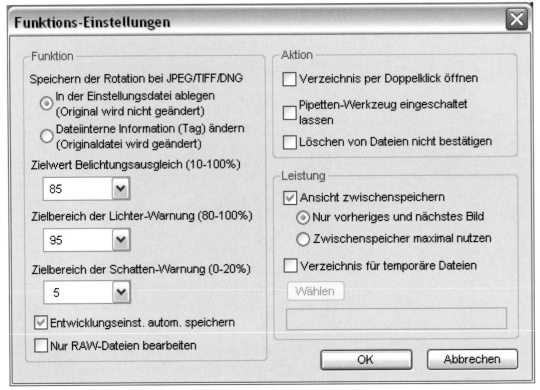

*In diesem Fenster lässt sich nicht nur der Zielwert für den Belichtungsausgleich verändern, Sie können auch die Werte für Lichter- bzw. Schattenwarnungen (siehe Menü **Ansicht/Warnungen anzeigen**) neu festlegen. Drucken Sie Ihre Fotos auf einem hochwertigen Fotodrucker aus, können Sie die Werte auf ca. 97 erhöhen bzw. auf 3 reduzieren. Ein guter Drucker sollte in der Lage sein, auch diese tiefen Schatten und hellen Details wiederzugeben.*

Die beiden Bilder zeigen die Extremwerte, die Sie in SILKYPIX für den Kontrast über das Dropdown-Menü mit den Voreinstellungen auswählen können. Vor allem die Aufnahme mit sehr hohem Kontrast ist jedoch in der Praxis nicht verwendbar, weil die Schatten völlig zulaufen und keine Details mehr zu sehen sind.

[1] Aktivieren Sie zum Verändern der Bildkontraste das entsprechende Werkzeug in der Werkzeugleiste links am Bildschirmrand. Sobald Sie das Symbol angeklickt haben, verändert sich auch die Optionsanzeige unterhalb der Werkzeuge.

Rechts neben dem Schalter für das Kontrastwerkzeug befindet sich ein Dropdown-Menü mit Voreinstellungen. Klicken Sie auf den nach unten weisenden Pfeil und probieren Sie die Optionen aus, um einen Eindruck davon zu gewinnen, wie sich eine Veränderung des Kontrasts auswirkt.

[2] Mit den Schiebereglern unterhalb der Werkzeuge lässt sich nun der Kontrast im Bild gezielt manipulieren. Der Regler *Kontrast* verändert die Tonwertverteilung im gesamten Bild.

Mit dem Regler *Kontrast-Mitte* lässt sich festlegen, von welchem Helligkeitswert ausgehend die Kontraste verändert werden. Haben Sie z. B. ein eher dunkles Bild vor sich (das Histogramm zeigt vor allem links Werte) und möchten Sie die Kontraste in den helleren Bereichen verbessern, schieben Sie den Regler nach rechts. Die dunklen Bereiche bleiben dann mehr oder weniger unangetastet.

Gamma vs. Belichtungskorrektur

Der Gammaregler lässt sich dazu benutzen, ein Bild aufzuhellen bzw. abzudunkeln. Wichtiger Unterschied zur normalen Belichtungskorrektur: Wird der Gammaregler verschoben, wird der Bereich der dunklen bzw. hellen Tonwerte komprimiert, und gleichzeitig wird der Bereich der hellen bzw. dunklen Tonwerte erweitert. Das Verhältnis zwischen hellen und dunklen Tonwerten wird also verändert. Bei der Belichtungskorrektur bleibt dieses Verhältnis unverändert.

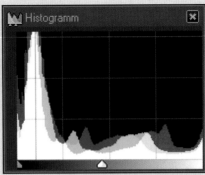

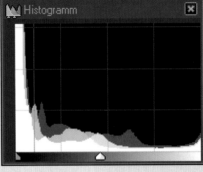

An der veränderten Tonwertverteilung im Histogramm sieht man, wie sich das Verschieben des Gammareglers nach rechts auswirkt. Es kommt nicht wie bei der Belichtungskorrektur zu einer Aufhellung, bei der sämtliche Tonwerte gleichermaßen verändert werden, sondern die Tonwerte werden in in Abhängigkeit ihres ursprünglichen Werts unterschiedlich korrigiert.

Schwarzanteil

Mit dem Regler *Schwarzanteil* können Sie dunkle Bereiche im Bild, denen ein wenig Biss fehlt, betonen und noch dunkler machen. Einfach ausgedrückt: Je weiter der Regler nach rechts verschoben wird, desto mehr dunkle Bildstellen werden auf den Tonwert 0 (für Schwarz) gesetzt. Da komplett schwarze Stellen in einem Bild eher die Ausnahme sind und im Druck nicht besonders gut aussehen, sollte man mit dem Schwarzregler vorsichtig umgehen.

Gradationskurve

Die Gradationskurve ist das Kontrastwerkzeug der Profis. Das liegt einerseits daran, dass man einige Erfahrung benötigt, um perfekt damit umzugehen. Andererseits lassen sich die Kontraste relativ begrenzter Tonwertbereiche mit dem Gradationskurvenwerkzeug sehr fein justieren. Geöffnet wird das Werkzeug mit einem Mausklick auf die entsprechende Schaltfläche am Fuß des Werkzeugfensters oder über das Menü *Ansicht/ Gradationskurve*.

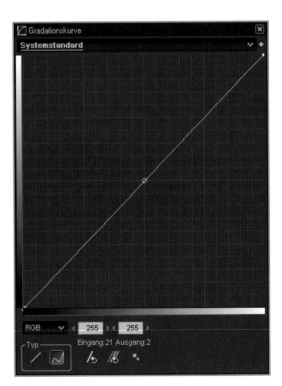

*Die **Gradationskurve** wird mit einem Klick auf das entsprechende Symbol unten in der Werkzeugleiste aufgerufen. Für einen besseren Überblick lässt sich das Dialogfenster vergrößern.*

[1] Erster Schritt beim Verwenden der Gradationskurve ist immer das Setzen des ersten Anfasspunkts. Klicken Sie die Linie mit der linken Maustaste an, erscheint ein Punkt, der sich mit gedrückter linker Maustaste bewegen lässt. Wird der Punkt nach unten gezogen, wird das Bild abgedunkelt – und umgekehrt.

[2] Um nun aber nicht einfach nur die Helligkeit, sondern Kontraste zu verändern, benötigen Sie zumindest noch einen weiteren Punkt. Verschieben Sie die Punkte gegensätzlich (einen nach oben, den anderen nach unten), werden die Kontraste im Bild verändert.

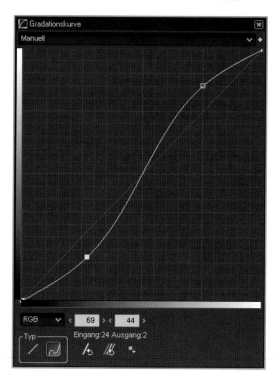

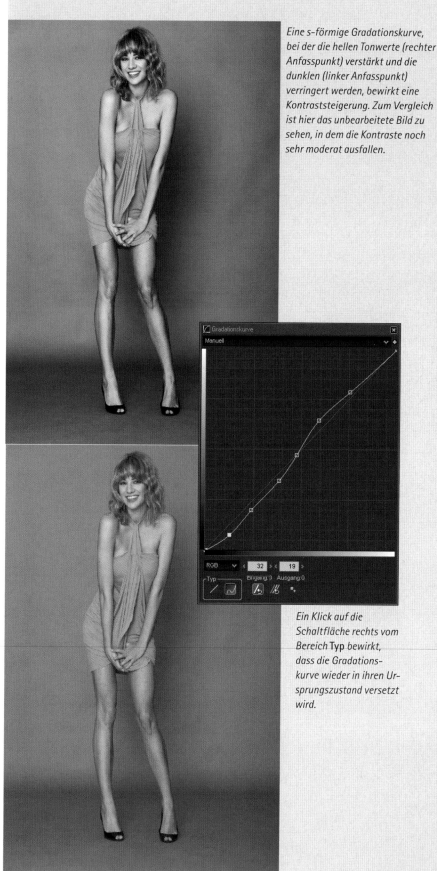

Eine s-förmige Gradationskurve, bei der die hellen Tonwerte (rechter Anfasspunkt) verstärkt und die dunklen (linker Anfasspunkt) verringert werden, bewirkt eine Kontraststeigerung. Zum Vergleich ist hier das unbearbeitete Bild zu sehen, in dem die Kontraste noch sehr moderat ausfallen.

[3] Es lassen sich im Prinzip beliebig viele Anfasspunkte setzen, um nur bestimmte Tonwertbereiche zu modifizieren und andere vor Veränderungen zu schützen. Einzelne Anfasser löscht man mit einem Klick der rechten Maustaste.

[4] Und sollten Sie sich mal so sehr verzetteln, dass Sie alle Anfasspunkte löschen wollen, genügt ein Mausklick auf die Schaltfläche *Zurücksetzen*, die sich unten im Gradationskurvendialog befindet.

Ein Klick auf die Schaltfläche rechts vom Bereich Typ *bewirkt, dass die Gradationskurve wieder in ihren Ursprungszustand versetzt wird.*

Einzelne Farbkanäle verändern

Links unten im Dialog *Gradationskurve* befindet sich ein Dropdown-Menü, das standardmäßig die Option *RGB* anzeigt. Wenn die Gradationskurve verändert wird, wirkt sich die Korrektur auf alle drei Farbkanäle für Rot, Grün und Blau aus. Möchten Sie nur einen der Farbkanäle korrigieren – ein leichter Rotstich lässt sich beispielsweise mit der Abdunklung des Rotkanals ausgleichen –, klicken Sie auf den Eintrag *RGB* und wählen im sich öffnenden Menü den gewünschten Farbkanal. Die gerade aktive Farbgradationskurve wird mit der entsprechenden Farbe angezeigt, um nicht den Überblick darüber zu verlieren, welche Korrekturen in welchem Farbkanal vorgenommen wurden.

Farbexperimente, aber auch feine Farbkorrekturen lassen sich mithilfe der Gradationskurven steuern, wenn man die drei Farbkanäle unterschiedlich behandelt.

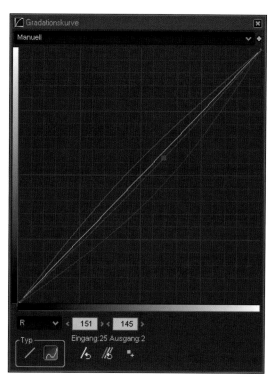

VORLIEBEN SPEICHERN

Mit der Gradationskurve bzw. den Kurven für die Farbkanäle lässt sich herrlich experimentieren. Schrille Farben und extreme Kontraste können manchmal selbst die langweiligsten Fotos aufpeppen. Um derartig gelungene Korrekturen jederzeit reproduzieren zu können, sollten Sie die Einstellungen als Vorliebe abspeichern. Klicken Sie dazu auf das kleine Pluszeichen rechts oben im Dialog und geben Sie im nachfolgenden Dialogfenster einen aussagekräftigen Namen für das Einstellungsset an.

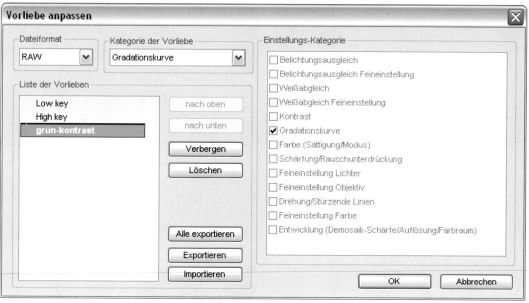

Die Granitsteine an einem Flussufer sollten eigentlich grau sein. Hier sieht man überdeutlich, welche Farbstiche ein falsch eingestellter Weißabgleich hervorrufen kann.

Farbkorrekturen

Farbstiche sind in Zeiten der digitalen Fotografie eigentlich kein Problem mehr. „Eigentlich" deshalb, weil jeder, der nicht mit RAW-Daten arbeitet, sondern seine Kamera JPEG-Fotos speichern lässt, immer wieder mit falschem Weißabgleich und damit falschen Farben zu kämpfen hat.

Weißabgleich korrigieren

Jede im Automatikmodus betriebene Digitalkamera nimmt kurz vor der Aufnahme einen Weißabgleich vor. Das Licht bzw. die Lichtfarbe einer Szene wird analysiert und der Weißabgleich entsprechend eingestellt. Dieser Vorgang soll bewirken, dass weiße Flächen wirklich weiß sind und alle anderen Farben dementsprechend korrekt aufgenommen werden. Leider klappt das nicht immer, und man muss die Farben am Rechner nachbearbeiten. Gut für denjenigen, der mit RAW-Daten arbeitet, denn hier lässt sich der Weißabgleich im Nachhinein praktisch verlustfrei neu justieren.

Mit Grauwertfestlegung

Am einfachsten klappt der Weißabgleich in SIL-KYPIX, wenn man im Bild eine Stelle findet, die praktisch farblos, also grau, ist. Dabei ist es irrelevant, ob es sich um eine hellgraue Fassade oder

dunkelgrauen Asphalt handelt, Hauptsache, die Fläche ist tatsächlich ohne Farbe.

[1] Öffnen Sie zunächst den Werkzeugbereich für den Weißabgleich mit einem Mausklick auf das Sonnensymbol. Unterhalb der Werkzeuge erscheinen die dazugehörenden Optionen *Farbtemperatur*, *Farbablenkung* und *Schatten-Anpassung*.

[2] Oberhalb dieser drei Optionen befinden sich zwei Pipettensymbole, das linke repräsentiert das Werkzeug für Grauwertfestlegung. Aktivieren Sie die Grauwertpipette mit einem Mausklick auf das Symbol.

*Oberhalb des Reglers **Farbtemperatur** befinden sich zwei Pipettenwerkzeuge. Ist die linke Pipette per Mausklick aktiviert, genügt ein Klick auf eine graue Fläche im Bild für perfekte Farben. Die rechte Pipette kümmert sich um den Ausgleich von Hautfarben.*

⌐i⌐ WEISSE FLÄCHEN MIT FARBE

Wenn Sie z. B. eine weiße Häuser-
fassade oder eine Frau im weißen Kleid
bei Sonnenuntergang fotografieren,
sind die eigentlich weißen Flächen natürlich nicht wirklich weiß. Sie wissen
zwar, dass es sich um weiße Flächen
handelt, das Licht der untergehenden
Sonne (oder auch einer Kerze) ist jedoch rötlich und gibt dementsprechend
allem einen roten Schimmer. Hier das
Weißabgleichswerkzeug zu verwenden
würde die Farben zwar neutralisieren,
die romantische Lichtstimmung wäre
jedoch dahin.

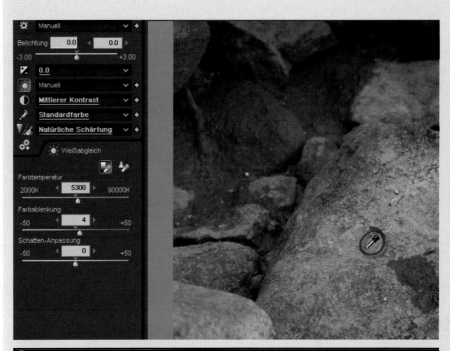

[3] Suchen Sie nun einen Punkt bzw. Bereich
im Bild, der (hell- bis dunkel-)grau sein sollte, und klicken Sie ihn einfach einmal an.
Alternativ dazu lässt sich auch ein Rechteck
um einen grauen Bereich mit gedrückter linker Maustaste aufziehen.

SILKYPIX korrigiert daraufhin sämtliche Farben
im Bild vollautomatisch. Die Werte für die *Farbtemperatur* und die *Farbablenkung* werden angepasst, nicht jedoch der Wert für die *Schatten-
Anpassung*. Mehr hierzu weiter unten.

Mit Graukarte oder Farbtafel

Wer Farben in seinen Bildern wirklich professionell abgleichen muss oder möchte, sollte sich
eine Graukarte zulegen, die es im Fotofachhandel gibt. Diese Karten dienen einerseits dazu, die
korrekten Belichtungswerte für eine Szene her-
auszufinden, andererseits kann man später am
Computer die Farben anhand dieser Graukarte
mit dem Pipettenwerkzeug per Mausklick ausgleichen.

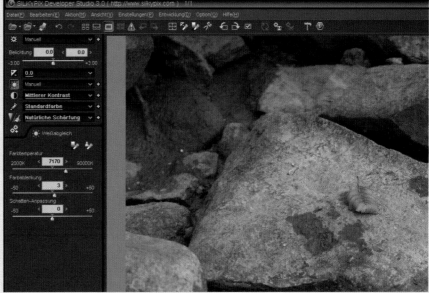

*Ein Klick mit der Grauwertpipette auf einen Punkt im Bild, der grau sein müsste, bewirkt einen auto-
matischen Weißabgleich.*

[1] Wenn Sie z. B. eine Serie von Aufnahmen unter gleichbleibenden Lichtverhältnissen an-
fertigen, machen Sie einfach zu Beginn der
Session eine Aufnahme, in der die Graukarte
groß, deutlich und korrekt belichtet zu sehen
ist.

[2] Gleichen Sie dann mit dem Werkzeug für
Grauwertfestlegung die Farben für die-

se erste Aufnahme an und speichern Sie
die Einstellungen wieder als Vorliebe –
über *Einstellungen/Vorliebe hinzufügen/
Weißabgleich* oder das kleine Pluszeichen
neben dem Weißabgleichswerkzeug.

Diese Weißabgleichseinstellung bzw. Vorliebe
lässt sich für die weiteren Bilder erneut bequem
aufrufen.

Weißabgleich manuell korrigieren

Was automatisch mit dem Werkzeug für Grauwertfestlegung klappt, kann man natürlich auch manuell versuchen. Denn in vielen Fällen ist es nicht nötig, die Farben im Bild nach objektiven Maßstäben zu neutralisieren. Die menschliche Farbwahrnehmung ist subjektiv, manchmal wirkt ein Bild, bei dem der Weißabgleich eher in Richtung Rot oder Blau abdriftet, stimmungsvoller als eine nüchtern-neutrale Wiedergabe.

Profis arbeiten für einen exakten Weißabgleich mit genormten Farbtafeln bzw. Graukarten.

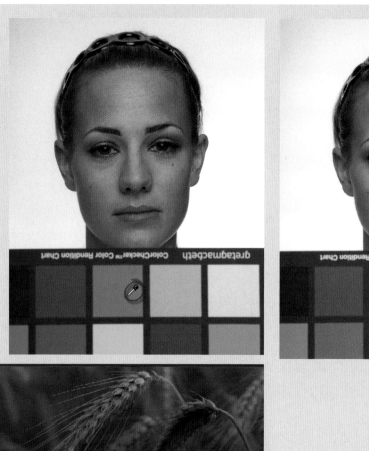

*Die Ähren wurden kurz vor Sonnenuntergang aufgenommen, der automatische Weißabgleich hat nicht funktioniert. Mit dem Verschieben des Reglers **Farbtemperatur** nach rechts konnte die Lichtstimmung bestens reproduziert werden.*

Ist das Weißabgleichswerkzeug aktiviert, können Sie die Farben im Bild über die drei dazugehörigen Regler *Farbtemperatur, Farbablenkung* und *Schatten-Anpassung* justieren. Die *Farbtemperatur* kann zwischen 2.000 und 90.000 K (Kelvin) variiert werden. Je höher der Wert, desto höher ist der Rotanteil im Bild.

Um die Farben auf der Achse zwischen den Komplementärfarben Grün und Magenta zu verändern, verwenden Sie den Regler *Farbablenkung*. Hiermit können Grün- und Magentafarbstiche hervorragend ausgeglichen werden. Wenn Sie ältere Fotografien scannen und digital mit SILKYPIX nachbearbeiten, ist dieser Regler sehr hilfreich, weil alte Fotos oft Farbstiche zwischen Grün und Magenta aufweisen.

Ebenfalls ein wichtiger Helfer in der Praxis: der Regler *Schatten-Anpassung*. Denn leider passiert es ziemlich häufig, dass trotz guten Weißabgleichs die dunkleren Bereiche eines Fotos dennoch leichte Farbstiche zwischen Grün und Magenta aufweisen. Mit dem Regler *Schatten-Anpassung* lassen sich auch diese Farbstiche unabhängig von den helleren Tonwerten korrigieren.

Weißabgleich vordefiniert

Eine zweite Variante für den Weißabgleich: Probieren Sie die Voreinstellungen aus, die sich im Dropdown-Menü rechts neben dem Schalter für das Weißabgleichswerkzeug befinden. Die Voreinstellungen sind sehr praxisnah, es gibt Einstellungen für verschiedene natürliche Lichtsituationen, aber auch eine Reihe von Kunstlichtvorgaben.

*Weil die Studiobeleuchtung für dieses Porträt im Zusammenspiel mit dem braunen Hintergrund relativ rotes Licht mit einem leichten Magentastich erzeugt hatte, mussten sowohl **Farbtemperatur** als auch **Farbablenkung** angepasst werden.*

┌ i ┐
└ ┘

AUTOMATISCHE HINTER-
GRUNDANPASSUNG

Wenn Sie mit der Maus über die
Voreinstellungen fahren, wird das
Foto im Hintergrund sofort angepasst,
damit Sie sehen, wie sich die jeweilige
Einstellung auswirkt. Um eine Vorgabe
tatsächlich anzuwenden, müssen Sie
nur mit der linken Maustaste klicken.

*Bewegen Sie die Maus über
die Optionen im Dropdown-
Menü für den Weißabgleich,
wird das Foto sofort automatisch angepasst, damit Sie die
Wirkung der ausgewählten
Option abschätzen können.*

Feineinstellung Weißabgleich

Wenn der Weißabgleich subjektiv korrigiert wurde, Sie aber dennoch das Gefühl haben, dass ein
leichter Farbstich vorhanden ist, kann Ihnen eine
kleine Anzeige rechts unten am Bildfenster zusammen mit der *Feineinstellung Weißabgleich*
weiterhelfen. Im hier gezeigten Beispielbild lässt
sich ein Farbstich relativ gut an der eigentlich
strahlend weißen Bluse erkennen. Hier die Vor-
gehensweise:

Aktivieren Sie zunächst das Zoomwerkzeug mit
einem Klick auf das Lupensymbol in der horizontalen Werkzeugleiste. Führen Sie anschließend
einen Doppelklick auf den Bereich des Fotos aus,
den Sie zur Kontrolle der Farben benötigen. Wenn
der Bereich nicht ganz in der Mitte der Anzeige
erscheint, lässt sich das Foto auf dem Monitor
mit gedrückter linker Maustaste verschieben.

Wichtig bei der Kontrolle von feinen Farbstichen: Zoomen Sie zunächst einen Bildbereich heran, der farblich eindeutig ist. Im Beispielbild war dies die weiße Bluse.

⌐ i ⌐
KOMFORTABEL ZOOMEN

Die gewünschte Zoomstufe erreichen Sie auch, wenn Sie die [Umschalt]-Taste drücken und gleichzeitig die Maus bei gedrückter linker Maustaste im Bild nach oben/unten bzw. nach rechts/links bewegen.

Stellen Sie nun den Mauszeiger über den ausgewählten Bereich und beobachten Sie die RGB-Anzeige rechts unten am Bildrand. Die Werte für Weiß (Grau/Schwarz) sollten eigentlich identisch sein, jede Abweichung bedeutet, dass eine Farbe zu stark oder zu gering repräsentiert ist, was zu einem Farbstich führt. Im Beispielbild liegen die Werte bei *243* (Rot), *239* (Grün) und *233* (Blau). Das bedeutet, der Rotanteil ist ein wenig zu hoch, der Blauanteil etwas zu niedrig.

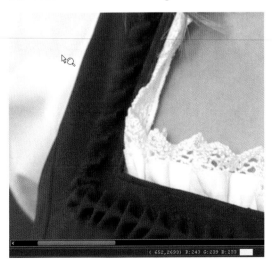

Die Anzeige rechts unter dem Foto zeigt links die x- und y-Koordinaten des Mauszeigers, anschließend die Werte für Rot, Grün und Blau und ganz rechts ein Kästchen mit der Farbe, die sich unter der aktuellen Position des Mauszeigers befindet.

Das Werkzeug für die Weißabgleichs-Feineinstellung befindet sich in der Schalterleiste links unten im Werkzeugbereich. Klicken Sie den dritten Schalter von links an, wodurch das entsprechende Dialogfenster geöffnet wird.

Die Feineinstellungen wirken ähnlich wie klassische Fotofilter (Konversionsfilter), die man vor das Objektiv schraubt. Man kann sehr fein die Intensität des virtuellen Farbfilters steuern, indem man zunächst einen *Farbton* einstellt, der einen vorhandenen Farbstich korrigiert (oder verstärkt), und anschließend den Regler *Sättigung* nach rechts verschiebt. Je höher der Wert für die *Sättigung*, desto sichtbarer wird der Filtereffekt. Im Beispielbild wird der *Farbton* auf Blau gesetzt (Wert *150*), und die *Sättigung* wird langsam erhöht. Dadurch werden die Werte für Rot verringert und für Blau erhöht, sodass die Farbwerte für die weiße Bluse schließlich mehr oder weniger ausgeglichen werden.

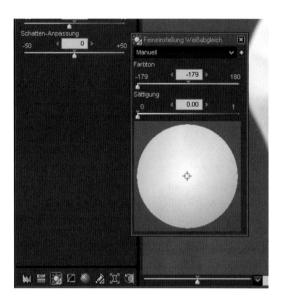

Veränderungen der Farben werden erst sichtbar, wenn der Regler **Sättigung** *nach rechts verschoben wird.*

Feineinstellung Lichter

Wie der Name schon sagt, bewirkt man mit dem Werkzeug *Feineinstellung Lichter* Korrekturen, die auf die hellsten Stellen im Bild beschränkt sind. Die Veränderungen durch die Regler im Werkzeugdialog sind sehr subtil und manchmal nur bei besonders genauem Hinsehen zu erken-

Kontrollieren Sie bei der Arbeit mit den Weißabgleichs-Feineinstellungen die RGB-Werte immer wieder, indem Sie den Mauszeiger über einen farblich eindeutigen Bereich setzen.

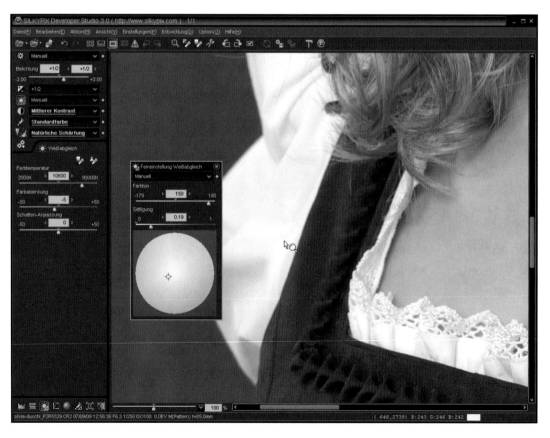

nen. Dennoch können die sehr feinen Justierungen manchen Bildern zu größerer Professionalität verhelfen, wenn Lichtbereiche, die ansonsten zu indifferent erscheinen, betont werden.

Der Dialog lässt sich über das Menü *Ansicht* aufrufen, alternativ können Sie den fünften Schalter von links in der kleinen Werkzeugleiste am Fuß des Werkzeugbereichs anklicken.

Um die Wirkung der Regler besser beurteilen zu können, sollten Sie mit dem Zoomwerkzeug in einen Bereich mit sehr hellen Farben zoomen. Verschieben Sie anfangs den Regler *Buntheit/Brillanz*. Mit diesem Regler legen Sie fest, ob in farblich hellen Bereichen eher die Farben (Buntheit) oder mehr die Kontraste (Brillanz) betont werden sollen. Das kann gerade bei Pflanzenfotos deutliche Verbesserungen bringen.

Der Dialog **Feineinstellung Lichter** *ermöglicht sehr feine Justierungen in den hellsten Bereichen eines Bildes.*

Die Wirkung der Regler beschränkt sich auf helle Bereiche im Bild, deshalb ist es sinnvoll, einen solchen Bereich zu vergrößern.

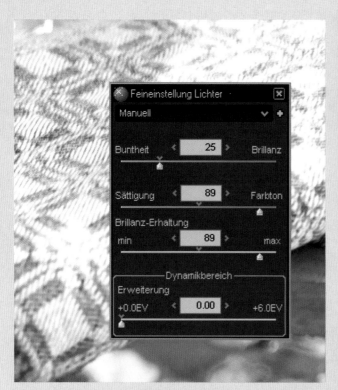

Mit dem Regler **Dynamikbereich** lassen sich bis zu einem gewissen Grad Details in sehr hellen Bildteilen wieder sichtbar machen.

Mit dem Regler *Sättigung/Farbton* wird bestimmt, ob in Lichterbereichen die Farbsättigung oder der Farbton betont werden soll. Haben Sie z. B. zuvor eine allgemeine Sättigungserhöhung im Bild vorgenommen, kann es passieren, dass die Lichterpartien etwas schrill wirken und sich die Farbtöne verändern. In diesem Fall verschieben Sie den Regler in Richtung *Farbton*, um die Sättigung in den Lichtern wieder zu verringern.

Mit dem Regler *Brillanz-Erhaltung* lassen sich die Farben der zu hellen Bildteile bei leicht überbelichteten Fotos in gewissem Rahmen wiederherstellen.

Wird der Regler *Dynamikbereich* nach rechts verschoben, werden helle Bereiche leicht abgedunkelt, wirken dadurch harmonischer und weisen in vielen Fällen wieder mehr Detailzeichnung auf.

Farbstile und Farbsättigung

Manche Digitalkameras haben in Bezug auf die Reproduktion von Farben einen eigenen Charakter. Bestimmte Farbbereiche werden exakt erfasst, andere Farben werden dagegen weniger gut erkannt und gespeichert. In der analogen Fotografie gab es ein Phänomen mit ähnlichen Auswirkungen, denn das Filmmaterial unter-

Mit dem Werkzeug **Farbe** lässt sich die Farbcharakteristik eines Fotos mit wenigen Mausklicks verändern. Ebenfalls wichtig: der Regler **Sättigung**, da bei Tonwertkorrekturen die Farbsättigung verändert werden kann.

Wenn man den Mauszeiger über eine der Voreinstellungen des Werkzeugs Farbe bewegt, verändert sich nach einer Sekunde die Bildschirmansicht, um einen Eindruck von dem Effekt zu vermitteln.

SCHWARZWEISS MIT SILKYPIX

Im Dropdown-Menü des Werkzeugs *Farbe* befinden sich zwei Voreinstellungen für Schwarzweiß-Umsetzungen. Wählen Sie eine der Voreinstellungen aus, um schnell monochrome Versionen Ihrer Bilder zu erzeugen. Eine weitere Möglichkeit für Schwarzweißaufnahmen: Schieben Sie den Regler *Sättigung* ganz nach links und wählen Sie anschließend im Dropdown-Menü *Farbmodus* eine der Voreinstellungen aus, um unterschiedliche Kontraste zu erzeugen. Noch besser lassen sich die Kontraste natürlich über das gleichnamige Werkzeug steuern.

Schwarzweißbilder erzeugt man am bequemsten, indem man im Dropdown-Menü Farbe eine der beiden Voreinstellungen für monochrome Bilder wählt und anschließend den Kontrast über das entsprechende Werkzeug regelt.

schiedlicher Hersteller hatte jeweils eigene Charakteristika in Bezug auf Brillanz, Sättigung, Kontrast und Körnigkeit

Das Werkzeug zur Farbkorrektur, das SILKYPIX beinhaltet, hat einige sehr interessante Voreinstellungen zu bieten, mit denen man seinen Digitalbildern einen ganz eigenen Look verpassen kann. Aktivieren Sie das Werkzeug *Farbe* mit einem Mausklick auf das Symbol mit der kleinen Farbtube im Werkzeugbereich. Unterhalb der Werkzeuge erscheinen die zugehörigen Optionen *Sättigung* und *Farbmodus*.

Mit dem Regler *Sättigung* wird die Leuchtkraft der Farben im Bild verändert. Bei vielen Arten der Tonwertkorrektur wird auch die Farbsättigung verändert, was man auf diese Weise wieder korrigieren kann.

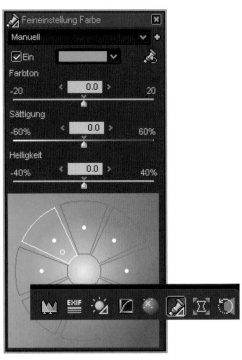

Klicken Sie mit der Maus auf den dritten Schalter von rechts in der Werkzeugleiste, um das Dialogfenster **Feineinstellung Farbe** *aufzurufen.*

Interessant für alle, die Ihren Bildern einen ganz eigenen, jederzeit reproduzierbaren Farbstil verleihen möchten, ist das Dropdown-Menü *Farbmodus*. Hier finden sich Voreinstellungen für verschiedene Farbstile.

Feineinstellung Farbe

Das Werkzeug *Feineinstellung Farbe* wird über den dritten Schalter von rechts in der kleinen Werkzeugleiste unten im Werkzeugbereich aufgerufen. Alternativ befindet sich ein gleichnamiger Befehl im Menü *Ansicht*. Das Werkzeug dient dazu, bestimmte Farbbereiche unabhängig von anderen Farben zu verändern. Es können sowohl Korrekturen an einer oder mehreren Farben selbst (Regler *Farbton*) als auch an der Sättigung einzelner Farbbereiche (Regler *Sättigung*) sowie der Helligkeit vorgenommen werden.

Im Beispielbild sind die Grüntöne nicht besonders schön, es fehlt an Sättigung, außerdem könnten sie eine Spur dunkler sein, um den Blättern mehr Plastizität zu verleihen. Beobachten Sie, wenn Sie den Mauszeiger über das Bild bewegen, die Anzeige im Fenster *Feineinstellung Farbe*. Im Farbkreis unten erscheint in einem der Farbkreissegmente ein kleiner, sich bewegender weißer Kreis.

Farbtöne lassen sich innerhalb von +/–20° auf dem Farbkreis verändern, die **Sättigung** *im Bereich von +/–60 % und die Helligkeit im Bereich von +/–40 %. Dadurch sind relativ feine Korrekturen an den Farben und der Helligkeit möglich.*

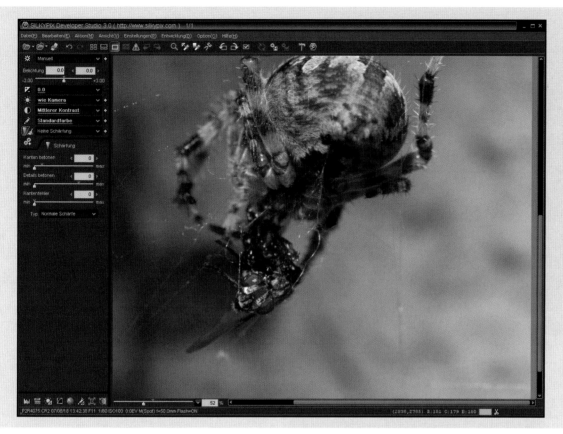

*Motive mit sehr feinen Strukturen,
wie hier die Haare der Insekten und
die Spinnfäden, erfordern eine sehr
genaue Kontrolle beim Schärfen.*

Der Kreis zeigt an, welche Farbe sich gerade unterhalb des Mauszeigers befindet, welchen Farbbereich Sie also für Ihre Korrekturen aktivieren müssen. Fassen Sie anschließend den weißen Punkt im jeweiligen Segment mit gedrückter Maustaste an und ziehen Sie den Punkt innerhalb des Segments an einen neuen Platz. Die Regler *Farbton* und *Sättigung* werden parallel zum Verschieben des Punkts angepasst, lediglich den Regler *Helligkeit* müssen Sie anschließend noch manuell verändern.

Alternativ zur Arbeit mit den weißen Punkten innerhalb der Farbkreissegmente können Sie die gleichen Korrekturen natürlich über die Regler oben im Dialog steuern. Im oberen Dropdown-Menü finden Sie Farbfelder, die die unten gezeigten Farbkreissegmente symbolisieren. Und falls Sie mal den Überblick über die Korrekturen verlieren, genügt ein Mausklick auf den Schalter *Zurücksetzen* rechts vom Dropdown-Menü mit den Farbfeldern.

In der Vergrößerung sieht man deutlich die punktartigen Strukturen, die man gemeinhin als Bildrauschen bezeichnet. Mit SILKYPIX lässt sich das Rauschen sehr gut reduzieren, wie Sie weiter unten erfahren werden.

⌈ i ⌋ BILDRAUSCHEN UND ISO

Bei guten Digitalkameras lässt sich der ISO-Wert (Empfindlichkeit – ISO 100 ist Standard) auf Werte um 1600 erhöhen. Um den Sensor empfindlicher zu machen, wird die anliegende Spannung erhöht, es kommt zu einem Verstärkungseffekt. Das heißt, unzureichendes Licht wird künstlich verstärkt. Diese Verstärkung bringt Bildrauschen hervor, das mit zunehmender Empfindlichkeit immer deutlicher wird. Mit SILKYPIX lässt sich dieses Bildrauschen zwar reduzieren, die Schärfe und Brillanz einer ISO-100-Aufnahme ist jedoch nicht erzielbar, wenn man mit höherer Empfindlichkeit wie z. B. ISO 1600 fotografiert.

SCHÄRFE EXAKT BEURTEILEN

Zoomen Sie die Ansicht des aktuellen Fotos auf 100 %, nur so lässt sich die Schärfe exakt beurteilen. Alle anderen Bildschirmdarstellungen werden von der Grafikkarte Ihres Rechners interpoliert, was zu Verfälschungen auf Pixelebene führt.

Schärfe und Rauschunterdrückung

Digitalkameras schärfen Aufnahmen ganz automatisch nach, wenn man nicht mit RAW-, sondern mit JPEG-Dateien arbeitet. Der Grund dafür heißt Interpolation. Bei der Interpolation werden die aufgenommenen roten, grünen und blauen Pixel (RGB) so miteinander verrechnet, dass auch Zwischenfarben und -helligkeiten dargestellt werden können. Denn immerhin möchte man keine Aufnahmen, die ausschließlich aus vollkommen roten, grünen und blauen Pixeln bestehen. Die Interpolation bewirkt jedoch eine leichte Unschärfe, die die Kamera durch Schärfung wieder ausgleichen kann. Der Grad der Schärfung ist über die Kameramenüs von moderat bis stark in verschiedenen Stufen einstellbar.

Problem bei der Sache: Jedes neue Motiv benötigt eigentlich eine etwas andere Schärfung, je nachdem, wie fein die Strukturen im Motiv sind. Deshalb ist es bei Weitem professioneller, mit RAW-Dateien zu arbeiten, weil die Kamera in diesem Fall keine Schärfung vornimmt. Die Interpolation, also die Interpretation der roten, grünen und blauen Farbinformationen, findet erst in SILKYPIX statt. Dementsprechend kann man die notwendige Schärfung nachträglich per Software viel genauer steuern, als die Kamera dies kann.

Ist das Werkzeug Schärfung aktiviert, können Sie für den Anfang aus den Voreinstellungen einen Schärfegrad auswählen. Das Feintunig geschieht dann mit den zum Schärfewerkzeug gehörenden drei Reglern.

Die beiden Werkzeuge zum Schärfen und zur Rauschunterdrückung liegen im Werkzeugbereich in einer Zeile. Der Grund hierfür: Schärfe und Bildrauschen hängen direkt voneinander ab und sollten immer in einem Arbeitsschritt korrigiert werden. Je deutlicher die Schärfung, desto deutlicher sichtbar wird Bildrauschen.

Was ist Bildrauschen?

Bildrauschen ist ein Phänomen, das jede Digitalaufnahme betrifft. Machen Sie dazu einfach mal einen Versuch und fotografieren Sie eine dunkle Ecke im Keller ohne Blitz und ein wenig zu dunkel. Hellen Sie das Bild dann am Computer deutlich auf und beobachten Sie die Strukturen in den Schatten.

Zoomen Sie dazu die Schattenbereiche groß ins Bild. Sie werden sehen, dass in eigentlich homogenen Flächen deutliche Punktstrukturen zu erkennen sind – das Bildrauschen. Bildrauschen ist einfach ausgedrückt ein elektronisches Hintergrundrauschen, das umso deutlicher wird, je weniger verwertbare Informationen von der Kamera bzw. dem Sensor und der Kamerasoftware zur Verfügung stehen. Man unterscheidet in der Digitalfotografie zwei Arten von Rauschen: das Helligkeitsrauschen und das Farbrauschen, bei dem farbige Punktstrukturen zu erkennen sind. Beide Arten von Rauschen sind mit SILKYPIX reduzierbar.

Wie wird geschärft?

Beim Schärfen einer Aufnahme sucht sich SILKYPIX, bzw. der für das Schärfen zuständige Algorithmus, Kontrastkanten im Bild. Je deutlicher der Kontrast an einer Kante oder einem Übergang zwischen einem hellen und einem dunklen Bereich ist, desto höher erscheint der Schärfegrad. Mit den Werkzeugen zur Schärfung lässt sich der Kontrast an Strukturkanten sehr gezielt steuern, indem sowohl die Intensität der Kontrasterhöhung als auch der Wirkungsbereich der Kontraststeigerung kontrolliert werden.

Schärfe einstellen

SILKYPIX bietet zum Schärfen verschiedene Voreinstellungen, die sich im Dropdown-Menü rechts neben dem Schärfewerkzeugsymbol befinden. Standard ist die Einstellung *Natürliche*

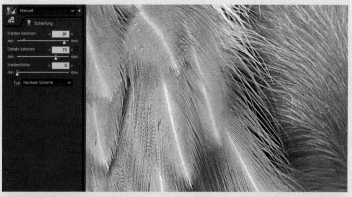

Die beiden Abbildungen zeigen, welche Wirkung das Verschieben des Reglers **Kanten betonen** *hat. Man sieht hier deutlich, dass bei zu hohen Werten hässliche Kantenstrukturen auftreten – eine Überschärfung.*

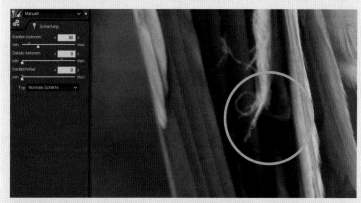

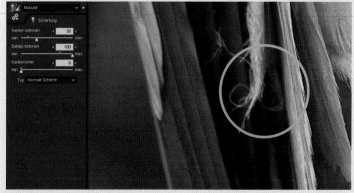

Man sieht deutlich, dass eine Verschiebung des Reglers **Details betonen** *nach rechts nicht nur Strukturen schärft, sondern auch das Bildrauschen in dunklen Bildbereichen verstärkt.*

Schärfung, die immer als Ausgangspunkt für eigene Korrekturen dienen kann.

Zunächst Kanten betonen ...

Wenn das gerade bearbeitete Foto nicht hinreichend mit einer der Voreinstellungen geschärft wird und Sie noch weitere Detailverbesserungen vornehmen möchten, beginnen Sie die Arbeit mit dem Regler *Kanten betonen*. Hiermit wird zunächst die allgemeine Schärfe im Bild erhöht. Probieren Sie den Regler aus und verschieben Sie ihn deutlich nach rechts, um den Effekt zu beobachten. In der Praxis hat sich gezeigt, dass durch zu hohe Werte feine Strukturen schnell überschärft werden. Seien Sie also vorsichtig mit der Kantenbetonung, weitere Details lassen sich im nächsten Schritt herausarbeiten. Beachten Sie, dass der Wert des Reglers *Kanten betonen* den nächsten

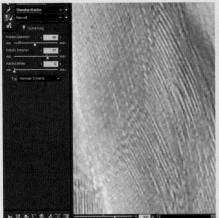 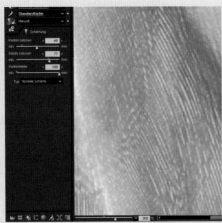 

Um Überschärfungseffekte an Kontrastkanten zu beheben, verschieben Sie den Regler **Kantenfehler** nach rechts. Aber Vorsicht! Die Weichzeichnung der Kanten fällt bei hohen Werten sehr deutlich aus, was die Bildstrukturen unrealistisch wirken lässt.

Die beiden Bilder zeigen das gleiche Motiv einmal ohne Schärfung (links) durch SILKY-PIX und einmal mit optimaler Schärfung (rechts). Da der Grad der Schärfung im Druck auch von der Ausgabegröße abhängt, wurden beide Bilder gleichermaßen für den Buchdruck nochmals optimiert, der Unterschied ist dennoch realistisch dargestellt.

Regler *Details betonen* direkt beeinflusst. Das heißt, je höher der Wert des ersten Reglers, desto deutlicher ist die Wirkung des zweiten.

... dann Details betonen

Mit dem Regler *Details betonen* lassen sich sehr feine Kanten wie bei Haaren oder Federn bearbeiten. Weil der Regler jedoch nur auf sehr feine Strukturen wirkt, wird bei einer Aufnahme mit hohem Grundrauschen auch das Bildrauschen deutlich verstärkt. Gerade hier ist es absolut notwendig, dass Sie mehrere Bereiche im Bild auf die Details hin kontrollieren. Sind es z. B. dunkle, einheitliche Flächen im Bild (Schatten), die leichtes Rauschen zeigen, sollten Sie diese Bereiche prüfen, nachdem Sie den Regler *Details betonen* auf feine Strukturen im Foto angewendet haben.

Kantenfehler beheben

Beim Schärfen treten häufig unerwünschte Kanteneffekte (Halo) auf, die je nach Schärfegrad immer deutlicher werden. Mit SILKYPIX lassen sich solche Fehler recht einfach und effektiv ausgleichen mit dem Regler *Kantenfehler beheben*. Die Wirkung beruht im Prinzip auf einer leichten Weichzeichnung rund um die von der Schärfung betroffenen Kanten, daher sollten die Auswirkungen auch dieses Reglers unbedingt in einer vergrößerten Ansicht kontrolliert werden. Für die hier gezeigten Abbildungen wurde der Regler einmal auf 0 und einmal auf 100 gestellt. Der Wert 100 ist in der Praxis unrealistisch, beim Beispielbild brachte ein Wert von 60 die besten Ergebnisse.

Normal oder besser schärfen?

SILKYPIX bietet zwei unterschiedliche Schärfealgorithmen, die sich im Dropdown-Menü *Typ* befinden. Standard ist die *Normale Schärfung*, der zweite und bessere Algorithmus heißt *Hoher Detailreichtum*. Eigentlich gibt es keinen Grund, warum man *Hoher Detailreichtum* nicht auswählen sollte. Die Wirkung dieses Algorithmus ist deutlich subtiler, für sehr feinkörnige, brillante Bilder ist diese Option definitiv die bessere Wahl. Wenn es mal nicht so sehr auf maximale Qualität und perfekte Schärfe ankommt, genügt die *Normale Schärfung*.

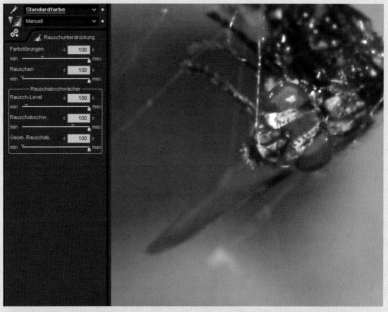

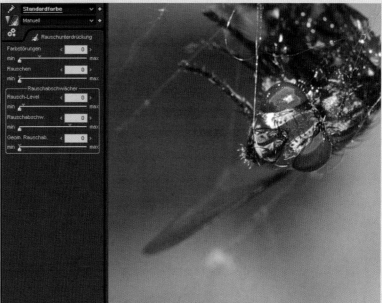

Die beiden Abbildungen zeigen einen direkten Vergleich, bei dem die Minimal- und Maximalwerte aller Rauschunterdrückungsregler eingestellt wurden.

Rauschunterdrückung

Wie weiter oben schon erklärt, hat der moderne Digitalfotograf mit zwei Arten des Bildrauschens zu kämpfen: Helligkeits- und Farbrauschen. Gegen beide Störungsarten gibt es in SILKYPIX effektive Werkzeuge. Trotzdem eine Warnung vorweg: Jede Reduzierung von Störungen hat auch immer Auswirkungen auf die Detailwiedergabe und die Schärfe eines Fotos. Je kräftiger Rauschen bekämpft wird, desto weicher werden Details und verlieren dadurch Kontraste, die für den Schärfeeindruck einer Aufnahme wichtig sind.

Wie für die Kontrolle der Schärfe mithilfe des entsprechenden Werkzeugs gilt auch bei der Rauschunterdrückung, dass eine sinnvolle Beurteilung der Veränderungen nur möglich ist, wenn das Foto in der 100-%-Ansicht auf dem Monitor zu sehen ist. Zoomen Sie daher auf jeden Fall zunächst auf 100 %, bevor Sie mit den Reglern des Rauschwerkzeugs zu arbeiten beginnen.

Falls nötig, Farbrauschen entfernen

Beginnen Sie beim Entfernen von Bildrauschen immer mit dem Regler *Farbstörungen*. Falls derartige Störungen, bei denen leicht farbige Pixel in ansonsten homogenen Flächen auftauchen, in Ihrem Bild zu sehen sind, schieben Sie den Regler nach rechts. Gehen Sie dabei jedoch behutsam um und kontrollieren Sie die Veränderungen gewissenhaft. Denn der Regler *Farbstörungen* bewirkt mitunter unerwünschte Farbverschiebungen. Benutzen Sie für einen schnellen Vorher-Nacher-Vergleich nach dem Verstellen des Reglers einfach die Tastenkombinationen [Strg]+[Z] (rückgängig machen) und [Strg]+[Y] (wiederherstellen).

Helligkeitsrauschen bekämpfen

Um hochfrequentes Helligkeitsrauschen zu verringern, wird im zweiten Arbeitsgang der Regler *Rauschen* nach rechts verschoben. Auch hier ist die Kontrolle der Wirkung in der 100-%-Ansicht des Bildes sehr wichtig, da durch einen sehr hohen Wert des Reglers feine Details verschwinden können. Suchen Sie sich deshalb einen Bildbe-

reich, der am besten feine Details vor oder in einer homogenen Fläche zeigt. In solchen Flächen ist das Helligkeitsrauschen in der Regel am deutlichsten zu sehen.

Noch feinere Rauschunterdrückung

Die nächsten drei Regler im Bereich *Rauschabschwächer* arbeiten noch etwas differenzierter als die Regler *Farbstörungen* und *Rauschen*. Schieben Sie diese beiden Regler jeweils auf 0, um die Wirkung der Regler *Rausch-Level*, *Rauschabschwächung* und *Geometrische Rauschabschwächung* besser beurteilen zu können.

Die beiden Regler *Rausch-Level* und *Rauschabschwächer* hängen voneinander ab. Der *Rausch-Level* legt fest, ab welchem Schwellenwert (Höhe des Tonwertkontrasts zwischen zwei Pixeln) eine Rauschunterdrückung überhaupt wirken soll. Mit dem Regler *Rauschabschwächung* wird anschließend der Grad der Rauschunterdrückung angegeben. Das heißt, die *Rauschabschwächung* wirkt erst dann, wenn der *Rausch-Level* einen höheren Wert als 0 annimmt. Je höher beide Werte, desto intensiver ist die Rauschunterdrückung.

Probieren Sie zum Schluss noch den Regler *Geometrische Rauschabschwächung* aus, wenn Sie mit den Ergebnissen noch immer nicht zufrieden sind. Allerdings wirkt der Regler ziemlich drastisch, und Sie sollten den Grad der Rauschunterdrückung genau kontrollieren, um nicht bildwichtige Details zu verlieren.

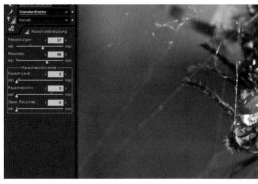

*Für das Beispielbild wurde der Regler **Rauschen** auf den Wert **66** gestellt. Das Rauschen in der grünen Fläche ist zwar verschwunden, die Details an den Spinnfäden und am Kopf der Fliege sind jedoch auch weg.*

*Im Bereich **Rauschabschwächer** sind vor allem die beiden Regler **Rausch-Level** und **Rauschabschwächer** interessant. Der dritte Regler ist eine zusätzliche Alternative, die nicht immer bessere Ergebnisse bringt, aber durchaus auch ausprobiert werden sollte.*

Objektivfehler und Bildsymmetrie

Je billiger eine Kompaktkamera mit festem Objektiv bzw. ein Objektiv für eine digitale Spiegelreflexkamera ist, desto eher hat man mit Objektivfehlern zu kämpfen. Objektiv- bzw. Abbildungsfehler gibt es eine Menge, die wichtigsten sind Verzerrungen, Verzeichnungen, Randabschattungen (Vignettierung) und chromatische Aberration. Ursache für diese Abbildungsfehler sind die Objektive, wobei es hier nicht um Schlamperei bei der Produktion, sondern um konstruktionsbedingte Probleme geht, die nur durch sehr hohen technischen Aufwand behoben werden können. Aus diesem Grund sind Objektive für Profis deutlich teurer als solche für den Fotoamateur, denn die Objektivfehler werden bei Profioptiken so weit wie möglich durch die Konstruktion und die verwendeten Materialien eliminiert.

Besonders anfällig für Objektivfehler sind Zoomobjektive. Bei solchen Variooptiken müssen die Objektivkonstrukteure viele Kompromisse eingehen, um für jede der verfügbaren Brennweiten

optimale Bildqualität zu gewährleisten. Objektive mit fester Brennweite lassen sich besser für die Vermeidung von Abbildungsfehlern optimieren.

Die Fehler im Detail

Verzeichnungen sieht man häufig in Aufnahmen, die mit kurzen Brennweiten, also im Weitwinkelbereich gemacht wurden. Am Rand befindliche Linien (Häuserkanten, Fahnenmasten o. Ä.) sind dann gebogen. Diese Verzeichnungen können tonnenförmig (nach außen gebogen) oder kissenförmig (nach innen gebogen) sein.

Vignettierung bewusst nutzen

Der zweite, nicht nur bei Weitwinkelaufnahmen immer wieder vorkommende Fehler ist die Vignettierung oder Randabschattung. Hierbei kommt es zu dunklen Bildecken, die je nach Objektiv sehr deutlich ausfallen können. Vignettierungen sind eine zweischneidige Angelegenheit, denn professionelle Reportage- und Porträtfotografen nutzen die – auch bewusst verstärkte – Vignettierung häufig dazu, den Blick des Betrachters

Um die Problematik von Verzeichnungen zu zeigen, wurde der Zaun aus kurzer Distanz mit einem Weitwinkel-Zoomobjektiv bei 17 mm Brennweite aufgenommen. Die am Rand liegenden Streben des Zauns sind deutlich nach außen gebogen.

217

Diese Farbsäume sind an Kontrastkanten ein deutlich sichtbares Phänomen, bei kontrastarmen Übergängen im Bild sorgt die Aberration dagegen für Unschärfe. Die Ursache für diesen Abbildungsfehler liegt in der Tatsache, dass die unterschiedlichen Farbanteile des Lichts vom Linsenglas leicht unterschiedlich gebrochen werden. Die Farbanteile des Lichts eines Motivpunkts treffen also nicht exakt auf einem Punkt auf dem Sensor auf.

Der chromatischen Aberration kann man im Gegensatz zur Vignettierung in keinem Fall einen ästhetischen Nutzen abgewinnen. Wenn Sie die Farbsäume in feinen Details in Ihren Fotos entdecken, sollten Sie die Objektivkorrekturwerkzeuge von SILKYPIX auf jeden Fall benutzen.

Feineinstellung Objektiv

Öffnen Sie mit einem Mausklick auf das zweite Symbol von rechts unten in der kleinen Werkzeugleiste das Werkzeugfenster *Feineinstellung Objektiv*. Alternativ zum Mausklick auf den Schalter können Sie das Werkzeug auch über das Menü *Ansicht* öffnen.

Randabschattungen müssen nicht immer negativ sein. Die bewusst abgedunkelten Bildecken lenken den Blick auf den Bildmittelpunkt.

auf den Bildmittelpunkt und das Zentrum des Geschehens zu lenken. Der Blick wird automatisch von helleren Bildbereichen angezogen, die dunklen Ränder oder Ecken sind nicht so interessant.

An den Fenstersprossen, die sich im Originalbild weit außen am Rand befinden, erkennt man deutlich die Auswirkung der chromatischen Aberration. An den Kanten laufen rote und grüne Säume entlang.

Chromatische Aberration

Von chromatischer Aberration spricht man, wenn einzelne Farbanteile des Lichts nicht auf einem Punkt auftreffen, sondern gestreut werden und dadurch an kontrastreichen Kanten Farbsäume entstehen. Ein typisches Motiv sind z. B. Äste vor hellem Himmel oder Fenster, die aus einem Innenraum aufgenommen die helle Umgebung zeigen.

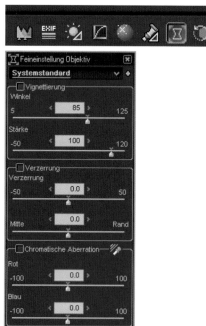

Um die drei Werkzeuge zur Objektivkorrektur zu aktivieren, müssen in den Kästchen links neben den Werkzeugbezeichnungen Häkchen zu sehen sein. Für eine schnelle Vorher-Nachher-Ansicht können Sie die Häkchen einfach per Mausklick entfernen.

ZUR ORIENTIERUNG

Ein 35-mm-Weitwinkelobjektiv hat etwa einen Sichtwinkel von 65°, bei einem 120-mm-Teleobjektiv beträgt der Winkel ca. 20°.

VERZERRUNGSKORREKTUR

Wenn eine Verzerrung im Bild korrigiert werden muss, werden die Ränder des Fotos von SILKYPIX entweder nach innen oder außen gebogen, um die gebogenen Linien im Motiv wieder auszugleichen. Durch dieses Verbiegen muss das Foto hinterher natürlich beschnitten werden, immerhin sind die Bildränder nun nach außen oder innen gewölbt. Stellen Sie sich also darauf ein, dass SILKYPIX nach der Verzerrungskorrektur das Foto so beschneidet, dass es wieder exakt rechteckig ist. Die wegfallenden Bildteile sind jedoch im Vergleich zum ästhetischen Nutzen der Korrektur nicht allzu gravierend.

Um die Vignettierung einer Aufnahme zu beheben, sollten Sie das gesamte Bild, also auch die Bildränder, auf dem Monitor sehen. Zoomen Sie mit dem Zoomwerkzeug oder den Tastenkombinationen [Strg]+[+] und [Strg]+[-] das Bild auf die richtige Anzeigegröße.

Mit dem Regler *Winkel* wird zunächst der Sichtwinkel des verwendeten Objektivs eingestellt. Ein Weitwinkelobjektiv hat einen größeren Sichtwinkel als ein Teleobjektiv, deshalb müssen Sie für Aufnahmen mit Weitwinkel einen höheren Wert verwenden.

Die Abdunklung bzw. Aufhellung der Ränder wird anschließend über den Regler *Stärke* vorgenommen. Probieren Sie einfach die Wirkung des Reglers aus, indem Sie ihn hin- und herschieben. Für einen schnellen Vorher-Nachher-Vergleich deaktivieren Sie das Vignettierungswerkzeug einfach mit einem Mausklick auf das Häkchen links oben im Werkzeugfenster neben der Bezeichnung *Vignettierung*.

Aufgeblasene Bilder retten

Das zweite Werkzeug im Dialogfenster *Feineinstellung Objektiv* dient dazu, Verzerrungen bzw. Verzeichnungen zu entfernen. Mit normalen Mitteln der Bildbearbeitung ist so eine Korrektur ziemlich umständlich, mit SILKYPIX genügt es, zwei Regler behutsam zu verschieben. Auf diese Weise können Sie sowohl tonnen- als auch kissenförmige Verzerrungen, wie sie vor allem bei Weitwinkelbildern oft zu sehen sind, schnell und exakt beheben.

Arbeiten Sie mit einem halbwegs hochwertigen Objektiv, sind meistens nur geringe Aufhellungen an den Rändern nötig, um die Vignettierung zu bekämpfen.

Je nach Güte des Objektivs fallen die Verzeichnungen mehr oder weniger drastisch aus. In der Regel sollten jedoch Korrekturwerte zwischen 20 und –20 ausreichen, um die gebogenen Linien wieder zu begradigen.

Stellen Sie als Erstes den Regler *Verzerrung* ein. Verschieben Sie ihn nach links, um im Bild nach außen gebogene Linien (tonnenförmige Verzerrung) wieder nach innen zu verbiegen. Haben Sie es mit einer kissenförmigen Verzeichnung zu tun, schieben Sie den Regler nach rechts.

Möchten Sie neben dem Grad der Verzerrungskorrektur außerdem steuern, ob die Ausrichtung eher an den Rändern des Bildes oder bis in den Innenbereich hinein wirken soll, verschieben Sie noch den Regler *Mitte/Rand*. Probieren Sie die Extremwerte einfach kurz aus, um ein Gefühl für die Wirkung zu bekommen.

Farbsäume entfernen

Wollen Sie mehr als nur schöne Schnappschüsse fürs Familienalbum und Ihre besten Aufnahmen auch mal als 20-x-30-Abzug oder noch größer präsentieren, sollten Sie der chromatischen Aberration unbedingt ein wenig Aufmerksamkeit schenken. Denn die Farbsäume an kontrastreichen Kanten, vor allem in den Außenbereichen von Fotos, fallen erst auf den zweiten Blick auf. Haben Sie ein Bild in der Gesamtansicht auf dem Monitor vor sich, werden Sie die Farbsäume vermutlich nicht bemerken. Erst wenn Sie die gefährdeten Detailbereiche heranzoomen, sind die Farbkanten zu sehen. In größeren Ausdrucken oder Abzügen wird der Objektivfehler mit ziemlicher Sicherheit auffallen.

Zoomen Sie zur Kontrolle Ihrer Fotos extrem ins Bild hinein. Verwenden Sie z. B. den Schieberegler am unteren Bildrand und stellen Sie dort einen Wert von ca. 300 % ein.

Mit dem Zoomregler links unten am Bildrand können Sie den Vergrößerungsfaktor der Bildansicht stufenlos festlegen. Auch die Angabe eines festen Prozentwerts ist möglich.

Suchen Sie sich anschließend einen kritischen Bereich im Bild, indem Sie mit gedrückter linker Maustaste das Foto auf dem Monitor verschieben. Aktivieren Sie nun das Pipettenwerkzeug im Dialogfenster *Feineinstellung Objektiv*, das sich rechts neben der Bereichsüberschrift *Chromatische Aberration* befindet.

Bewegen Sie den zur Pipette verwandelten Mauszeiger auf einen der Farbsäume, die rot, grün, blau oder gelb sein können, und klicken Sie den Farbsaum an. SILKYPIX analysiert und korrigiert auf diese Weise ganz automatisch die Auswirkungen der chromatischen Aberration.

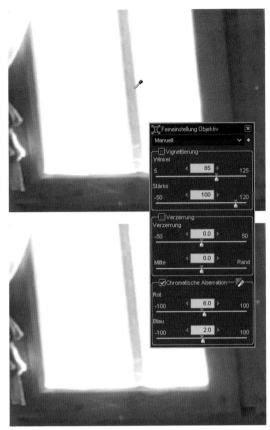

Mit dem Pipettenwerkzeug zur Korrektur der chromatischen Aberration lassen sich die Farbfehler am schnellsten ausgleichen. Die Werte der beiden Regler für Rot/Grün- bzw. Blau/Gelb-Korrekturen werden dabei entsprechend angepasst.

Falls das Pipettenwerkzeug nicht den gewünschten Erfolg zeigt, können Sie die Farbsaumkorrekturen natürlich ebenso per Hand vornehmen. Verschieben Sie dazu die beiden Regler *Rot* und *Blau*. Der Regler *Rot* korrigiert rote und grüne Säume (Grün ist die Komplementärfarbe von Rot), der Regler *Blau* kümmert sich um blaue und gelbe Fehler.

Drehung/Stürzende Linien

Nach den konstruktionsbedingten Abbildungsfehlern, die im vorangegangenen Abschnitt besprochen wurden, gibt es noch weitere Bildfehler, die jedoch nichts mit Kamera- und Objektivtechnik zu haben. Ursache für schiefe Bilder und stürzende Linien ist vielmehr die Positionierung der Kamera. Auch diese Fehler sind für SILKYPIX nur Kleinigkeiten und mit ein paar Mausklicks schnell perfekt zu beheben.

Horizont gerade ausrichten

Um den Horizont in seinen Bildern perfekt waagerecht darzustellen, muss man mit Stativ und Wasserwaage arbeiten. Wer keine Lust hat, diesen Aufwand zu betreiben, und ab und zu auch mal Landschaften aus der Hand fotografiert, kann den Horizont schnell mit SILKYPIX und den Werkzeugen im Dialogfenster *Drehung/Stürzende Linien* ausrichten.

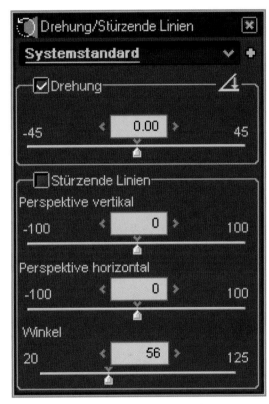

*Beide Werkzeuge im Dialogfenster **Drehung/Stürzende Linien** lassen sich für eine schnelle Vorher-Nachher-Kontrolle ein- und ausschalten. Setzen Sie einfach mit einem Mausklick ein Häkchen ins Kästchen links neben der Werkzeugbezeichnung.*

Raster zum Ausrichten

Sehr praktisch am Werkzeug *Drehung*: Sobald Sie mit gedrückter linker Maustaste den Regler verschieben, erscheint im Bildfenster ein Raster, das sehr hilfreich beim Ausrichten sichtbarer Horizonte ist. Um aus dem gedrehten Bild wieder eine verwertbare Datei zu machen, deren Ränder exakt horizontal und vertikal stehen, beschneidet SILKYPIX die Aufnahme automatisch noch während des Drehvorgangs.

Gitternetzlinien helfen beim Ausrichten des Horizonts. Sobald Sie das Bild drehen, wird es von SILKYPIX automatisch beschnitten.

KORREKTUREN BRAUCHEN VIEL „FLEISCH"

Wenn Sie ein Gebäude nur mit stürzenden Linien aufnehmen können, weil ein besserer Standort nicht möglich ist, versuchen Sie, genügend „Drumherum" für die späteren Korrekturen mit ins Bild zu bekommen. Beim Geraderücken der Gebäude in SILKYPIX werden die Motive stark verzerrt, wodurch viel Motivinhalt beim Beschneiden wegfällt.

Bei aktiviertem Raster blendet SILKYPIX automatisch das Dialogfeld *Raster-Einstellungen* ein. Hier können Sie die *Rasterweite* Ihren Bedürfnissen entsprechend einstellen und über das linke

Einstellen der **Rasterweite**.

Symbol *Raster bewegen* den Verschiebemodus aktivieren.

Stürzende Linien korrigieren

Stürzende Linien entstehen immer dann, wenn der Architekturfotograf vor seinem Motiv (Haus, Kirche, Turm etc.) einen sehr tiefen, nahen Standpunkt einnimmt. Die Kamera muss, um das gesamte Gebäude aufs Bild zu bringen, nach oben geneigt werden. Dadurch laufen die eigentlich parallelen Gebäudekanten im Bild perspektivisch

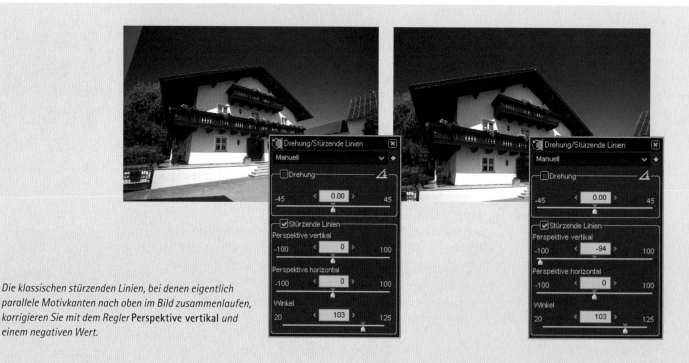

Die klassischen stürzenden Linien, bei denen eigentlich parallele Motivkanten nach oben im Bild zusammenlaufen, korrigieren Sie mit dem Regler Perspektive vertikal *und einem negativen Wert.*

aufeinander zu – das Gebäude sieht aus, als würde es nach hinten kippen.

Um stürzende Linien zu bearbeiten, finden Sie im Dialogfenster *Drehung/Stürzende Linien* drei Regler. Der wichtigste Regler heißt *Perspektive vertikal*, da mit ihm die typischen nach oben zusammenlaufenden Linien in einer Gebäudefotografie entzerrt werden.

Während mit dem Regler *Perspektive vertikal* das Bild oben und unten gestreckt/gestaucht wird, können Sie ein Foto mit dem Regler *Perspektive horizontal* gleichzeitig links und rechts strecken/stauchen. Die Wirkung ist jeweils die gleiche, nur eben um 90° gedreht.

Der letzte der drei Regler, *Winkel*, ist nur dann wichtig, wenn Sie mit einer Kamera arbeiten, die keine verwertbaren EXIF-Informationen über die verwendete Brennweite speichert. EXIF-Informationen sind sogenannte Metainformationen, die üblicherweise Teil der von der Digitalkamera erzeugten Bilddatei sind.

Hier finden sich Angaben zum Aufnahmezeitpunkt, zum Kameramodell, zu Belichtungswerten und eben auch zur Brennweite, die von den meisten Programmen zur Bildbearbeitung problemlos ausgelesen werden können. Anhand dieser Brennweitenangabe legt SILKYPIX automatisch den Winkel für die Korrektur der stürzenden Linien fest.

Winkel bedeutet hier genauer *Sichtwinkel des Objektivs*, der von der Brennweite abhängig ist. Perfekte Korrekturen von stürzenden Linien sind nur mit der genauen Angabe des Winkels möglich. Wenn Sie trotz der Korrekturen das Gefühl haben, Ihr Bild sei noch immer seltsam verzerrt, kann dies daran liegen, dass SILKYPIX nicht den Sichtwinkel des verwendeten Objektivs herausfinden konnte. Stellen Sie in diesem Fall den Winkel manuell über den Regler ein.

Fotos beschneiden

Sind sämtliche Tonwert-, Farb-, Kontrast- und Geometriekorrekturen erledigt, sollten Sie sich Ihr Foto auf jeden Fall noch mal in Hinblick auf gute Bildgestaltung betrachten. Sind Horizont und Hauptmotiv(e) im Goldenen Schnitt oder nach der Drittel-Regel angeordnet? Ist noch zu viel an den Bildrändern zu sehen, das ohne Bedeutung für die Bildaussage ist?

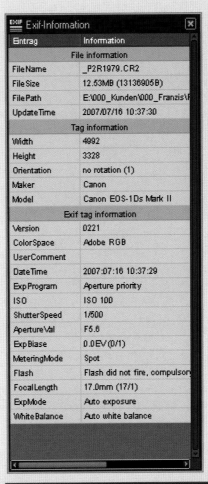

EXIF-Informationen lassen sich in SILKYPIX in einem eigenen Fenster anzeigen. Rufen Sie dazu den entsprechenden Befehl im Menü **Ansicht** *auf.*

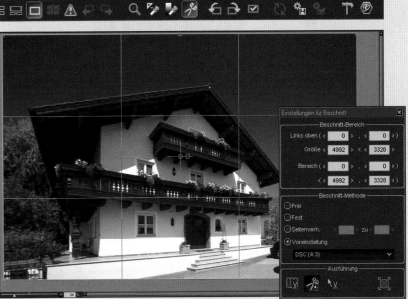

Praktisch: Sobald das Beschnitt-Werkzeug aktiv ist, werden zur Unterstützung Gitternetzlinien über dem Foto eingeblendet. Diese erleichtern die Bildgestaltung nach der Drittel-Regel, nach der wichtige Elemente an den Linien bzw. in deren Schnittpunkten angeordnet sein sollten.

Wenn an der Bildgestaltung noch etwas zu optimieren ist, rufen Sie das Werkzeug *Beschnitt* auf. Der Schalter dazu befindet sich in der oberen Werkzeugleiste und wird durch eine kleine Schere symbolisiert. Ist das Werkzeug aktiv, wird ein Gitternetz samt Anfasspunkten an den Ecken und Seiten eingeblendet. Diese Anfasspunkte können mit gedrückter linker Maustaste verschoben werden.

Beschnitt-Methoden

Im Beschnitt-Dialog lässt sich der Bildbeschnitt pixelgenau festlegen. Dieses Feature dürfte jedoch in der Praxis relativ selten benötigt werden. Die Textfelder im Bereich *Beschnitt-Bereich* dienen der Angabe der Koordinaten.

Wichtiger ist die *Beschnitt-Methode*. Hier haben Sie vier Optionen zur Auswahl. Sie können das Bild völlig frei und ohne Angabe einer festen Größe oder eines Seitenverhältnisses beschneiden (Option *Frei*), mit der Option *Fest* bleibt das ursprüngliche Seitenverhältnis des Fotos erhalten. Über die Option *Seitenverhältnis* können Sie manuell ein Verhältnis zwischen Breite und Höhe angeben, allerdings sind die meisten gebräuchlichen Seitenverhältnisse im Dropdown-Menü *Voreinstellung* zu finden.

Die gängigen Seitenverhältnisse für Bildabzüge können Sie im Dropdown-Menü **Voreinstellung** *auswählen.*

Die Schalter unten im Dialog *Einstellungen für Beschnitt* haben folgende Bedeutungen:

- Das ausgewählte Seitenverhältnis wird auf den Beschnittrahmen über dem Foto angewendet.

- Alle Veränderungen am Beschnittrahmen werden wieder rückgängig gemacht.

- Das manuelle Beschnittwerkzeug wird eingeschaltet, um mit der Maus im Bild einen Beschnittrahmen aufzuziehen.

- Es werden auch ungültige Bildteile für den Beschnitt mit einbezogen, die z. B. durch vorherige geometrische Korrekturen eigentlich nicht mehr nutzbar sind.

Um den Beschnittrahmen im Bild zu bewegen, befindet sich in der Mitte des Rahmens ein kleines Fadenkreuz. Fassen Sie das Fadenkreuz mit gedrückter linker Maustaste an und verschieben Sie den Rahmen. Das Symbol rechts neben dem Fadenkreuz lässt sich anklicken und bewirkt eine 90°-Drehung des Beschnittrahmens.

Mit angeklicktem Fadenkreuz verschiebt man den Beschnittrahmen im Bild, der gedrehte Pfeil dient dazu, den Rahmen um 90° zu drehen.

Sobald Sie einen Beschnittbereich festgelegt haben, können Sie das Werkzeug schließen oder zu einem anderen Werkzeug wechseln. SILKYPIX merkt sich natürlich automatisch, welchen Bildbereich Sie ausgewählt haben.

RAW-Fotos entwickeln

In den vorangegangenen Abschnitten haben Sie ein RAW-Bild auf verschiedene Arten korrigiert. Es wurden Tonwerte und Kontraste optimiert, der Weißabgleich neu definiert und die Farben justiert, schließlich Schärfe und Bildrauschen eingestellt, Objektivfehler ausgeglichen und der für die Bildgestaltung wichtige Beschnitt vorgenommen. Sind all diese Optimierungen und Korrekturen erledigt, können Sie Ihr Bild für die weitere Verarbeitung (Druck, Weitergabe per E-Mail, Präsentation auf einer Webseite etc.) als JPEG- oder TIFF-Datei speichern. Diesen Vorgang nennt man in SILKYPIX *Entwicklung.*

Entwicklungswerkzeug

Das letzte Werkzeug in der Werkzeugpalette am linken Rand der SILKYPIX-Oberfläche dient dazu, noch einige Parameter einzustellen, die für die Bildentwicklung wichtig sind. Klicken Sie das Symbol mit den zwei Zahnrädchen an, um die dazugehörenden Optionen und Regler aufzurufen.

Nach einem Klick auf das Zahnrädchensymbol erscheinen die wichtigsten Entwicklungseinstellungen im Werkzeugbereich.

⌐ i ⌐

SPEICHERN NICHT NOTWENDIG

SILKYPIX hat keinen *Speichern-*Befehl, wie ihn praktisch jedes andere Programm besitzt. Allerdings heißt das Dialogfenster zum Entwickeln von RAW-Bildern (Ablegen als JPEG- oder TIFF-Bild) dann doch wieder *Speichern unter.* Dennoch: Die von Ihnen vorgenommenen Korrekturen für RAW-Bilder werden von SILKYPIX ganz automatisch separat in einem eigenen Verzeichnis gespeichert. Sie müssen also zunächst mal nichts manuell sichern, denn die abgelegten Korrekturen werden automatisch aufgerufen, sobald Sie ein RAW-Bild wieder öffnen. Zur Erinnerung: RAW-Bilder selbst werden von SILKYPIX nicht angetastet, sodass Ihre Originale immer erhalten bleiben.

Die drei Symbole oben im Optionsbereich sind dazu da, um (von links nach rechts):

- die Bildvorschau manuell zu aktualisieren,

- das gerade aktive Bild für die Stapelverarbeitung vorzumerken (mehr dazu weiter unten),

- den Entwicklungsprozess zu starten und JPEG-/TIFF-Dateien zu speichern.

Zweischneidig: Demosaik-Schärfe

Die Wirkung des Reglers *Demosaik-Schärfe* ist eine zweischneidige Angelegenheit. Einerseits verbessert ein Wert von *80* (Standard) die Bildqualität durch feine Korrekturen von zwangsläufigen Interpolationsunschärfen, die bei der Interpretation der RGB-RAW-Daten entstehen, andererseits verlangsamt sich der Entwicklungsprozess ein wenig. Außerdem kann es passieren, dass vorhandenes Bildrauschen sichtbar verstärkt wird.

Belassen Sie den Regler zunächst auf der Standardeinstellung *80* und kontrollieren Sie die entwickelten JPEG- oder TIFF-Dateien in Ihrem Bildbearbeitungsprogramm bei voller Auflösung (Ansicht 100 %). Sind Sie mit der Schärfe bzw.

dem Rauschverhalten unzufrieden, probieren Sie einen niedrigeren Wert aus, wodurch auch die Bildentwicklung zügiger verläuft.

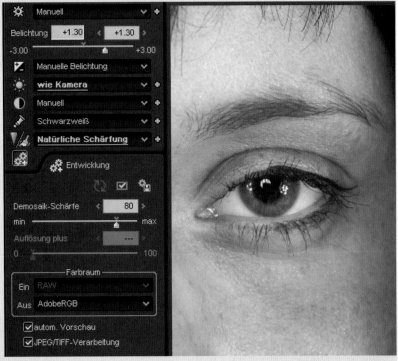

*Bei **JPEG-/TIFF**-Dateien lässt sich der Ausgangsfarbraum für die Bearbeitung auswählen, bei RAW-Dateien ist das entsprechende Dropdown-Menü **Ein** inaktiv.*

Auflösung plus – nur für Fuji S3/S5

Fotografieren Sie mit einer der Profi-SLRs S3 oder S5 von Fuji im WIDE-Modus, lässt sich aus den R-Pixeln des Sensors, der für die Aufnahme von sehr dunklen Bereichen zuständig ist, noch ein wenig mehr Auflösung herauskitzeln. Schieben Sie dazu den Regler einfach nach rechts, um das Verhältnis der genutzten zur nicht genutzten Zusatzinformation festzulegen. Wichtig zu wissen: Die von den R-Pixeln gesammelten Bildinformationen können stark verrauscht sein, daher ist die volle Nutzung der Zusatzauflösung nicht unbedingt immer sinnvoll.

Farbräume – bitte beachten!

Wer halbwegs professionell mit seinen Bildern umgeht – und da Sie mit SIKYPIX arbeiten, dürfte das der Fall sein –, sollte zumindest in Grundzügen wissen, was es mit Farbräumen auf sich hat. Ein Farbraum wird definiert durch einen bestimmten Umfang an verarbeitbaren Farben.
Konkret: Der Farbraum sRGB (weit verbreiteter Standard in der Digitalfotografie) hat einen etwas geringeren Farbumfang als der professionellere Farbraum AdobeRGB oder der Farbraum ECI-RGB (Standard in der professionellen Bildbearbeitung). Liegt ein Foto in einem bestimmten Farbraum vor, enthält es nur die Farben, die durch den Farbraum definiert sind. Da sRGB einen relativ geringen Farbumfang hat, kann man ihn als kleinsten gemeinsamen Nenner in der digitalen Fotografie bezeichnen. Praktisch alle modernen Kameras speichern JPEG-Bilder mit der Farbrauminformation sRGB ab.
Haben Sie in SILKYPIX eine JPEG- oder eine TIFF-Datei zur Bearbeitung geöffnet, finden Sie im Werkzeugbereich *Farbraum* im Dropdown-Menü *Ein* die Information über den Farbraum des Fotos bzw. können auswählen, ob der Ausgangsfarbraum sRGB oder AdobeRGB ist. Standard ist sRGB. Bearbeiten Sie keine JPEG-/TIFF-Datei, sondern ein RAW-Bild, ist das Dropdown-Menü *Ein* inaktiv.

Farbräume für die Weiterverarbeitung

Ebenso wichtig wie das Eingangsfarbprofil (bei JPEG-/TIFF-Dateien) ist der Ausgabefarbraum, der über das Dropdown-Menü *Aus* festgelegt wird. Hier können Sie wieder zwischen *sRGB* und

AdobeRGB wählen. Als Faustregel gilt, *sRGB* zu verwenden, wenn Ihre Bilder nicht mehr gravierend verändert und gleich ausgedruckt/entwickelt oder auf andere Weise präsentiert werden sollen. Bilder, die im Internet gezeigt werden sollen, sollten den Farbraum sRGB haben, da jeder moderne Monitor in der Lage ist, den Umfang dieses Farbraums darzustellen. Der größere *AdobeRGB*-Farbraum ist dann sinnvoll, wenn Sie das Bild noch weiter in einem Bildbearbeitungsprogramm bearbeiten möchten. Kleiner Tipp dazu: Hier sollten Sie nicht JPEG-, sondern TIFF-Dateien verwenden, da diese ohne Qualitätsverluste gespeichert werden. JPEG-Dateien werden komprimiert, was zu mehr oder weniger sichtbaren Qualitätseinbußen führt.

Geht das Bild gleich in den Drucker oder ins Internet, ist **sRGB** *der richtige Ausgabefarbraum. Wird noch am Foto gearbeitet, verwendet man besser den größeren Farbraum* **AdobeRGB.**

Die beiden letzten Optionen des Werkzeugs *Entwicklung* beziehen sich auf die Vorschau und die Dateiverarbeitung. Ist die Option *autom. Vorschau* aktiviert, wird das gerade bearbeitete Bild im SILKYPIX-Fenster ständig an veränderte Einstellungen angepasst. Das kann den Arbeitsprozess auf einem älteren Computer durchaus verlangsamen. Ist dies der Fall, schalten Sie die Option einfach aus, indem Sie mit einem Mausklick das Häkchen entfernen. Um die Vorschau dann doch zu aktualisieren, klicken Sie auf den gebogenen Doppelpfeil weiter oben.

Möchten Sie mit SILKYPIX neben RAW- auch JPEG- und TIFF-Daten verarbeiten, muss die entsprechende Option aktiviert sein. Fotografieren Sie ausschließlich RAW-Bilder, können Sie die Option deaktivieren.

Zwischenlager für Entwicklungsparameter

SILKYPIX stellt vier „Zwischenlager" für Entwicklungsparameter bereit. Sinn dieser vier Zwischen-

speicher: Sie können zu verschiedenen Zeitpunkten der RAW-Bildverarbeitung Zwischenstände abspeichern, die jederzeit per Mausklick wieder aufrufbar sind.

Hiermit erhalten Sie die Möglichkeit, insgesamt vier Stationen vom Original bis zum fertig bearbeiteten Foto zu speichern. Dadurch lässt sich sehr gut abschätzen, ob die Entwicklung eines Bildes in die richtige Richtung verläuft oder ob man besser nochmals von einem früheren Entwicklungsstand ausgehend erneut bestimmte Parameter verändert. Die Befehle zur Steuerung der Zwischenlager befinden sich im Menü *Einstellungen.*

Der Dialog Speichern unter

Nachdem Sie alle Parameter für die Bildentwicklung festgelegt haben, kann der Export des aktiven RAW-Bildes beginnen. Klicken Sie auf das rechte der drei Symbole am Kopf des Optionsbereichs des Entwicklungswerkzeugs. Das gleiche Symbol befindet sich nochmals in der oberen Werkzeugleiste. Außerdem lässt sich der Entwicklungsvorgang über die Befehle *Datei/ Entwicklung* oder *Entwicklung/Entwicklung* starten. Am schnellsten beginnt man die Entwicklung jedoch mit der Tastenkombination [Strg]+[S].

Ganz nach Geschmack: Ein Klick auf das Symbol **Entwicklung** *oder die beiden gleichnamigen Befehle starten das Speichern eines RAW-Bildes als JPEG- oder TIFF-Datei.*

Dateityp, Dateiname und Speicherort

Nach dem Aufrufen des Befehls *Entwicklung* wird ein Dialogfenster mit dem Titel *Speichern unter* geöffnet, das weitere wichtige Parameter enthält. Hier wird vor allem festgelegt, ob SILKYPIX JPEG- oder TIFF-Dateien erzeugen soll. Im Dropdown-Menü *Dateityp* stehen die beiden Dateiarten zur Auswahl. Natürlich können Sie auch einen individuellen Dateinamen sowie ein bestimmtes Verzeichnis als Speicherort angeben.

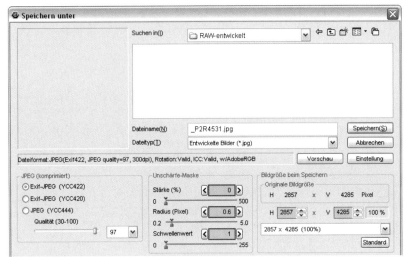

Im Dialog Speichern unter *können Sie zwischen TIFF- und JPEG-Dateien wählen und die entsprechenden Parameter wie Kompressionsrate, Farbraum und Unschärfe-Maske einstellen.*

Bilder automatisch umbenennen

Wie häufiger in SILKYPIX haben Sie an mehreren Stellen des RAW-Workflows die Möglichkeit, Bilder umzubenennen. Um global alle Dateien nach einem bestimmten Schema zu benennen, sollten Sie den Dialog *Einstellungen für Bild-Entwicklung* im Menü *Entwicklung* aufrufen. Am unteren Rand befinden sich Schaltflächen, die bestimmte EXIF-Informationen wie Brennweite, Blende, Belichtungszeit etc. repräsentieren.

Anhand dieser Informationen, die praktisch jedes Digitalfoto enthält, lassen sich Bilder beim Entwickeln automatisch umbenennen. Wenn Sie also z. B. dem Dateinamen die Information über das Aufnahmedatum und zur ISO-Empfindlichkeit automatisch beifügen möchten, klicken Sie auf die Schaltflächen *ISO* und *Datum*. Sobald SILKYPIX eine Datei entwickelt, fügt das Programm die entsprechenden Infos dem Dateinamen an.

JPEG-Bilder richtig komprimieren

Möchten Sie von SILKYPIX JPEG-Dateien erzeugen lassen, sollten Sie im Bereich *JPEG (komprimiert)* links unten im Dialogfenster noch angeben, mit welcher Qualitätsstufe die Bilder gespeichert werden sollen. Je niedriger die Qualität, desto kleiner (in Mega- bzw. Kilobyte) werden die Dateien. Die Ausdehnung, also die Auflösung in Pixeln, wird durch die Komprimierung nicht beeinflusst, lediglich die Bildqualität.

Dieser Bereich im Dialogfenster Speichern unter *ist nur aktiv, wenn Sie als Dateityp* JPEG *für Ihre Fotos ausgewählt haben.*

Probieren Sie am besten einige verschiedene Qualitätsstufen (Komprimierungsstufen) aus, um ein Gefühl dafür zu bekommen, welche Wirkung die JPEG-Komprimierung hat. Das hier gezeigte Beispielbild ist 2.000 x 3.000 Pixel groß und wurde einmal mit Qualitätsstufe 30 und einmal mit Stufe 100 gespeichert. Das Stufe-30-Bild ist ca. 100 Kilobyte groß, das Stufe-100-Bild belegt mit über 2 Megabyte etwa 20-mal so viel Speicherplatz auf der Festplatte.

YCC420, YCC422 oder YCC444

Im Dialog *Einstellungen für Bild-Entwicklung* befinden sich drei Optionen zur Speicherung von JPEG-Dateien. Hinter den Bezeichnungen *Exif-JPEG (YCC422)*, *Exif-JPEG (YCC420)* und *JPEG (YCC444)* verbergen sich drei unterschiedliche Algorithmen zur Komprimierung von JPEG-Dateien.

Wichtig zu wissen: Die beste Bildqualität bezüglich der Erhaltung von Farbinformationen bietet die Komprimierungsmethode *YCC444*. Die JPEG-Dateien sind hierbei etwas größer als bei den anderen beiden Methoden. Einen guten Kompromiss stellt die Methode *YCC422* dar, mit der Methode *YCC420* sind die Dateien am kleinsten, es gehen aber auch eine Menge Farbinformationen verloren. Da Speicherplatz auf der Festplatte heute wirklich nicht mehr teuer ist, sollten Sie genau überlegen, ob die Ersparnis von ein paar Kilobyte den Verlust an Farbinformationen rechtfertigt.

Die beiden Bilder haben die gleiche Auflösung, sind jedoch mit unterschiedlicher JPEG-Qualitätsstufe gespeichert worden. Die Vergrößerungen (400 %) zeigen, was bei der Komprimierung passiert und wie die Bildqualität leidet.

⌈ i ⌋

EXIF-INFORMATIONEN ERHALTEN

Aktivieren Sie für die Speicherung von JPEG-Dateien die Option *JPEG (YCC444)* und dazu das Kästchen *Exif-Info beifügen*. Dann bleiben auch die Aufnahmeinformationen (EXIF) erhalten.

Schärfe, Bildgröße und Vorschau

Obwohl es ein eigenes Werkzeug für Schärfe und Bildrauschen gibt, das Sie schon früher im Workflow angewendet haben, hat man im Dialog *Speichern unter* nochmals die Möglichkeit, eine Scharfzeichnung mit dem Filter *Unschärfe-Maske* durchzuführen.

Der Sinn dahinter: Wenn Sie das Originalbild beim Speichern von SILKYPIX vergrößern oder verkleinern lassen (Bereich *Bildgröße beim Speichern*), sollten Sie die Schärfe Ihres Fotos mithilfe des Schalters *Vorschau* auf jeden Fall noch mal kontrollieren. Denn gerade bei starker Verkleinerung z. B. für die Veröffentlichung eines Bildes im Internet wird praktisch immer eine neuerliche Schärfung notwendig.

Sobald Sie die Parameter für die *Bildgröße* und die *Unschärfe-Maske* eingestellt haben, klicken Sie auf den Schalter *Vorschau*. Es wird ein neues Fenster geöffnet, das lediglich das entwickelte Foto zeigt. Das Bild sieht anfangs ziemlich „pixelig" aus, weil die Berechnung der Vorschau ein paar Sekunden dauert. Klicken Sie anschließend mit der rechten Maustaste ins Foto, um ein Kontextmenü für die Anzeigegröße einzublenden. Stellen Sie für eine vernünftige Kontrolle die Ansicht auf 100 %. Gefällt Ihnen das Ergebnis nicht, schließen Sie das Vorschaufenster und stellen die Parameter der *Unschärfe-Maske* neu ein.

Klicken Sie, nachdem Sie alle Einstellungen vorgenommen haben, auf die Schaltfläche *Speichern(S)*. SILKYPIX beginnt mit der Entwicklung des Fotos, die je nach Leistungsfähigkeit des Computers einige Sekunden dauern kann.

Für das Foto wurde eine Bildgröße von 600 x 400 Pixeln gewählt, deshalb wurde eine weitere Scharfzeichnung mithilfe der Unschärfe-Maske nötig. Das Vorschaufenster zeigt, wie das Bild nach der Entwicklung aussehen wird.

Wie man hier sieht, war das Ausgangsbild eine JPEG-Datei, die mit SILKYPIX optimiert wurde. Achten Sie in diesem Fall darauf, einen neuen Dateinamen zu vergeben und nicht versehentlich die Originaldatei zu überschreiben.

Entwicklung automatisieren

SILKYPIX eröffnet für Fotografen, die häufig Serien schießen, einige besonders aufregende Möglichkeiten. Das betrifft einerseits die Bildentwicklung per Stapelverarbeitung (mehr dazu weiter unten), wobei eine Serie ausgewählter Bilder ganz automatisch von SILKYPIX entwickelt und gespeichert wird, andererseits lassen sich Entwicklungseinstellungen einer Aufnahme bequem auf andere Fotos übertragen. Da die Korrekturen, die mit SILKYPIX vorgenommen werden, standardmäßig als Informationsset gespeichert werden und jederzeit wieder abrufbar sind, lassen sich diese Korrekturinformationen sehr leicht auch auf weitere Bilder einer Serie anwenden.

Sie müssen, um ein Einstellungsset von einer Datei auf eine oder mehrere andere zu übertragen, natürlich nicht mit diesen SPD-Dateien hantieren, sondern können mit ein paar Mausklicks die Einstellungen übertragen. Praktischerweise geht das fast so leicht wie das berühmte Copy & Paste, also das Kopieren und Einfügen, das man von jeder Textverarbeitung kennt. Sogar die üblichen Tastenkombinationen [Strg]+[C] (kopieren) und [Strg]+[V] (einfügen) sind die gleichen.

SIKLYPIX-KORREKTURINFOS

SILKYPIX speichert die Korrekturinfos für eine Datei immer in einem Unterverzeichnis des aktuellen Bilderordners mit der Bezeichnung *SILKYPIX_DS* und der Dateiendung *.SPD*.

Bilderserien automatisch optimieren

Um eine Fotoserie in SILKYPIX zu bearbeiten, müssen die Bilder alle gleichzeitig geöffnet sein. Das klappt am besten, wenn die Serie in einem eigenen Verzeichnis auf der Festplatte liegt und Sie über den Befehl *Datei/Verzeichnis öffnen* den Inhalt dieses Ordners in SILKYPIX laden. Aktivieren Sie im Menü *Ansicht* den Befehl *Kombinationsmodus*, um im Programmfenster das gerade aktive Bild groß sowie eine Reihe von Thumbnails zu sehen.

Wer Serien unter immer gleichen Beleuchtungsbedingungen fotografiert, wird die Möglichkeit von SILKYPIX lieben, die mühsam an einem Bild vorgenommenen Korrekturen auf alle anderen zu übertragen – ganz einfach mit ein paar Mausklicks.

Mit dem Befehl Verzeichnis
auswählen *im Menü* Datei
*rufen Sie den gesamten In-
halt an Bildern eines Ordners
in SILKYPIX auf.*

legt. Um nun die kopierten Einstellungen auf alle anderen Bilder anzuwenden, müssen diese erst aktiviert werden. Rufen Sie dazu im Menü *Bearbeiten* den Befehl *Auswahl umkehren* auf.

Drücken Sie nun die Tastenkombination [Strg]+[V] oder rufen Sie den Befehl *Entwicklungseinstellungen einfügen* im Menü *Bearbeiten* auf. Die Thumbnail-Bilder werden anschließend automatisch aktualisiert, was je nach Größe und Anzahl der Bilder einige Zeit in Anspruch nimmt.

Nur ausgewählte Bilder automatisch optimieren

Im vorigen Schritt wurden sämtliche Bilder des in SILKYPIX geöffneten Ordners mit den Korrektureinstellungen des ersten bearbeiteten Fotos korrigiert. Aber natürlich können Sie auch gezielt einzelne Aufnahmen auswählen. Das klappt ganz einfach in der Thumbnail-Leiste, in der Sie die gewünschten Fotos bei gedrückter [Strg]-Taste eins nach dem anderen anklicken. Die Thumbnails werden wie gehabt grau hinterlegt.

Teil-Entwicklungseinstellungen

Wenn man, wie oben erklärt, die Entwicklungseinstellungen eines Fotos kopiert, um sie auf ein anderes Bild zu übertragen, werden 15 einzelne Parameter von SILKYPIX gespeichert. Haben Sie eine Serie aufgenommen, in der zwar alle Fotos unter dem gleichen Farbstich leiden, die Belichtungen aber deutlich unterschiedlich sind, wäre es gut, wenn man nur die Parameter den Weißabgleich und die Farben betreffend übertragen

Einstellungen kopieren und einfügen

Haben Sie das erste Bild einer Serie in SILKYPIX optimiert – bei dem hier gezeigten Beispielbild waren Korrekturen am Weißabgleich, an den Kontrasten, der Farbsättigung und der Schärfe nötig –, können Sie sämtliche Korrektureinstellungen auf mehrere Arten kopieren und auf die anderen Bilder anwenden.

Entweder Sie rufen den Befehl *Bearbeiten/Entwicklungseinstellungen kopieren* auf, oder Sie drücken die Tastenkombination [Strg]+[C], was in den meisten Fällen der praktischere Weg sein dürfte. Eine dritte Variante besteht darin, das optimierte Bild in der Thumbnail-Ansicht mit der rechten Maustaste anzuklicken und im Kontextmenü den entsprechenden Befehl auszuwählen. Üblicherweise ist nur ein einziges Bild gerade aktiv, was die Thumbnail-Ansicht verdeutlicht: Das zur Bearbeitung markierte Foto ist grau hinter-

*An der grauen Hinterlegung
im Bildstreifen sieht man,
welches Bild gerade aktiv
ist. Um alle anderen Bilder
auszuwählen, verwenden Sie
den Befehl* Auswahl umkehren *im Menü* Bearbeiten.

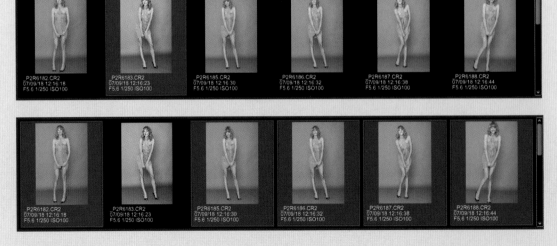

Hier sieht man, dass nur einige der Bilder des geöffneten Ordners ausgewählt wurden. Die ausgewählten sind hell hinterlegt.

könnte. Auch hierfür hat SILKYPIX eine Lösung. Nachdem Sie die Einstellungen kopiert haben ([Strg]+[C], während das zugrunde liegende Foto ausgewählt ist), aktivieren Sie im Thumbnail-Bereich das oder die Fotos, auf die bestimmte Parameter angewendet werden sollen. Rufen Sie dann den Befehl *Bearbeiten/Teil-Entwicklungseinstellung einfügen* auf.

Es erscheint ein Dialogfenster mit sämtlichen zuvor kopierten Parametern. Hinter den Listeneinträgen befinden sich Optionskästchen, die Sie per Mausklick mit einem Häkchen versehen können. Nur die so markierten Parameter werden nach einem Klick auf den Schalter *Ausführen* auf das aktivierte Foto angewendet.

```
┌─────────────────────────────────────────────────┐
│ Entwicklungseinstellungen teilweise einfügen  [X]│
│                                                   │
│ Nur folgende Entwicklungseinstellungen einfügen:  │
│                                                   │
│  ☐ Belichtungsausgleich                          │
│  ☐ Belichtungsausgleich Feineinstellung          │
│  ☑ Weißabgleich                                  │
│  ☑ Weißabgleich Feineinstellung                  │
│  ☐ Kontrast                                      │
│  ☐ Gradationskurve                               │
│  ☑ Farbe (Sättigung/Modus)                       │
│  ☐ Schärfung/Rauschunterdrückung                 │
│  ☐ Feineinstellung Lichter                       │
│  ☐ Feineinstellung Objektiv                      │
│  ☐ Drehung/Stürzende Linien                      │
│  ☑ Feineinstellung Farbe                         │
│  ☐ Entwicklung (Demosaik-Schärfe/Auflösung/Farbraum)│
│  ☐ Beschnitt-Bereich                             │
│  ☐ Anmerkung                                     │
│                                                   │
│              [ Ausführen ]  [ Abbrechen ]        │
└─────────────────────────────────────────────────┘
```

Markieren Sie hier die Einstellungsparameter, mit denen Sie weitere Bilder automatisch von SILKYPIX bearbeiten lassen möchten.

> **ⅰ**
>
> ## ENTWICKLUNGSEINSTEL-LUNGEN ZURÜCKSETZEN
>
> Falls Sie sich bei der Bearbeitung eines Bildes komplett verzettelt haben und auf einen Schlag sämtliche Einstellungen zurücksetzen möchten, rufen Sie den Befehl *Bearbeiten/Entwicklungseinstellungen zurücksetzen* auf. Aber Vorsicht! Hierbei werden wirklich sämtliche Korrekturen zurückgenommen, also auch diejenigen, die vielleicht doch nicht so schlecht waren.

Stapelverarbeitung

Sind gerade mehrere Bilder in SILKYPIX geöffnet, können Sie jedes einzelne Foto nach der Korrektur für die Stapelverarbeitung markieren. Wird die Stapelverarbeitung über den Befehl *Stapel-Entwicklung des vorgemerkten Bildes* gestartet, werden alle markierten Fotos nacheinander ohne Ihr Zutun entwickelt und gespeichert.

Um ein Bild für die spätere Stapelverarbeitung zu markieren, können Sie das Kontextmenü (rechter Mausklick auf das Bild) verwenden. Hier befindet sich der Befehl *Marke für Stapel-Entwicklung*. Wird dieser Befehl angeklickt (alternativ [F8]-Taste drücken), erscheint in der Thumbnail-Ansicht links oben am Bild ein gelbes Häkchen.

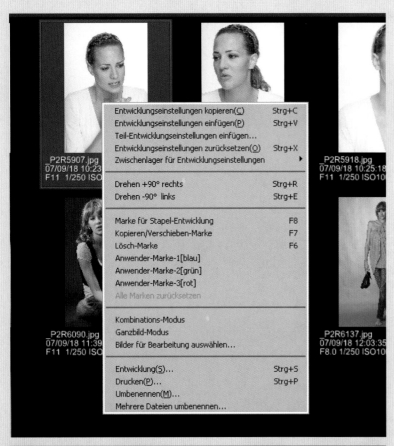

Sobald ein Bild für die **Stapel-Entwicklung** *ausgewählt ist, erscheint links oben am Thumbnail ein gelbes Häkchen.*

Parameter festlegen

Haben Sie den Stapel-Befehl aktiviert, erscheint das entsprechende Dialogfenster. Hier können Sie nochmals die Entwicklungsparameter kontrollieren, die anschließend für die ausgewählten Bilder gelten. Geben Sie ein Zielverzeichnis an, in dem die entwickelten Fotos gespeichert werden sollen. Sie haben drei Optionen zur Auswahl, wobei in der Regel die zweite oder dritte Option sinnvoll sein dürfte, um die entwickelten Fotos von den Originalen zu trennen.

Im Dialogfenster **Stapel-Entwicklung des vorgemerkten Bildes** *sollten Sie nochmals die Entwicklungsparameter kontrollieren. Es wäre doch schade, wenn sich nach der lang dauernden Entwicklung einer Reihe von Fotos herausstellte, dass Sie eigentlich ganz andere als die erzeugten Bilder benötigt hätten.*

Im Dropdown-Menü *Dateiformat* können Sie zwischen den Formaten JPEG und TIFF wählen, wobei hier die Komprimierungs- bzw. Qualitätsstufe von JPEG-Dateien nicht einstellbar ist. Unterhalb des Dropdown-Menüs finden Sie eine Informationszeile, in der Sie sehen können, welche Qualitätsstufe gerade für JPEG eingestellt ist. Möchten Sie diese verändern, klicken Sie auf die Schaltfläche *Einstellung*. Das folgende Dialogfeld wurde bereits weiter oben beschrieben.

Bildgröße und Unschärfe-Maske

Möchten Sie die vorgemerkten Bilder von SILKY-PIX für die Verwendung im Internet oder für eine Bildschirmpräsentation speichern lassen, können Sie im Bereich *Größe* beim Speichern exakte Pixelmaße angeben. Wichtig ist hier allerdings, die Option *Angegebene Dimension an das …* zu aktivieren (mit einem Häkchen versehen), weil die Fotos ansonsten verzerrt würden.

Das Bild wurde für die Verwendung im Internet mit starker Schärfung durch die Unschärfe-Maske entwickelt. Man sieht deutlich, dass die eingestellten Werte viel zu hoch waren, das Bild wirkt extrem kantig.

In direktem Zusammenhang zur Veränderung der Bildgröße steht der Bereich *Unschärfe-Maske*. Hier können Sie über die Regler *Schärfe*, *Radius* und *Schwellenwert* eine Scharfzeichnung vornehmen, die bei drastischer Skalierung nötig wird. Allerdings sollten Sie die besten Werte zunächst ermitteln, indem Sie zuvor eine einzige Datei entwickeln. Zu viel Scharfzeichnung kann Fotos ruinieren, wie das hier gezeigte Beispiel beweist.

Starten Sie, nachdem Sie alle Parameter festgelegt haben, die Stapelverarbeitung mit einem Klick auf die Schaltfläche *Ausführen*. Der Vorgang dauert je nach Anzahl und Größe der Bilder eine ganze Weile.

SILKYPIX arbeitet die ausgewählten bzw. zur Stapelverarbeitung markierten Fotos brav der Reihe nach ab. Wenn Sie die Option **Entwickeln mit niedriger Priorität** *aktivieren, verwendet das Programm nicht alle verfügbaren Systemressourcen. So bleiben für andere Programme noch Leistungsreserven übrig.*

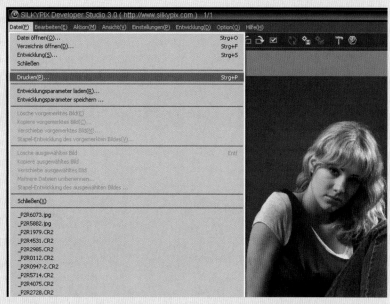

Klassisch: Der Befehl **Drucken** ist, wie man das auch aus anderen Programmen gewöhnt ist, im Menü **Datei** untergebracht.

Fotos drucken

Wie in jedem Programm zur Bildbearbeitung gibt es auch in SILKYPIX einen *Drucken*-Befehl. Er steckt wie gewohnt im Menü *Datei*. Alternativ zum Aufruf über das Menü lässt sich das Dialogfenster *Drucken* auch mit der Tastenkombination [Strg]+[P] aufrufen.

Im Dialogfenster *Drucken* wird festgelegt, auf welche Weise eines oder mehrere Bilder ausgegeben werden sollen. Am oberen Rand des Dialogs sehen Sie grundlegende Informationen zu Drucker, Papier und Druckgröße.

Haben Sie mehrere Drucker am Computer angeschlossen, können Sie das Gerät samt Papiergröße wechseln, indem Sie auf die Schaltfläche *Drucker* klicken. Ein weiteres Dialogfenster wird geöffnet, in dem Sie den gewünschten Drucker auswählen und konfigurieren können.

Möchten Sie ein Foto auf einer ganzen Seite ausdrucken, klicken Sie die Schaltfläche *Ganze Seite* an. SILKYPIX stellt dann automatisch die Bildgröße auf die verfügbare Papierfläche ein.

Soll das Foto verkleinert dargestellt werden, geben Sie *Breite* und *Höhe* in mm in die Zahlenfelder im Bereich *Größe* ein. Für das hier gezeigte Beispielfoto wurde die Papierausrichtung im Druckerdialog (Schaltfläche *Drucker*) auf *Querformat* gestellt.

Alternativ dazu könnten Sie ein Bild im Querformat auf einer ganzen Seite ausdrucken lassen, indem Sie die Option *Automatisch drehen* markierten. SILKYPIX würde das Bild dann an die Papierausrichtung anpassen. Die Option *Bild an Seite anpassen* bewirkt, dass kleinere oder größere Fotos automatisch an die verfügbare Darstellungsfläche angepasst werden.

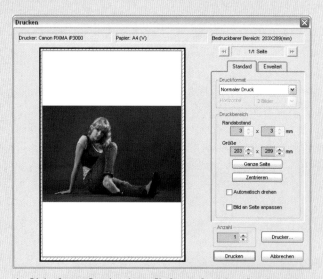

Im Dialogfenster **Drucken** legen Sie fest, auf welchem Drucker, auf welchem Papier und in welcher Größe Bilder ausgegeben werden.

Hier wurde ein anderer als der Standarddrucker ausgewählt; außerdem wurde die Papierausrichtung auf **Querformat** *gestellt. Über die Taste* **Eigenschaften** *ließe sich der Drucker noch weiter konfigurieren.*

Kontaktabzüge herstellen

Interessant gerade für professionellere Arbeiten, bei denen man Bilderserien zur Auswahl auf einem Kontaktbogen präsentieren möchte, ist das Dropdown-Menü *Druckformat*. Hier können Sie zwischen verschiedenen Seitenverhältnissen auswählen, die die kleinen Vorschaubilder auf dem Kontaktbogen haben sollen.

Die meisten Digitalkameras arbeiten mit einem Seitenverhältnis von 4:3, viele digitale SLRs auch mit 3:2. Wählen Sie die entsprechende Option, um den Platz auf dem Ausdruck optimal zu nutzen. Außerdem kann die Option *Automatisch drehen* sinnvoll sein, wenn Sie Hochformatbilder um 90° drehen lassen möchten.

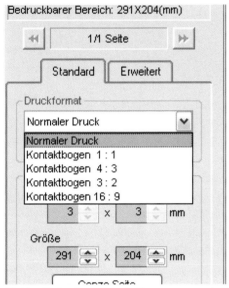

Wählen Sie für eine maximale Platzausnutzung bei Kontaktabzügen dasjenige Seitenverhältnis, das Ihre Bilder haben.

Neben dem Seitenverhältnis müssen Sie noch die Anzahl der Spalten angeben, die der Kontaktbogen haben soll. Öffnen Sie dazu das Dropdown-Menü *Horizontal*. In der Praxis sinnvoll sind vier bis sechs Spalten. Bei weniger Spalten passen nur wenige Bilder auf ein Blatt Papier, bei einer höheren Anzahl würden die Bilder sehr klein und kaum noch zu erkennen sein.

Schärfen und Farbraum

Wechseln Sie mit einem Mausklick zum Register *Erweitert*. Dort befinden sich nochmals die schon bekannten Regler für die *Unschärfe-Maske*. Die Regler sind nur aktiv, wenn Sie ein einziges Bild ausdrucken. Allerdings sind die Ergebnisse erst beim Druck zu begutachten, eine verlässliche Vorschau gibt es hier nicht. Für Kontaktbogen, bei denen eine leichte Schärfung eigentlich wünschenswert wäre, steht die *Unschärfe-Maske* nicht zur Verfügung.

Auf der sicheren Seite mit sRGB

Ebenfalls wichtig: die Auswahl des Farbraums. Denn da die meisten Drucker vor allem mit dem *sRGB*-Farbraum gut zurechtkommen, dürfte dies die vernünftigste Wahl sein. Der Farbraum

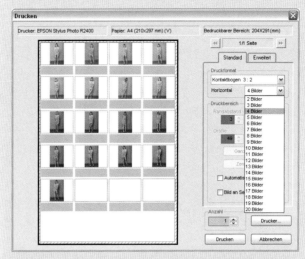

Vier bis sechs Bilder nebeneinander sind für Kontaktabzüge ideal, um die Fotos noch gut erkennen zu können.

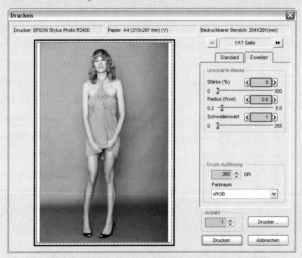

Soll der Ausdruck eines einzelnen Bildes beim Druck geschärft werden, verwenden Sie die Regler im Bereich **Unschärfe-Maske**. *Wichtiger in der Praxis sind der richtige Farbraum und die korrekte Druckauflösung.*

AdobeRGB ist deutlich größer als die Farbräume selbst sehr hochwertiger Drucker, deshalb kann es damit zu unvorhersehbaren Farbverschiebungen kommen.

Welche Auflösung Sie verwenden sollten, hängt von der möglichen Auflösung Ihres Druckers ab. Sehen Sie im Druckerhandbuch nach, welche Auflösung für den hochwertigen Druck empfohlen wird, und stellen Sie den Wert im Bereich *Druck-Auflösung* ein.

Starten Sie schließlich den Ausdruck mit einem Klick auf die Schaltfläche *Drucken*. Während des Druckvorgangs zeigt SILKYPIX ein Fenster mit einer Fortschrittsanzeige.

[10]

PERSONEN- UND
PORTRÄTFOTOGRAFIE

10

Personen- und Porträtfotografie

AUFNAHMEDATEN

Brennweite	55 mm
Belichtung	1/125 sek
Blende	f6.3
ISO	400

Woran mag sie denken? Durch den Anschnitt des Kopfes konzentriert sich das Bild auf den gedanken-verlorenen Gesichtsausdruck.

⌈10⌋ Personen- und Porträtfotografie

Nichts sieht man häufiger auf Fotografien als Menschen. Aber Menschen sind nicht selten nur Beiwerk – zufällig im Bild auftauchende Passanten in einem Urlaubsschnappschuss, das Publikum während eines Sportereignisses, Leute im Hintergrund auf einem Partyfoto. Werden Menschen aber bewusst als Teil einer gestalteten Aufnahme gesehen, entstehen Porträtfotografien. Porträts findet man in vielen fotografischen Umfeldern: Reportage, Studio, Live, z. T. Akt – immer, wenn der Fotograf das Besondere eines oder mehrerer Menschen zeigen möchte, macht er Porträts. Insofern sind viele der Kapitel dieses Buches natürlich auch Anleitungen zum Fotografieren von Porträts.

■ In diesem Kapitel soll der Schwerpunkt jedoch nicht, wie in den anderen Teilen dieses Buches, auf Situation und Umfeld, sondern auf den Porträtierten selbst gelegt werden. Sie werden Fotos sehen, die auch an anderer Stelle auftauchen könnten. Die Bilder zeigen jedoch etwas Spezifisches der porträtierten Persönlichkeit, sodass diese in den Mittelpunkt des Interesses rückt, die Situation dagegen in den Hintergrund.

Einzelporträts

Haben Sie Kinder, die Sie für das Familienalbum fotografieren möchten, können Sie sie entweder als Gruppe oder einzeln porträtieren. Um die Situation locker zu gestalten, kann es besser sein, mit der Gruppe zu beginnen. Denn wenn sich die Kinder vor der Kamera nicht besonders wohl fühlen, nimmt das gemeinsame Agieren (und

AUFNAHMEDATEN	
Brennweite	65 mm
Belichtung	1/160 sek
Blende	f10
ISO	100

Quatsch machen) ein wenig die Befangenheit. Andererseits ist es für Sie als Fotografen schwieriger, auf doppelt oder dreimal so viele Details zu achten, als wenn nur ein Kind vor der Kamera steht. Da dieses Buch nicht die Befangenheit der Modelle, sondern die Probleme des Fotografen klären möchte, beginnt die fiktive Porträtsession also mit dem einfacher zu handhabenden Einzelporträt.

Passenden Hintergrund finden

Machen Sie sich zunächst – wie bei fast jedem anderen Foto auch – Gedanken zu Hintergrund, Umgebung, Lichtaufbau und Pose. Fotografieren Sie im (Heim-)Studio, haben Sie vermutlich bereits ein oder mehrere Hintergründe, die in Frage kommen. Strukturierte Wände, Stoff- oder Papierhintergründe, die es im Fachhandel in allen möglichen Ausführungen gibt, einfache Laken – suchen Sie einen Hintergrund, der zum Charakter des Modells (und seiner Kleidung) passt. Oder umgekehrt, wenn Ihr Modell bestimmte Bekleidung bevorzugt, richten Sie den Hintergrund danach aus. Arbeiten Sie im Freien oder an einem Ort, wo Sie keine Studiohintergründe verwenden können, müssen Sie ein wenig kreativ werden und sich bei der Suche nach einem passenden Hintergrund schon vor dem Fotografieren vorstellen, wie die Umgebung im Bild wirken wird.

Licht, Licht und nochmals Licht

Mal abgesehen von Pose und Blick des Modells steht und fällt die Wirkung eines Porträts mit dem Licht. Das klassische Setup im Porträtstudio besteht aus drei bzw. vier aktiven oder passiven Lichtquellen. Aktive Lichtquellen sind Strahler, Blitzgeräte oder das durch Fenster fallende Sonnenlicht, unter passivem Licht sind Reflektoren zu verstehen, die das Licht von Strahler oder Blitz zurückwerfen.

Das wichtigste Licht ist das sogenannte Hauptlicht. Diese Lichtquelle ist für den Look des Porträts in der Hauptsache verantwortlich. Alle weiteren Lichter bzw. Reflektoren sind für Nebendetails da. Neben dem Hauptlicht kommt meist eine weitere Lichtquelle ins Spiel, die als Aufheller für die Schatten dient. Das kann eine aktive oder passive Lichtquelle sein. Die dritte Lichtquelle, die auch aus mehreren einzelnen Be-

Das freundliche Lächeln eines älteren Herrn. Das Licht von links zeigt das Gesicht deutlich, überzeichnet es aber nicht. Der Hintergrund passt perfekt zum Hemd, beides bietet einen dezenten Rahmen.

oben: Um dieses Lächeln so gekonnt in Szene zu setzen, waren mehrere Lichtquellen erforderlich.

rechte Seite: Ob der Haken noch funktioniert? Der Betrachter sieht zwar kein Gesicht, aber die Körperhaltung ist ausdrucksstark genug.

leuchtungsgeräten bestehen kann, sorgt für die Beleuchtung des Hintergrunds. Häufig werden einzelne Strahler oder Studioblitze so aufgestellt, dass Helligkeitsverläufe im Hintergrund erzeugt werden. Aber auch punktförmige oder durch Gobos (z. B. Jalousien- oder Wolkeneffekte) modifizierte Lichteffekte sind möglich.

Wenn ein Porträt besonders aufwendig werden soll, muss noch eine vierte Lichtquelle her – das Effektlicht. In den Porträtstudios um die Ecke ist diese Art der Lichttechnik noch sehr weit verbreitet. Klassisches Beispiel für ein Effektlicht: Ein Spot wird von hinten auf die Haare des Modells gerichtet, um einen verträumten, hellen Lichtsaum um den Kopf zu erzeugen und die Haare erstrahlen zu lassen. Da dieser Lichtstil schon sehr lange verwendet wird, wirken Porträts mit Effektlicht schnell ein wenig altmodisch. Dennoch, einen Versuch ist es auf jeden Fall wert, wenn Sie eine Lichtquelle übrig haben. Und schließlich muss man ja nicht unbedingt die Haare betonen, sondern kann auch anderen Bildbereichen mit ein wenig Zusatzlicht zu mehr Aufmerksamkeit verhelfen.

Brust oder Keule?

Nein, im Ernst. Sie müssen sich beim Porträtieren nicht zwischen Brust und Keule entscheiden. Diese Phrase meint vielmehr, dass Sie auch (und gerade) beim Porträt den Bildausschnitt ganz bewusst auswählen müssen. Soll es nur der Kopf sein, nur Kopf und Schultern? Oder wird schon der ganze Oberkörper mit einbezogen, wodurch dann auch mehr Möglichkeiten gegeben sind, die Umgebung zu zeigen? Welchen Bildausschnitt Sie wählen, hängt zum Großteil davon ab, was Sie mit dem Porträt aussagen möchten.

Je mehr Umgebung dabei ist, um z. B. einen Handwerker bei der Arbeit zu porträtieren, desto weniger Platz bleibt für den Menschen selbst. Das kann dazu führen, dass nur noch ein Teil des Gesicht und vielleicht die Hände zu sehen sind, es ist aber auch denkbar, dass die ganze Person inmitten ihres Betätigungsfelds gezeigt wird. Porträts, die man sich daheim an die Wand hängt oder an die Verwandten verschenkt, werden sich vor allem mit der Person, ihrem Ausdruck und ihrem Blick befassen. Der Blick in die Kamera scheint logisch, aber auch der verträumte Blick aus dem Fenster kann Bände sprechen.

AUFNAHMEDATEN
Brennweite   47 mm
Belichtung   1/80 sek
Blende   f5
ISO   100

Und je nachdem, wie nah Sie Ihrem Modell (mit der Kamera) kommen, desto eindringlicher wirken Details, die aus der Entfernung nicht wahrnehmbar sind. Erste Fältchen, lebendige Spitzlichter in den Pupillen, die Zahnlücke des Kleinkinds. Versuchen Sie, Details zu finden, die etwas aussagen, und gestalten Sie die Aufnahme entsprechend knapp oder weit.

Auf die Perspektive achten

Von der Bauchnabelperspektive sprechen Modefotografen, wenn die Kamera auf Augenhöhe steht und ein in einiger Entfernung stehendes Modell mit mittlerer Brennweite mit relativ natürlichen Proportionen gezeigt wird. Es entsteht weder der für Kameraperspektiven von oben typische Eindruck, das Modell würde zum Betrachter aufblicken (im Extremfall vermittelt das Unterwürfigkeit), noch der für niedrige Kamerapositionen typische, mehr oder weniger herablassende Blick „von oben herab". Natürlich müssen Sie die Kamera nicht bei jedem Porträt auf Bauchnabelhöhe stellen, als grober Anhaltspunkt für die Kamerahöhe sollte jedoch in den meisten Fällen der Oberkörper gelten. Steht die Kamera irgendwo zwischen Augenhöhe und Bauchnabel, kann, was die Perspektive angeht, fast nichts schief gehen.

Obwohl im letzten Absatz davor gewarnt wurde, kann sowohl die erhöhte als auch die niedrige Perspektive in bestimmten Situationen bzw. mit bestimmten Fotomodellen durchaus ihren Reiz haben. Gerade bei Kinderporträts wirkt der Wechsel in eine extreme Perspektive manchmal wahre Wunder. Je kleiner das Modell, desto wirkungsvoller ist eine sehr hohe bzw. sehr niedrige Perspektive. Ein hoher Kamerastandpunkt macht kleine Modelle noch kleiner und erzeugt im Zusammenspiel mit der richtigen Pose bzw. dem passenden Gesichtsausdruck einen Eindruck von Verwundbarkeit oder Zerbrechlichkeit.

Andererseits kann ein Kind, das von oben fotografiert wird, mit einer herausfordernden Geste dem Betrachter ebenfalls eine Botschaft – „Warte bis ich groß bin!" – vermitteln. Fotografieren Sie von unten nach oben, am besten noch mit Weitwinkelbrennweiten (gilt übrigens für beide Perspektiven), machen Sie Ihre Modelle zu Riesen. Die Proportionen werden gestreckt, lange

AUFNAHMEDATEN	
Brennweite	50 mm
Belichtung	1/40 sek
Blende	f2.8
ISO	100

AUFNAHMEDATEN	
Brennweite	24 mm
Belichtung	1/40 sek
Blende	f3.5
ISO	100

Weniger ist manchmal mehr: Hier konzentrieren sich die Bildausschnitte auf das Wesentliche – die Gesichter.

*Blickkontakt:
Die Kamera auf Augenhöhe und
der direkte Blick ins Objektiv
machen das Bild persönlich.*

Geringe Schärfentiefe durch große Blende, leicht erhöhte Kameraposition. So liegt der Fokus klar auf dem Gesicht.

⌞i⌟ NORMALBRENNWEITE

Die Normalbrennweite von 50 mm (Kleinbild) erzeugt Fotos, deren Blickfeld ungefähr dem menschlichen Blickfeld entsprechen. Probieren Sie es aus! Stellen Sie das Objektiv auf 50 mm ein und blicken Sie durch den Sucher. Nehmen Sie dann die Kamera vom Auge und vergleichen Sie die Perspektiven von Sucherbild und realer Wahrnehmung.

Beine noch länger und je nach Brennweite unnatürlich in die Länge gezogen.

Perspektive und Schärfentiefe

Je extremer die Perspektive, desto schwieriger wird es, das ganze Modell von oben bis unten in der Schärfe zu halten. Hier helfen Weitwinkel und kleine Blenden (große Blendenwerte), um die Schärfentiefe zu maximieren. Allerdings laden außergewöhnliche Blickwinkel auch dazu ein, mit der Schärfe zu spielen und sie nur auf einen eng gefassten Bereich zu setzen. Der Kamerablick von oben auf ein Gesicht, in dem lediglich die Ebene der Augen scharf gezeigt wird, unterstützt den Blick des Modells und macht ihn besonders eindringlich.

Eine weit geöffnete Blende (2,8 und weniger) hilft, die Schärfentiefe zu minimieren. Gehen Sie außerdem so nah wie möglich ans Modell heran und verwenden Sie die größtmögliche Brennweite, bei der Ihr Motiv noch komplett im Bild ist.

Reportageporträts

Sind Sie öfter mit der Kamera auf Familienfesten oder Veranstaltungen unterwegs, oder fotografieren Sie im Urlaub vor allem die Menschen fremder Kulturen und suchen nach dem Typischen eines Landstrichs oder einer Kultur? Dann arbeiten Sie schon fast so wie ein professioneller Reportagefotograf. Der Reportagefotograf ist immer auf der Suche nach dem aussagekräftigen Moment, dem intensivsten Blickkontakt, der symbolhaften Situation.

Der Profi beherrscht seine Ausrüstung natürlich blind, um ein Höchstmaß an guten Bildern zu bekommen. Allerdings fotografiert der Profi auch mehr und unter erheblich höherem Druck, als Sie es in der Freizeit oder im Urlaub tun. Wenn Sie die Kamera also noch nicht ganz so blind beherrschen und sich ab und zu ein paar Augenblicke zum Auswählen der richtigen Kameraeinstellungen nehmen, so können Sie doch ebenso packende und lebendige Porträts erschaffen, wie das der Profi tut (bzw. tun sollte).

Ein paar Worte zur technischen Seite von Reportageporträts mitten aus dem (Privat-)Leben: Wenn Sie Ihre Kamera nicht wirklich blind beherrschen und die Einstellungen z. B. für die

Belichtungswerte nicht in Sekundenbruchteilen korrekt verändern können, vertrauen Sie am besten einfach der Technik. Stellen Sie die Kamera in den Automatikmodus, wo Sie sich nicht um die Belichtungsparameter zu kümmern brauchen.

Außerdem hilfreich bei der Reportage: Fotografieren Sie vornehmlich mit Brennweiten zwischen starkem Weitwinkel (ca. 28 mm bezogen auf das Kleinbildformat) bis ca. 50 mm. Denn die packende Reportage lebt meist auch vom Einbeziehen der Umgebung per Weitwinkel, aus einer Weitwinkelaufnahme lassen sich auch mal interessante Bildteile herausschneiden, außerdem wirken Fotos, die mit Weitwinkel- und Normalbrennweite (ca. 50 mm) gemacht werden, fast automatisch sehr lebensnah.

Natürlich sollten Sie, falls Sie mit Weitwinkel fotografieren und Bereiche aus den Fotos herausschneiden, immer mit maximaler Auflösung fotografieren. Die meisten Digitalkameras gestatten es, die Auflösung manuell auf einen niedrigeren als den Maximalwert einzustellen. Das hat zwar den Vorteil, dass mehr Bilder auf die Speicherkarte passen, Sie haben jedoch später beim Beschneiden viel weniger Spielraum, weil die Bilder nach dem Beschneiden eventuell zu klein werden für eine vernünftige Präsentation als Abzug oder im Web.

Blitz oder nicht?

Familien- oder Urlaubsfotos im lebensnahen Reportagestil entstehen zu allen möglichen Tages- und Nachtzeiten sowie unter verschiedenen Lichtbedingungen. Ist es zu dunkel für unverwackelte Aufnahmen, schaltet die Kamera, wenn Sie im Automatikmodus betrieben wird, aller Wahrscheinlichkeit nach den integrierten Blitz ein. Sie haben sicher schon viele Aufnahmen gesehen, denen das harte, frontale Blitzlicht die Stimmung geraubt hat. Überstrahlte Gesichter, extreme Schatten – so hat man eine interessante Situation bestimmt nicht in Erinnerung.

Sicher, bevor die Aufnahmen völlig verwackeln, ist es natürlich besser, mit Blitz zu arbeiten. Aber Sie sollten, wenn private Schnappschüsse zu Ihrem fotografischen Alltag gehören, über die Anschaffung eines Zusatzblitzes nachdenken. Ist der Zusatzblitz, der die wichtigsten Blitzfunktionen (Rote-Augen-Reduktion, Slow-Sync, Blitz

⌈ i ⌉
MIT ANSCHNITTEN ARBEITEN

Fotografieren Sie mit der Normalbrennweite von ca. 50 mm bezogen auf das Kleinbildformat, versuchen Sie mit Anschnitten zu arbeiten. Das bedeutet, dass Nebenmotive am Rand des Blickfelds verschwinden. Diese Art der Bildgestaltung, bei der Nebenmotive angeschnitten werden, vermittelt einen intensiven Eindruck von Realismus.

Menschen als Symbole. Der Obdachlose macht auf die gesellschaftliche Situation seiner Heimat aufmerksam.

AUFNAHMEDATEN	
Brennweite	175 mm
Belichtung	1/400 sek
Blende	f2.8
ISO	200

AUFNAHMEDATEN
Brennweite , 28 mm
Belichtung , 1/60 sek
Blende , f2.5
ISO , 800

auf den 2. Verschlussvorgang) Ihrer Kamera unbedingt unterstützen sollte, mit einem schwenkbaren Blitzkopf ausgestattet, haben Sie viel mehr Möglichkeiten, hässliche Blitzschatten zu vermeiden.

Denn wenn der Blitzkopf geschwenkt und gegen die Decke oder eine Wand gerichtet wird, wird das Blitzlicht gestreut und dadurch viel weicher. Reportageprofis, die sich in Innenräumen bewegen und die Chance auf gestreutes Licht haben, richten Ihre Blitzgeräte immer gegen Decke und Wände. Ein weiterer Vorteil des Zusatzblitzgeräts: Aufsteckblitze haben viel mehr Leistung als die kleinen, in die Kamera integrierten Blitzgeräte.

Bei vielen integrierten Blitzen ist bei ca. drei Metern Kameraabstand Schluss (bei ISO 100), leistungsfähige Aufsteckblitze bieten da viel mehr und leuchten auch bis zu zehn Metern Abstand noch ordentlich aus. Außerdem sind sie meist mit Weitwinkelstreuscheiben ausgerüstet, wodurch auch extrem breite Ausleuchtungen bei Brennweiten unter ca. 28 mm noch klappen.

Gruppenporträts – das Chaos im Griff

Gestellte Gruppenaufnahmen dürften auch in Zukunft wohl die Domäne von Profis bleiben – der Aufwand für eine wirklich perfekte Aufnahme z. B. einer Hochzeitsgesellschaft oder einer Schulklasse ist einfach sehr hoch. Zudem erfordert es eine Menge Erfahrung und eine gewisse Ausstrahlung, eine schwatzende und aufgeregte Menschentraube für ein paar Augenblicke in den Griff zu bekommen. Nichtsdestotrotz können Sie sich natürlich auch an Gruppenporträts wagen. Versuchen Sie aber zu Beginn, die Zahl der Porträtierten auf ein vernünftiges Maß zu beschränken.

Aufstellung bitte!

In welcher Funktion sind Sie gerade unterwegs? Fotografieren Sie die Hochzeit Ihrer Tochter oder ein anderes Familienfest? Oder sind Sie in Ihrem Verein für die Pressefotos zuständig? Vielleicht arbeiten Sie auch aus Spaß am Fotografieren nebenbei für den Lokalteil Ihrer Tageszeitung und werden zu örtlichen Ereignissen von der Redaktion

> ⌐**i**⌐
>
> **TIPP
> IMMER MIT STATIV**
>
> Arbeiten Sie bei gestellten Gruppenaufnahmen immer mit Stativ! Es ist völlig unmöglich, sich auf die Bildgestaltung bzw. die Positionierung der Porträtierten zu konzentrieren und gleichzeitig die Kamera so zu halten, dass alle richtig aufs Bild kommen. Geben Sie die ersten Anweisungen zur Aufstellung immer, ohne durch die Kamera zu blicken. Das erleichtert die Regie und wirkt zudem sehr professionell, weil Sie sich nicht hinter der Kamera zu verstecken brauchen. Erst wenn alle richtig platziert sind und sich nicht mehr bewegen, blicken Sie durch die Kamera und justieren sie, damit alle aufs Bild kommen. Im Idealfall sollten die richtigen Belichtungswerte schon vorher ermittelt und an der Kamera manuell eingestellt worden sein, um die Leute nicht unnötig lang zum Stillstehen anhalten zu müssen.

Menschen bei der Arbeit (Bild links): Dieses Bild im Reportagestil wurde mit Blitz unter Tage geschossen.

AUFNAHMEDATEN	
Brennweite	54 mm
Belichtung	1/160 sek
Blende	f3.5
ISO	400

Doppelporträt im Herbstwald:
Mit klassischer Porträtbrenn-
weite und offener Blende in
ungewöhnlicher Umgebung
geschossen.

mit ein paar Bildern beauftragt. Wie Sie mit den Leuten, die als Gruppe fotografiert werden sollen, umgehen, hängt von Ihrer Funktion ab. Wenn eine persönliche Beziehung besteht, ist es natürlich kein Problem, Anweisungen zu geben. Der Nachteil: bei einem persönlich bekannten Fotografen lässt – gerade bei jüngeren Modellen – sehr schnell die Disziplin nach. Haben Sie z. B. Prominente vor sich, können Sie mit einiger Disziplin rechnen, da man natürlich so gut (und sichtbar) wie möglich aufs Pressefoto kommen möchte.

Oberstes Gebot beim Gruppenporträt

Alle müssen auf den Fotos sichtbar sein. Zweites Gebot: Machen Sie wenigstens drei Aufnahmen relativ schnell hintereinander. Die Wahrscheinlichkeit, dass zumindest auf einem der Bilder alle in die Kamera blicken und lächeln, ist dadurch höher. Außerdem haben Sie eventuell die Möglichkeit, einzelne Köpfe zwischen den Bildern per Bildbearbeitung auszutauschen, falls auf dem besten Foto eine der Personen gerade gezwinkert oder in eine andere Richtung geblickt hat. Die Familienmitglieder oder die Hochzeitsgesellschaft

wird es Ihnen danken, wenn niemand auf dem Gruppenbild „dumm aus der Wäsche schaut".

Perspektiven und Gestaltung

Je kleiner die Gruppe ist, die Sie fotografieren, desto eher können Sie auf Perspektiven und Bildgestaltung achten. Stehen beispielsweise fünf Menschen in einer Reihe vor einer Wand direkt vor Ihnen, dürften die Fotos ziemlich langweilig werden. Um Tiefe ins Bild zu bekommen, gibt es zwei Möglichkeiten. Sie können Ihren Standort wechseln und schräg von der Seite (auch von oben oder unten!) fotografieren, oder Sie können die Leute in der Tiefe gestaffelt aufstellen, damit nicht alle auf einer Linie stehen.

Fotografieren Sie z. B. eine Rock-Band, müssen Sie sich schon etwas einfallen lassen, um die Fotos interessant zu gestalten. Standortwechsel sind die beste Lösung, um gewohnte Blickwinkel zu überdenken (das gilt übrigens für fast jedes Fotomotiv). Schräge Blickwinkel haben allerdings einen gravierenden Nachteil: Da die abgebildeten Personen nicht mehr auf einer Ebene stehen, die parallel zur Sensorebene verläuft, werden Per-

AUFNAHMEDATEN	
Brennweite	15 mm
Belichtung	1/50 sek
Blende	f6.3
ISO	100

zeit ziemlich kräftige, harte Schatten auf den Menschen. Fotografieren Sie dann lieber z. B. im Schatten eines Hauses. Ist der Himmel leicht bedeckt, wirkt der Wolkenhimmel wie eine riesige Softbox, die das Licht streut und aufweicht. Die Schatten werden dann viel weicher bzw. sogar kaum noch sichtbar.

Sind Sie gezwungen, mit wenig Licht in einem geschlossenen Raum zu fotografieren, versuchen Sie das vorhandene Licht zu verwenden. Eventuell müssen Sie dann die Empfindlichkeit (ISO) manuell erhöhen, um keine allzu langen Verschlusszeiten zu riskieren. Verschlusszeiten über 1/60 sek. sind problematisch, weil die Bewegungen der Menschen zu Verwacklungseffekten führen.

sonen, die vor und hinter der fokussierten Ebene stehen, eventuell nicht scharf dargestellt.

Für maximale Schärfentiefe sorgen erstens moderate Brennweiten zwischen Weitwinkel und Normalbrennweite, andererseits kleine Blendenöffnungen (*f8*, *f11* und mehr). Ganz nebenbei sorgt das Abblenden um ein oder zwei Werte auf z. B. *f8* dafür, dass die Bildqualität verbessert wird. Denn die allermeisten Objektive erreichen die besten Werte für Schärfe und Kontrast erst mit dem Abblenden um ein oder zwei Stufen.

Wenn Sie privat Menschengruppen fotografieren, verfügen Sie vermutlich über ein eingeschränktes Repertoire an Beleuchtungsmitteln. Der integrierte Kamerablitz kommt bei Gruppenaufnahmen praktisch nicht in Frage, wenn es sich um Gruppen von mehr als einer Handvoll Menschen handelt. Ein Aufsteckblitzgerät sollte zumindest über eine Weitwinkelstreuscheibe verfügen, damit das Licht über einen möglichst großen Winkel gleichmäßig verteilt abgestrahlt wird.

Am besten lassen sich Gruppenaufnahmen jedoch im Freien bei Sonnenlicht oder bei leicht bedecktem Himmel machen. Sind keine Wolken am Himmel, erzeugt die Sonne je nach Tages-

[i]

BILDBEARBEITUNG IN DER PRESSEARBEIT

Vorsicht, wenn Sie für eine Tageszeitung fotografieren und Ihr Engagement über ein paar Fotos für den Verein zur Jahreshauptversammlung hinausgeht. Bildmanipulationen sind prinzipiell in der Pressearbeit nicht erlaubt. Alles, was über die einfache Helligkeits- und Staubretusche hinausgeht, sollte kenntlich gemacht werden. Tauschen Sie in einem Gruppenporträt einen der Köpfe per Bildbearbeitung aus, weil eine Person nicht in die Kamera geblickt hat, verfälschen Sie damit grundsätzlich die auf dem Foto dokumentierte Wirklichkeit. Problematisch sind solche Bildmanipulationen natürlich vor allem dann, wenn die Bildaussage verändert wird, um die Betrachter bzw. Zeitungsleser zu manipulieren. Mögen Sie z. B. einen bestimmten Menschen nicht, den Sie auf einem Bild festgehalten haben, gäbe es verschiedene Möglichkeiten, den Menschen unsympathisch oder sogar lächerlich wirken zu lassen. Seien Sie sich dieser Verantwortung also immer bewusst und stellen Sie im Zweifel klar, ob und welche Bildmanipulationen Sie vorgenommen haben.

[II]

NAH- UND
MAKROFOTOGRAFIE

Nah- und Makrofotografie

Solche eindrucksvollen Bilder machen Sie schon mit der Makrofunktion einer Kompaktkamera. Das Blatt wäre ohne die Wassertropfen langweilig.

⌐ 11 ⌐ Nah- und Makrofotografie

Hatten Sie als Kind ein Vergrößerungsglas, vielleicht sogar eine richtig gute Lupe? Wenn ja, erinnern Sie sich vielleicht daran, wie fasziniert Sie damals von einer Welt waren, die mit bloßem Auge nicht oder nur schwer zu erkennen war und die dank der Vergrößerung plötzlich kleinste Details erschloss. Aus einem ganz ähnlichen Grund erfreuen sich die Nah- und Makrofotografie großer Beliebtheit. Doch wo endet die „normale" Fotografie, wo liegt die Grenze zur Nah- und Makrofotografie? Die Antwort darauf ist sicher nicht mit der Festlegung auf eine bestimmte Entfernung zwischen Kamera und Motiv zu geben.

■ Bei Nahaufnahmen geht es um die vergrößerte Darstellung von Dingen und Details, die zu klein sind, um sie auf den ersten Blick als lohnendes Fotomotiv zu erkennen, oder die innerhalb eines Bildes eher schmückendes Beiwerk als Hauptmotiv oder Blickfang sind. Die Nahfotografie erschließt neue Welten, wenn plötzlich eine einzelne Blüte mit ihren Blättern und Staubgefäßen ins Zentrum des Blicks rückt.

Im Bereich der Makrofotografie

Der in der Nahaufnahme geübte Fotograf hat einen Blick für solche Motive, löst sie mit der Kamera aus ihrem Kontext und stellt ihnen die gesamte Fläche des Bildes zur Verfügung. Sobald die Motive noch kleiner werden, sodass man ihre Details mit dem bloßen Auge nicht mehr erkennen kann, kommt man in den Bereich der Makrofotografie. Diese ist mit einfachen Kameras und ohne Spezialzubehör nur in einem begrenzten Rahmen möglich, weil für die Objektive von digitalen und analogen Kameras bestimmte physikalische Grenzen gelten, und man die Kamera nur bis zu einer gewissen Entfernung an ein Motiv heranbringen kann. Die Nahfotografie ist mit nahezu jeder Digitalkamera ohne besonderes Zubehör machbar. Einfache Makroaufnahmen z. B. von Insekten sind mit einer guten Kompaktkamera meistens auch noch kein Problem, wenn die Kamera über ein Makroaufnahmeprogramm (verdeutlicht durch ein Blumensymbol) verfügt. Wenn Sie aber nicht nur die auf einer Blüte sitzende Fliege, sondern einzelne Facetten ihrer Augen deutlich in den Aufnahmen darstellen wollen, benötigen Sie je nach Kameratyp unterschiedliches Spezialzubehör.

Reizvolle Blickfänge

Nah- oder Makroaufnahmen sind reizvolle Blickfänge für die unterschiedlichsten Gelegenheiten. Aus einer Rosenblüte wird schnell ein Motiv für eine Geburtstags- oder Hochzeitskarte, aus einer Fotosammlung von Strandblumen ein Kalender.

Auch ein individueller Bildschirmhintergrund ist mit Makroaufnahmen möglich. Wenn Ihre Kamera über 5 Megapixel oder mehr verfügt, können Sie Ihre gelungensten Makroaufnahmen auch als Vergrößerung ausgeben lassen.

Erste Schritte in der Nah- und Makrofotografie

Was fällt Ihnen zum Stichwort Nahaufnahme ein? Viele denken vermutlich sofort an stimmungsvolle Bilder von traumhaft zarten Blüten, an Schmetterlinge oder z. B. an Details eines menschlichen Gesichts.

Für die ersten Schritte in der Nah- und Makrofotografie sind Blumen und Blüten am besten geeignet. Zunächst strahlen viele Blüten eine ganz natürliche Ästhetik aus. Zudem lassen sie sich in jeder beliebigen Umgebung arrangieren und bewegen sich nicht, wenn nicht gerade der Wind über die Pflanzen hinwegstreicht. Außerdem werden Sie beim Fotografieren sehr schnell die Probleme kennenlernen, die sich aus den unterschiedlichen Formen, den verschiedenen Struk-

Nahaufnahme einer geschlossenen Sonnenblume.

AUFNAHMEDATEN	
Brennweite	71.5 mm
Belichtung	1/250 sek
Blende	f5.6
ISO	160

turen und der Tiefenausdehnung ergeben. Sie werden sehen, wie schwierig es sein kann, genügend Schärfentiefe zu erzielen, um eine Blüte in ihrer Dreidimensionalität zu erfassen, eine kunstvolle Beleuchtung zu arrangieren und den richtigen Bildausschnitt für gekonnte Gestaltungen auszuwählen. Die Tipps in diesem Kapitel helfen Ihnen jedoch, diese Schwierigkeiten der Nah- und Makrofotografie in den Griff bekommen.

Tipps für gelungene Nahaufnahmen

Wenn Sie noch keine Erfahrung in der Nahfotografie haben, suchen Sie sich zunächst ein paar geeignete Objekte. Das können Münzen, Miniatureisenbahnen, Früchte oder Blumen sein, bei denen Sie zum Fotografieren nah herangehen müssen.

Mit Blumen üben

Wenn Sie den Ratschlag befolgen, zunächst mit ein paar Blumen zu üben – selbst nicht so perfekte Fotos exotischer Blüten können als 20 x 30-Ausdruck toll wirken –, besorgen Sie sich größere Blüten. Um einen Blick für Strukturen und einen vorteilhaften Bildausschnitt zu entwickeln, sind flächige Blüten am besten geeignet. Stellen Sie Ihre Kamera entweder auf den Automatik- oder, falls vorhanden, auf den Makromodus ein und fotografieren Sie die Blüte zunächst frontal aus relativ geringer Entfernung. Wie dicht Sie im Makromodus herangehen können oder müssen, erfahren Sie im Kamera-Handbuch. In den meisten Fällen beginnt der Makrobereich bei etwa 30 cm. Mit guten Objektiven können Sie auf bis zu 5 cm an Ihr Motiv herangehen. Viele Kameras passen auch die automatische Scharfstellung, den Autofokus, an das Makroprogramm an und bieten Ihnen dann nur im Makrobereich der Kamera eine passende Scharfstellung. Das ist eine gute Hilfe, denn wenn Sie zu weit weg sind, kann die Kamera nicht scharf stellen.

Verwacklern vorbeugen

Sie werden sehen, dass für die Wahl des Bildausschnitts und zum Ruhighalten der Kamera ein Stativ eine große Hilfe ist. Die Gefahr zu verwackeln ist bei Nahaufnahmen sehr hoch, wenn Sie

Zwischenringe werden zwischen Objektiv und Spiegelreflexkamera gesetzt, um näher an Motive herangehen zu können.

Selbst mit guten Kompaktkameras lassen sich eindrucksvolle Makroaufnahmen erzielen.

aus der Hand fotografieren – es sei denn, Ihre Kamera bietet einen Bildstabilisator, der das leichte Verwackeln kompensiert. Fotografieren Sie die Blüte frontal, spielt die Schärfentiefe nur eine geringe Rolle, denn die Blüte liegt mehr oder weniger parallel zur Sensorebene. Es kommt hier mehr darauf an, auf Beleuchtung, Bildausschnitt und Hintergrund (falls sichtbar) zu achten. Wenn Sie im Freien arbeiten, liefert die Sonne Licht. Fotografieren Sie drinnen, stellen Sie die Blumen am besten neben ein Fenster. Das einfallende Licht beleuchtet die Blumen so sanft von der Seite.

Geringe Schärfentiefe

Drehen Sie für eine zweite Aufnahmereihe die Blüte so, dass sie nicht mehr parallel zur Sen-

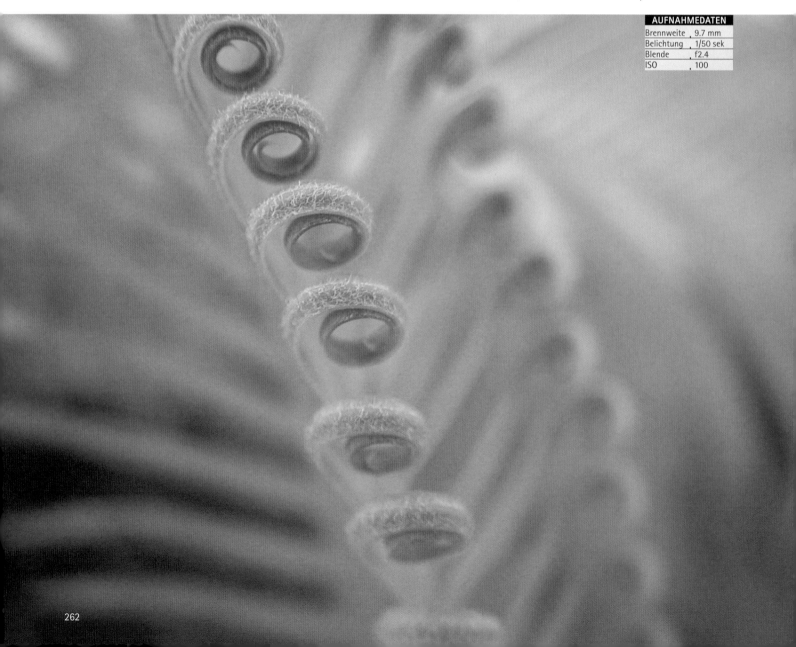

AUFNAHMEDATEN	
Brennweite	9.7 mm
Belichtung	1/50 sek
Blende	f2.4
ISO	100

sorebene steht. Sehen Sie sich im Sucher oder auf dem Bildschirm genau an, wo der schärfste Punkt auf der Blüte liegt, und machen Sie ein paar Aufnahmen mit unterschiedlicher Fokussierung. Wenn Ihre Kamera es erlaubt, sollten Sie manuell fokussieren, um z. B. auch auf einen Bereich außerhalb der Bildmitte scharf zu stellen. Wenn Sie die Fotos der zweiten Aufnahmereihe am Computer kontrollieren, werden Sie sehen, wie gering die Schärfentiefe bei Nahaufnahmen ist.

Makro-Motive perfekt ausleuchten

Haben Sie Ihre Kamera auf das Aufnahmeprogramm für Nah- und Makroaufnahmen gestellt, steuert sie die Werte für Blende und Verschlusszeit mithilfe des internen Belichtungsmessers automatisch. Ist nicht genügend Licht vorhanden, wird je nach Kameramodell auch der Blitz zugeschaltet. Wenn die automatisch gesteuerten Aufnahmen nichts geworden sind, verändern Sie die Belichtungswerte.

Das Licht muss stimmen

Die schönsten Nah- und Makroaufnahmen entstehen, wenn nicht nur das Motiv und die Bildgestaltung, sondern vor allem auch das Licht stimmt. Allein viel Licht von oben oder von der Seite reicht für gute Bilder selten aus. Ein Motiv muss so ausgeleuchtet werden, dass alle Details sichtbar sind, trotzdem aber die Plastizität eines Objekts durch den Wechsel von Licht und Schatten, hellen und dunklen Partien verdeutlicht wird. Winzige Spitzlichter können zusätzlich für Stimmung sorgen.

Schatten modellieren Oberflächen

Wenn Sie ein detailreiches und sich in die Tiefe erstreckendes Objekt direkt von oben oder von vorn mit einem Blitz oder einer Lampe anstrahlen, flachen dessen Strukturen ab. Die Dreidimensionalität des Objekts lässt sich so nicht in den zweidimensionalen Raum eines Fotos hinübertransportieren, und es entsteht nicht der Eindruck räumlicher Tiefe. Erst Schatten modellieren Oberflächen. Machen Sie Ihre Nah- und Makrofotos also zunächst mit einer schräg seitlich posi-

i

MIT DEM HISTOGRAMM TONWERTE KONTROLLIEREN

Sehen Sie im Handbuch Ihrer Kamera nach, ob die Vorschaufunktion ein Histogramm bietet. Das Histogramm ist die zuverlässigste Möglichkeit zur Kontrolle der Helligkeitsverteilung. Es zeigt in einer Grafik, ob die aufgenommenen Tonwerte innerhalb des von der Kamera erfassbaren Helligkeitsspektrums liegen. Ist eine Aufnahme über- oder unterbelichtet, sind Teile der grafischen Darstellung des Histogramms an den Rändern abgeschnitten.

Kolibri in Nahaufnahme:
Der schnelle Flügelschlag
weist trotz kurzer Ver-
schlusszeit Bewegungsun-
schärfe auf.

Das Ringblitzgerät für Makroaufnahmen wird vorn am
Objektiv befestigt. Dadurch
kann fast schattenfrei ausgeleuchtet werden.

tionierten Lichtquelle. Ob Sie ein Blitzlicht, einen
Strahler oder das Tageslicht verwenden, ist dabei
zweitrangig. Das Kernproblem bei einer seitlichen
Lichtquelle ist, dass die dem Licht abgewandte
Seite des Motivs je nach Umgebungshelligkeit im
Schatten liegt.

Arbeiten mit Reflektoren

Arbeiten Sie in diesem Fall für eine weichere und
gleichmäßigere Ausleuchtung mit Reflektoren.
Ein Spiegel oder eine mit Alufolie bespannte Fläche wirft das Licht von der gegenüberliegenden
Lichtquelle zurück und erhellt so im Schatten
liegende Bildteile. Falls Sie das vom Reflektor
zurückgeworfene Licht noch weicher gestalten
möchten, verwenden Sie anstelle einer glän-
zenden Fläche eine weiße Styroporplatte oder
eine andere weiße Fläche (z. B. ein Blatt Papier).

Motive, die sich schnell bewegen

Haben Sie schon einmal versucht, spielende Kin-
der oder einen herumtollenden Hund zu fotografieren? Immer wenn man sein Motiv gerade in der
Schärfe hat, bewegt es sich vom Fleck, und man
kann mit dem Scharfstellen von vorn beginnen.
Arbeiten Sie mit größeren Motiven, lässt sich die
Problematik etwas abschwächen, indem Sie mit
Weitwinkel und kleiner Blende für mehr Schärfentiefe arbeiten. Diese Möglichkeiten haben Sie in
der Nah- und Makrofotografie nicht unbedingt.
Hier heißt es, nah heranzugehen und mit längeren
Brennweiten zu fotografieren, um kleine und win-
zige Motive formatfüllend zu erwischen.

Insekten fotografieren

Insekten und andere kleine Lebewesen können
sich mit erstaunlicher Geschwindigkeit bewegen.
Deshalb sollten Sie den Punkt, an dem Sie die
Tiere fotografieren möchten, zuvor exakt manuell
festlegen. Arbeiten Sie hierbei mit Stativ, zusätzlich am besten mit Fernauslöser, um die Kamera
beim Auslösen nicht mehr zu berühren. Ebenfalls
hilfreich ist ein Einstellschlitten, mit dem die Kamera zum Fokussieren millimetergenau vor- und
zurückbewegt werden kann, ohne die Fokussierung an der Kamera verändern zu müssen.
Schrauben Sie die Kamera auf ein Stativ und legen Sie mithilfe des Monitors oder Suchers den

Bildausschnitt fest. Fokussieren Sie anschließend auf den Punkt, an dem das Motiv festgehalten werden soll. Zur Kontrolle der Belichtungswerte (für große Schärfentiefe empfiehlt es sich, mit kleiner Blende zu arbeiten oder das Makro-/Nahprogramm der Kamera einzustellen) sollten Sie einige Aufnahmen machen und anschließend sofort auf dem Display überprüfen. Sind die Aufnahmen zu hell oder zu dunkel, verändern Sie die Belichtung entsprechend.

Kurze Verschlusszeiten

Bei Motiven, die sich schnell bewegen, müssen Sie mit sehr kurzen Verschlusszeiten (1/250 sek und weniger) arbeiten, um die Motive in ihrer Bewegung „einzufrieren". Kurze Verschlusszeiten erfordern relativ weit geöffnete Blenden, um noch genügend Licht auf den Sensor fallen zu lassen. Hierdurch wird die Schärfentiefe wieder reduziert. Ein Kompromiss aus möglichst kurzer Ver-

schlusszeit und kleiner Blende ist also notwendig, um ein Optimum aus der Aufnahme eines Motivs in Bewegung herauszuholen. Abhilfe schafft hier entweder eine geeignete Lichtquelle oder ein für die Nahfotografie geeignetes Blitzgerät, mit dem Sie allerdings lebende Motive schnell vertreiben.

Kamerazubehör für einwandfreie Aufnahmen

Nah- und Makroaufnahmen gelingen in den meisten Fällen nur mit einem Stativ wirklich gut. Mit einem stabilen Dreibeinstativ wird es einfacher, exakt auf das Hauptmotiv zu fokussieren. Weil für maximale Schärfentiefe kleine Blenden nötig sind, die durch relativ lange Verschlusszeiten von der Kameraautomatik kompensiert werden, verhindert ein Stativ – am besten in Kombination mit Fern- oder Selbstauslöser –, dass Sie Ihre Aufnahmen verwackeln.

Nahlinsen verringern die Distanz zum Motiv

Viele digitale Kompaktkameras lassen sich bis auf wenige Zentimeter vor ein Motiv halten, wodurch in Kombination mit einer langen Brennweite für Fotos von nur zentimetergroßen Lebewesen kein Zubehör notwendig ist. Besitzen Sie eine Kamera, die keine solche Annäherung erlaubt, brauchen Sie eine Nahlinse, die ins Filtergewinde des Objektivs geschraubt wird. Hat Ihr Objektiv kein Filtergewinde, fragen Sie Ihren Fachhändler nach einer speziellen Filterhalterung, die am Kameragehäuse angebracht werden kann. Nahlinsen, die relativ günstig im Fachhandel erhältlich sind, wirken wie Vergrößerungsgläser. Sie verringern die notwendige Distanz zwischen Kamera und Motiv. Man erhält Nahlinsen in verschiedenen Stärken, die in Dioptrien angegeben werden. Es lassen sich auch mehrere Nahlinsen miteinander kombinieren. Allerdings wird die Bildqualität durch Farbfehler und Unschärfen deutlich schlechter, je mehr Linsen Sie verwenden.

Zuschaltbare Makrofunktion bei SLR-Kameras

Besitzer von digitalen Spiegelreflexkameras haben neben den Nahlinsen einige weitere Optionen, um die Ausrüstung zu erweitern. Eine Reihe von Standard-Zoomobjektiven hat eine zuschaltbare Makrofunktion, um sich den gewünschten Motiven

bis auf einige Zentimeter zu nähern. Mit speziellen (und teuren) Makroobjektiven lassen sich Vergrößerungen bis zur Lebensgröße erzielen. Ein Motiv von einem Zentimeter Größe wird also auf einem Sensor in Lebensgröße abgebildet und nimmt auf dem Sensor die gleiche Größe wie in Wirklichkeit ein. Man spricht von einem Abbildungsmaßstab von 1:1. Die Abbildungsqualität von Objektiven, die speziell für Makroaufnahmen konzipiert sind, ist übrigens deutlich besser als von Allround-Optiken mit zusätzlicher Makrofunktion.

Zwischenringe einsetzen

Relativ preiswert sind Zwischenringe, die zwischen Kamera und Objektiv montiert werden, aber nur für Spiegelreflexkameras mit Wechselobjektiven verwendet werden können. Zwischenringe sorgen dafür, dass Objektiv und Kamera nach wie vor miteinander kommunizieren und automatische Belichtung und Autofokus wie gewohnt funktionieren. Die Ringe gibt es in verschiedenen Stärken. Je dicker sie sind, desto größer ist der Abbildungsmaßstab. Man kann die Ringe miteinander kombinieren, die Abbildungsqualität wird dabei nicht vermindert. Allerdings schlucken Zwischenringe Licht, wodurch sich die Belichtungszeit verlängert oder größere Blenden benötigt werden.

Balgengeräte und Umkehrringe

Spiegelreflexkameras können für die Nah- und Makrofotografie auch mit Balgengeräten und Umkehrringen ausgerüstet werden. Balgengeräte arbeiten nach dem gleichen Prinzip wie Zwischenringe, man kann die Entfernung zwischen Objektiv und Kamera jedoch stufenlos einstellen. Mit einem Umkehrring, der an einer Seite einen Anschluss für das Objektiv, an der anderen einen Kameraanschluss hat, kann man seine Objektive umgekehrt an eine Kamera anbringen. Das Objektiv wirkt dann wie ein Vergrößerungsglas. Dadurch bleibt die Abbildungsqualität des Objektivs erhalten. Gute Umkehrringe sind so ausgestattet, dass die Kommunikation zwischen Kamera und Objektiv weiterhin möglich ist. Bei einfachen Modellen werden Belichtungswerte und Fokussierung von Hand eingestellt.

ⓘ

REFLEKTOREN GEZIELT EINSETZEN

Ein Reflektor dient nicht nur dazu, Licht zu streuen und die Ausleuchtung weicher zu gestalten. Im Freien ist z. B. eine an einem Stativ befestigte Styroporplatte ein guter Windschutz. Je zarter Motive wie z. B. Gartenblumen sind, desto eher führen auch leichte Windstöße zu ungewollter Bewegungsunschärfe.

ⓘ

LICHT VON NORDFENSTERN NUTZEN

Fotografieren Sie im Haus, können Sie das durch ein Nordfenster hereinfallende Licht nutzen. Dieses Licht ist diffus, weil die Sonne nicht direkt ins Fenster scheint. An trüben Tagen ist das Licht besonders weich. Es lässt sich zusätzlich aufweichen, indem Sie das Fenster mit Backpapier verkleiden. In jedem Fall verursacht das Licht eines Nordfensters sehr sanfte Schatten, die sich in Nah- und Makromotiven besonders gut machen.

[12]

BEWEGUNG & DYNAMIK
FESTHALTEN

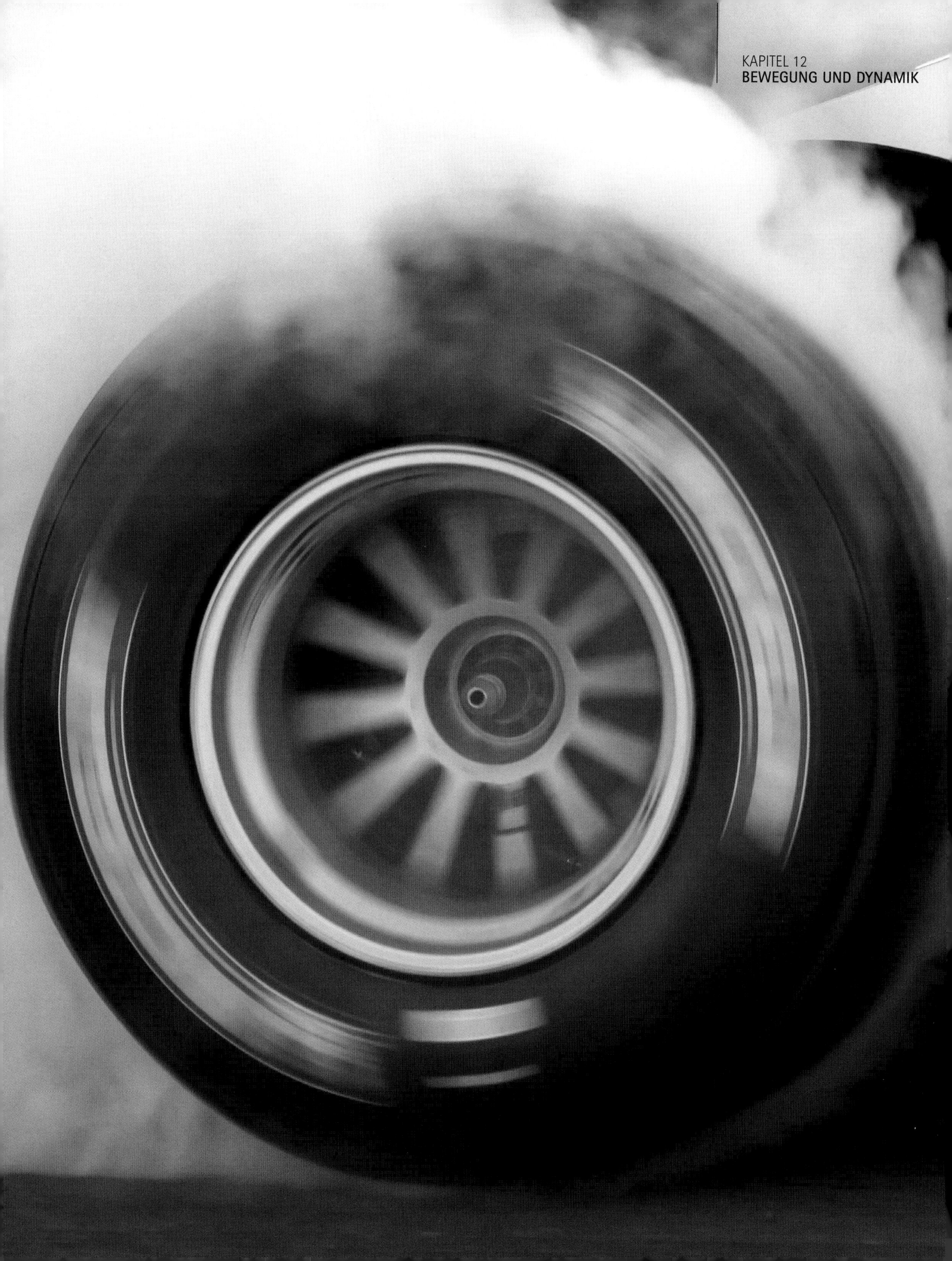

12

Bewegung und Dynamik festhalten

Dynamische Abläufe lassen sich wirkungsvoll auch so einfangen: Kamera ruhig mitziehen und dabei eine LANGE Belichtungszeit einstellen, etwa 1/15 bis 1/8 Sekunde.

[12] Bewegung und Dynamik festhalten

Mit dem Drücken des Auslösers hält Ihre Kamera immer nur einen winzigen Augenblick der Wirklichkeit als Standbild fest. Und dennoch ist es auch mit dem Medium Fotografie möglich, Bewegungen und Dynamik zu veranschaulichen. Ob das vorbeifahrende Autos, Radfahrer, eine U-Bahn, rennende Kinder oder der Wind in den Bäumen sind – mit ein paar kleinen Tricks und Kniffen gelingen Ihnen Bilder, die dem Betrachter die Dynamik einer Szene deutlich machen. Manche dafür notwendigen fotografischen Techniken wie das Fotografieren mit längeren Verschlusszeiten sind schnell zu beherrschen. Andere wie das Mitziehen bedürfen einiger Übung, um perfekte Fotos zu machen.

■ Die Sport- und Actionfotografie, bei der zum Teil rasend schnelle Bewegungen gezielt festgehalten und verdeutlicht werden, erfordert jahrelange Erfahrung und bei professionellem Einsatz eine extrem schnelle Digitalkamera. Deshalb gelten Sportfotografen auch als absolute Spezialisten. Als Grundvoraussetzung für gute Bewegungsbilder müssen Sie Ihre Kamera sicher beherrschen. Einsteiger lesen vor dem Fotografieren im Kamera-Handbuch nach, wie die im Folgenden beschriebenen Einstellungen vorzunehmen sind. Wie stellt man das Sportprogramm ein oder verändert die Belichtungszeit? Wenn Sie sich erst mitten im Geschehen mit Ihrer Digitalkamera auseinander setzen, verpassen Sie womöglich interessante Gelegenheiten.

Motive in Bewegung einfangen

Möchten Sie Bewegungen einfangen, überlegen Sie schon vorher, welche dynamischen Abläufe zu erwarten sind und auf welche Weise Sie die Motive zeigen möchten. Beim Fußball sind es Zweikämpfe, Schüsse auf das Tor und die Paraden der Torhüter, beim Tennis die Augenblicke der Schläge, die am besten mit kurzen Verschlusszeiten „eingefroren" werden.

Verwischeffekte zeigen Geschwindigkeit

Bei einem Radrennen können längere Verschlusszeiten zu Verwischeffekten führen, die die Geschwindigkeit verdeutlichen. Welcher Standort ist notwendig, um nah genug an die Sportler heranzukommen? Reicht die Brennweite aus, oder benötigen Sie eventuell einen Konverter, um die Motive näher heranzuholen? Haben Sie für längere Verschlusszeiten ein Stativ, um den statischen Hintergrund scharf zu zeigen, während im Vordergrund die Bewegung verwischt.

Erst an überschaubare Motive herantasten

Um den Umgang mit der Kamera in der Actionfotografie zu beherrschen, sollten Sie sich zunächst an überschaubare Motive herantasten. Sportveranstaltungen auf lokaler Ebene oder spielende Haustiere sind ideal, um ein Gefühl für die Möglichkeiten der Fotografie zu entwickeln. Neben dem Ausprobieren verschiedener Kameraeinstellungen, Bildausschnitte und Perspektiven sollten Sie auch immer ein Auge auf die Fotos in Zeitungen und Zeitschriften haben. Auf den Sportseiten von Tageszeitungen werden Sie unterschiedliche Varianten der Darstellung von Bewegung finden.

Anhand dieser Fotos können Sie mit ein wenig Hintergrundwissen über die Fotografie viel darüber lernen, wie man Bewegungen festhält und wie man Sport- und Actionfotos gestaltet. Denn schließlich kommt es auch darauf an, ein Motiv so interessant wie möglich auf der Fläche eines Fotos zu platzieren.

Die ultrakurze Bewegung einer zerschossenen Glühbirne fängt man ein, indem man mit Blitzlicht arbeitet. Das Licht eines Studioblitzes leuchtet so kurz auf, dass selbst schnellste Bewegungen eingefroren werden können. Hilfreich bei solchen Bildern ist es, in einem völlig dunklen Raum zu fotografieren, und den Kameraverschluss während des Ereignisses manuell offen zu halten.

BEWEGUNGEN EINFRIEREN

Um eine Bewegung einzufrieren, müssen Sie mit kurzen Verschlusszeiten fotografieren. Je nach Geschwindigkeit des Motivs können Zeiten zwischen 1/125 sek und 1/4000 sek oder weniger nötig sein, um das Objekt ohne Bewegungsunschärfe abzubilden. Wenn Sie Ihre Kamera nicht manuell auf eine bestimmte Verschlusszeit einstellen können, verwenden Sie zum Fotografieren das Sportprogramm. Es wählt automatisch die je nach Lichtverhältnissen kürzestmögliche Verschlusszeit aus.

Scharfe Sportfotos indoor und outdoor

Stellen Sie an Ihrer Kamera das Aufnahmeprogramm für Sportfotos ein. Dabei wählt die Kamera in Abhängigkeit vom vorhandenen Licht die kürzestmögliche Verschlusszeit, um die Motive in ihrer Bewegung scharf festzuhalten.

Sportfotos auch ohne High-Tech-Kamera

Besitzt Ihre Kamera keinen nachführenden Autofokus, ist es nicht möglich, ein sich bewegendes Motiv zu verfolgen – der Fokus wird nicht angepasst. Stellen Sie deshalb besser manuell auf einen Punkt scharf, an dem das Motiv vorbeikommen wird, und drücken Sie im richtigen Augenblick ab. Bei Innenaufnahmen in Sporthallen ist das Licht in der Regel sehr schwach. Stellen Sie, um mit möglichst kurzen Verschlusszeiten fotografieren zu können, die Empfindlichkeit auf den höchsten verfügbaren ISO-Wert.

Blitz, Standortwechsel und variable Brennweite

Wenn Sie in Innenräumen nah an Ihre bewegten Motive herankommen können, fotografieren Sie mit Blitz. Dadurch wird das Motiv erstens besser ausgeleuchtet und zweitens in seiner Bewegung eingefroren, weil der Blitz nur sehr kurz aufleuchtet. Wechseln Sie bei größeren Sportveranstaltungen wenn möglich den Standort, und machen Sie Fotos aus verschiedenen interessanten Perspektiven. Ebenso sollten Sie ständig die Brennweite variieren, um verschiedene Bildausschnitte festzuhalten. Das bringt Abwechslung in die Bilderreihe und Sie erzielen eine größere Auswahl.

Dokumentarische Fotos von Bewegungen

Dokumentarische Fotos von Bewegungen arbeiten häufig mit dem Einfrieren des Motivs – es entstehen statische Bilder, die einen kurzen Moment festhalten. Um Dynamik und Bewegungsunschärfe ins Bild zu bringen, müssen Sie dagegen mit etwas längeren Verschlusszeiten fotografieren. Die Kunst bei dieser Technik besteht darin, nur gerade so viel Bewegungsunschärfe zu

zeigen, dass nach wie vor erkennbar ist, um was und wen es sich handelt, und das Hauptmotiv möglichst scharf bleibt.

Bewegungsunschärfe erzeugen

Bewegungsunschärfe entsteht meist auf zwei Arten: Entweder stehen Sie und die Kamera still und das Motiv fährt, läuft oder fliegt an Ihnen vorbei, oder Sie bewegen die Kamera, während das Motiv stillsteht. Eine dritte Variante, bei der Sie die Kamera mit dem Motiv mitbewegen, wird als Mitziehen bezeichnet.

Um Bewegungsunschärfe zu erzeugen, wird die Kamera auf eine relativ lange Verschlusszeit von z. B. 1/15 sek eingestellt. Wenn mit Ihrer Kamera möglich, verwenden Sie die Blendenautomatik (T, Tv), wobei die Kamera die für korrekte Belichtungen notwendige Blende automatisch zur von Ihnen festgelegten Verschlusszeit regelt. Aber Vorsicht! Sind die Verschlusszeiten beim Fotografieren in einem schlecht beleuchteten Raum zu kurz, sodass selbst die größte Blende für die korrekte Belichtung nicht ausreicht – die Kamera gibt ein Warnsignal –, müssen Sie eine noch längere Verschlusszeit wählen oder die Empfindlichkeit des Sensors z. B. auf ISO 200 oder 400 erhöhen. Zwar wird durch höhere Empfindlichkeit auch das Bildrauschen verstärkt, bei Fotos mit Bewegungsunschärfe spielt das aber kaum eine Rolle.

Fotografische Technik des Mitziehens

Besonders beeindruckende Fotos von bewegten Motiven entstehen mit der fotografischen Technik des Mitziehens. Dabei richten Sie Ihre Kamera auf ein sich bewegendes Motiv und verfolgen es mit einer Drehbewegung Ihres Körpers. Das Motiv sollte ständig in der Mitte des Suchers sein. Auch während des Drückens des Auslösers müssen Sie die Kamera weiterhin an die Bewegung des Motivs angepasst halten und dürfen Ihre Drehung nicht abrupt stoppen. Der Autofokus funktioniert bei dieser Technik natürlich nicht. Sie müssen manuell scharf stellen. Fokussieren Sie dazu auf einen Punkt, den das Motiv passieren wird und an dem Sie den Auslöser drücken.

oben: Extreme Bewegungsunschärfe durch eine Stativaufnahme mit langer Belichtungszeit von etwa ½ Sekunde.

unten: Eine typische Situation, um die Kamera mitzuziehen. Experimentieren Sie dabei ruhig mal mit verschiedenen Belichtungszeiten.

Verwischter Hintergrund

Optimal sind solche Fotos dann, wenn der Hintergrund verwischt und dadurch die Bewegung deutlich macht, das Hauptmotiv aber möglichst scharf abgebildet wird. Der verwischte Hintergrund entsteht nur dann, wenn Sie keine zu kurzen Verschlusszeiten an der Kamera einstellen. Daher ist das Sportprogramm in diesem Fall nicht geeignet, weil es automatisch die kürzestmöglichen Verschlusszeiten einstellt. Falls Sie die Belichtungswerte manuell regeln können, stellen Sie für Tageslichtaufnahmen Verschlusszeiten von ungefähr 1/60 sek oder weniger ein. Länger als 1/15 sek sollten die Zeiten allerdings nicht sein, da es ansonsten sehr schwierig wird, das Hauptmotiv halbwegs in der Schärfe zu halten.

Ist es bei Ihrer Kamera nicht möglich, manuell in die Belichtung einzugreifen, verwenden Sie entweder die Automatik und schalten den Blitz ab, oder Sie probieren das Aufnahmeprogramm für Landschaftsfotos aus. Es wählt kleine Blenden und dadurch relativ lange Verschlusszeiten aus. Kontrollieren Sie die Fotos gleich am Kameradisplay. Sind die Bewegungseffekte zu ausgeprägt,

[i] INTEGRIERTER ODER ZUSATZBLITZ?

Um sehr schnelle Bewegungen in der Nähe der Kamera einzufrieren, hilft der integrierte Blitz oder ein Zusatzblitzgerät. Die Leuchtdauer eines Blitzes ist viel kürzer als die kürzeste Verschlusszeit Ihrer Kamera. Ein bewegtes Motiv kann mit Blitzlicht eingefroren werden, weil es nur sehr kurz vom Blitz angestrahlt wird, und dieser kurze Lichtausbruch in die längere Verschlusszeit fällt.

Hier fliegen die Bäume auf einen zu. Ein Superweitwinkel schafft Tiefe. Solche Aufnahmen bitte nur mit entsprechender Halterung und Fernauslöser machen!

AUFNAHMEDATEN	
Brennweite	17 mm
Belichtung	1/640 sek
Blende	f8
ISO	400

i

GEFRIERBLITZ

Ein Test mit einer Kamera, an der man Fokus, Blende und Verschlusszeit manuell verändern kann, verdeutlicht die einfrierende Wirkung eines Blitzes. Dunkeln Sie einen Raum komplett ab und stellen Sie ein Gefäß mit Wasser auf, in das Sie später ein kleines Objekt wie eine Münze hineinfallen lassen. Schrauben Sie die Kamera auf ein Stativ und stellen Sie eine Verschlusszeit von 1/30 sek und Blende 11 ein. Fokussieren Sie manuell auf die Mitte des Gefäßes, wo die Münze ins Wasser eintauchen wird. Wählen Sie eine Brennweite, mit der das Eintauchen und das aufspritzende Wasser möglichst komplett erfasst werden. Ein Fernauslöser erleichtert den Versuch, aber auch der auf etwa zehn Sekunden gestellte Selbstauslöser hilft, die Wasserspritzer zu erwischen. Lösen Sie, nachdem Sie das Licht ausgeschaltet haben, mit der einen Hand die Kamera aus und lassen Sie mit der anderen die Münze ins Wasser fallen. Es entsteht ein Foto, das die vom Blitzlicht in der Bewegung eingefrorenen Wasserspritzer zeigt. Vermutlich werden Sie ein paar Versuche benötigen, bis das Timing stimmt. Sind die Fotos über- oder unterbelichtet, verändern Sie die Blende bei den nächsten Aufnahmen entsprechend.

muss die Verschlusszeit verkürzt werden. Bei zu geringer Wirkung werden die Zeiten verlängert. Erwarten Sie auch nach längerem Üben nicht, dass jedes auf diese Weise geschossene Foto gelingt. Die Fehlerquote ist auch mit viel Erfahrung oft recht hoch.

Manuell auf einen Punkt scharf stellen

Damit Sie das Motiv scharf erwischen, haben Sie verschiedene Möglichkeiten. Hochwertige Kameras mit einem nachführenden Autofokus halten das Hauptmotiv – haben Sie es erst einmal im Sucher – permanent in der Schärfe, solange Sie den Auslöser halb durchgedrückt halten. Bei digitalen Kompaktkameras findet man diese Technologie auch immer häufiger.

Am einfachsten ist es also, den Autofokus abzuschalten und manuell auf einen festen Punkt scharf zu stellen. Erreicht das bewegte Motiv diesen Punkt, drücken Sie den Auslöser. Die Auslöseverzögerung müssen Sie allerdings mit einkalkulieren. Am besten machen Sie mehrere Aufnahmen, damit Sie eine Auswahl haben. Um die Schärfentiefe, also die scharf abgebildete Bildtiefe, zu maximieren, können Sie mit möglichst kurzer Brennweite arbeiten. Dazu müssen Sie relativ nah an Ihr Motiv herankommen, was z. B. bei Sportveranstaltungen nicht immer möglich ist. Erwarten Sie anfangs nicht zu viel von Ihren Mitziehfotos – diese Technik erfordert wirklich viel Übung. Lassen Sie sich jedoch nicht entmutigen. Sobald Sie die ersten gelungenen Bilder im Kasten haben, sehen Sie, dass sich die Mühe gelohnt hat.

Mehr Dynamik durch Einsatz des Blitzes

Man fotografiert mit Blitz, wenn das Umgebungslicht nicht ausreicht. Das in Ihre Kamera integrierte Blitzgerät, besser noch ein Zusatzblitz, kann bei richtigem Einsatz auch Dynamik in Ihre Fotos bringen. Schlagen Sie im Kamera-Handbuch nach, welche Blitzfunktionen Ihre Kamera unterstützt. In Verbindung mit relativ langen Verschlusszeiten, wie sie für die Technik des Mitziehens eingesetzt werden, ermöglicht ein Blitz, das Hauptmotiv in-

mitten seiner Bewegungsunschärfe in der Bewegung einzufrieren. Das Prinzip dahinter: Der Blitz leuchtet extrem kurz auf und die ebenso kurze Reflexion des Lichts vom Hauptmotiv wird vom Kamerasensor während der im Vergleich dazu relativ langen Verschlusszeit erfasst. Sowohl Bewegungsschlieren sind sichtbar als auch im Idealfall ein scharfes Hauptmotiv.

Das Problem dabei: Der Blitz wird standardmäßig immer am Anfang der Verschlusszeit ausgelöst. Die Bewegungsschlieren entstehen dadurch vor dem Motiv. Um dem entgegenzuwirken, muss Ihre Kamera einen Blitzmodus unterstützen, der Blitzen auf den 2. Verschlussvorhang heißt. Dabei wird der Blitz erst am Ende der Belichtung gezündet. Dies führt dazu, dass die Kamera zunächst die Bewegungsschlieren und am Ende das durch den Blitz kurz angestrahlte Hauptmotiv aufnimmt.

Mitziehen und Blitzen geschickt kombinieren

Sie können das Mitziehen und das Blitzen von Bewegung auch miteinander kombinieren. Kurze Verschlusszeiten oder das kurze Aufleuchten des Blitzes frieren Bewegungen ein. Lange Verschlusszeiten und Mitziehen bringen Bewegungsunschärfe ins Bild. Die Kombination aus geblitzter Bewegung und parallel zum Motiv geschwenkter Kamera verstärkt den Eindruck der Dynamik.

Zum richtigen Zeitpunkt auslösen

Zunächst müssen Sie die richtigen Belichtungswerte (lange Verschlusszeit von 1/30 sek oder länger) manuell festlegen und danach auf einen Punkt fokussieren, den das Motiv passieren wird. Dann sollte der Blitzmodus Blitzen auf den 2. Verschlussvorhang eingestellt werden. Um perfekte Fotos zu erhalten, müssen Sie während der Mitziehbewegung kurz vor dem fokussierten Punkt auslösen, damit der Blitz (2. Verschlussvorhang) an exakt der Stelle aufleuchtet, an der sich das Motiv genau in der Schärfe befindet. Ob Kinder, Haustiere, Sportveranstaltungen oder Straßenverkehr – Gelegenheiten, die genannten Techniken auszuprobieren, gibt es überall in Hülle und Fülle.

i

FLIESSENDES WASSER FOTOGRAFIEREN

Fließendes Wasser kann ebenso wie jede andere Bewegung auf zwei Arten fotografiert werden: mit kurzer Verschlusszeit in der Bewegung erstarrt (je nach Fließgeschwindigkeit z. B. 1/125 sek und weniger) oder mit langer Verschlusszeit (1/15 sek bis zu mehreren Sekunden) für eine romantische Wirkung. Dabei führt lediglich die Bewegung des Wassers zu Unschärfen, und die anderen Elemente des Motivs bleiben scharf. Ohne Stativ oder eine erschütterungsfreie Unterlage sind solche Bilder nicht zu machen.

13

HDR-FOTOGRAFIE

13

HDR–Fotografie

⌐13⌐ HDR-Fotografie – gigantischer Tonwertumfang

Zwei offensichtliche Beispiele aus dem Alltag eines (Amateur- sowie Profi-)Fotografen sollen am Anfang dieses Kapitels stehen, um Ihnen den Sinn und Segen der HDR-Fotografie nahezubringen. Stellen Sie sich zunächst vor, Sie fotografieren eine weite Landschaft in den Bergen. Irgendwo im Vordergrund steht ein Bauernhof, der Schatten eines Berges liegt über dem Gebäude, die Sonne steht noch deutlich über den Bergen. Der Himmel ist hell und strahlend. Sie versuchen nun, sowohl das Gebäude im Schatten als auch den beeindruckenden Himmel gleichermaßen richtig zu belichten.

Das Problem

■ Der Kontrastunterschied zwischen Himmel und dem im Schatten liegenden Gebäude übersteigt die Möglichkeiten des Kamerasensors bei Weitem.

Das Ergebnis diverser Belichtungsversuche

Entweder ist das Gebäude korrekt belichtet und der Himmel völlig ausgefressen und weiß, oder das Gebäude versinkt in Schwärze, der Himmel aber erstrahlt im Glanz des schönen Nachmittags.

Dynamikumfang einer Szene

Auch das zweite Beispiel wird Ihnen im Laufe Ihrer Karriere als Fotograf begegnen. Sie fotografieren an einem sonnigen Tag in einem Raum mit einigen ganz normalen Fenstern – also nicht in einem völlig verglasten Wintergarten. Um den Raum korrekt zu belichten, benötigen Sie eine bestimmte Zeit-

MASSEINHEIT CD/M²

In der Fotografie ist der Dynamikumfang eine Differenz zwischen einem
hellsten und dunkelsten Luminanzwert,
der in Candela pro Quadratmeter
(cd/m²) gemessen wird.
Zur Verdeutlichung: Nächtliches
Sternenlicht hat eine Luminanz von ca.
0,001 cd/m², eine in helles Tageslicht
getauchte Szenerie kann eine Luminanz
von ca. 100.000 cd/m² haben.

Blenden-Kombination, die Sie über ein paar Test-aufnahmen oder Belichtungsmessungen an Wän-den und Mobiliar schnell herausfinden können. Richten Sie die Kamera nun aber auf eines der Fenster und ermitteln die Belichtungswerte, um den sichtbaren Raum außerhalb der Fenster kor-rekt zu belichten, werden die Belichtungswerte völlig anders aussehen. Wieder übersteigt der Kontrast bzw. Tonwertumfang zwischen dun-klen Bildbereichen innerhalb des Raums und hellsten Bildbereichen draußen vor den Fenstern die Möglichkeiten des Sensors. Man spricht hier auch vom Dynamikumfang der Szene.

Kontraste in der realen Welt

Eine gute Digitalkamera ist theoretisch in der Lage, auf einem Bild den Tonwertumfang von ca. acht ganzen Belichtungsstufen zu erfassen. Einfach ausgedrückt kann der (heute übliche) 12-Bit-Sensor einer Digitalkamera theoretisch einen Motivkontrast von ca. 4000:1, technisch bedingt aber nur von ca. 400:1 aufnehmen.

Deutliche Grenzen

Wenn man sich nun vorstellt, dass eine Szene im hellen Tageslicht eines Sommernachmittags einen Kontrastumfang von ca. 100.000:1 (ca. 17 volle Belichtungsstufen) haben kann – das menschliche Auge erfasst mit einem Blick ledig-lich ca. 14 Belichtungsstufen oder einen Dynami-kumfang von 10.000:1 –, wird schnell klar, dass Digitalkameras (aber auch analoger Film) hier deutliche Grenzen haben.

Kompromisse eingehen

Als Fotograf ist man gezwungen, Kompromisse einzugehen. In der Praxis wird die Belichtung deshalb an den wichtigen Motivteilen ausgerich-tet und man akzeptiert, dass bestimmte Bildteile nicht hundertprozentig wiederzugeben sind. Ei-nen möglichen Ausweg aus dem Dilemma liefert bei unbewegten Motiven wie Landschaften oder Interieurs die HDR-Fotografie.

Was heißt HDR?

HDR ist die Abkürzung für den englischen Be-griff High Dynamic Range, zu Deutsch Hoher

Durch den gut gewählten Blickwinkel und HDR-Tech-nik erwacht diese Szene zu neuem Leben.

Dynamikumfang. Der Begriff Dynamikumfang ist ein wenig irreführend, er wird in der Digitalfotografie in mehrfacher Hinsicht verwendet: für Szenen, Kamerasensoren und Ausgabegeräte (Monitor, Drucker).

Definition

Der Dynamikumfang einer Szene ist die Differenz zwischen hellster und dunkelster Stelle (Tageslichtszene ca. 100.000:1), bei Kameras gibt der Dynamikumfang an, wie groß der Tonwertumfang zwischen hellen und dunklen Bildstellen sein kann, der vom Sensor erfassbar ist (ca. 400:1). Monitore (ca. 800:1) und Drucker (ca. 200:1) können ebenso wie eine Kamera nur mit einem bestimmten Maß an Helligkeitsinformationen von dunkel zu hell umgehen. Auch hier spricht man vom Dynamikumfang.

High Dynamic Range – Low Dynamic Range

Wer mit seiner Digitalkamera Fotos schießt, macht LDR-Bilder (Low Dynamic Range), also Bilder mit niedrigem Dynamikumfang. Normale Digitalkameras sind aus oben genannten Gründen – der Sensor unterliegt Beschränkungen bezüglich des Erfassens von realen Kontrasten – nicht in der Lage, auf Knopfdruck HDR-Fotos zu machen. Mit Digitalkameras lassen sich entweder 8-Bit-Fotos oder – über RAW-Fotos und die Entwicklung von RAW-Bilder per Software – 16-Bit-Fotos machen.

8-Bit-Bilder

Bei einem 8-Bit-Bild erhält jeder einzelne Bildpunkt pro Farbkanal (Rot, Grün, Blau) jeweils 8 Bit an Informationen (24 Bit pro Bildpunkt). Das bedeutet, pro Farbkanal können jeweils 256 Helligkeitsabstufungen erfasst werden. Insgesamt kann dadurch jeder Bildpunkt ca. 16 Millionen Farben (3 Farbkanäle, 256 x 256 x 256) annehmen.

16-Bit-Bilder

Bei einem 16-Bit-Bild wird jeder Farbkanal nicht nur über 256 Helligkeitsabstufungen, sondern über 65.536 Abstufungen beschrieben (48 Bit pro Pixel). Das heißt in der Praxis, ein 16-Bit-Bild könnte theoretisch einen Kontrastumfang von 65.536:1 enthalten. Da aber der Digitalkamerasensor wie oben gesagt einen Dynamikumfang von lediglich ca. 400:1 nutzbar macht, erhält man mit der Entwicklung eines RAW-Bildes in eine 16-Bit-Datei lediglich präzisere Bilddetails, nicht aber mehr Kontraste. Auch ein 16-Bit-Bild ist zunächst einmal nur ein LDR-Foto.

Von LDR zu HDR

Um ein 32-Bit-HDR-Bild zu erzeugen, benötigen Sie mehrere Aufnahmen ein und desselben Motivs, die unterschiedlich belichtet sind. Die Belichtungsreihe sollte, um optimale Ergebnisse zu erzielen, den tatsächlichen Kontrastumfang einer Szene komplett abdecken. Das bedeutet,

PSEUDO-HDRs

Man sieht im Internet auf Foto-Homepages häufig Bilder, die HDR-Aufnahmen zu sein scheinen, dabei aber nicht mit echten Belichtungsreihen angefertigt wurden. Solche Pseudo-HDRs sind ganz einfach mit einer einzigen RAW-Datei herzustellen. Die RAW-Datei wird im entsprechenden RAW-Programm dazu einfach in mehreren, unterschiedlich hellen Versionen abgespeichert. Diese künstliche Belichtungsreihe, die immer deutlich sichtbare Schwächen in den Tiefen und Lichtern zeigt (kräftiges Farb- und Helligkeitsrauschen), werden dann mit der dazu notwendigen Software (Photoshop, Photomatix Pro etc.) zu einem HDR-Bild verrechnet. Professionellen Ansprüchen genügen solche Pseudo-HDRs natürlich nicht. Denn bei der ursprünglichen (einzigen) Aufnahme wurde schließlich nur der maximal mögliche Dynamikumfang der Kamera (ca. 400:1) genutzt; Details, die außerhalb dieses Umfangs lagen, können nicht nachträglich herbeigezaubert werden. Sehr dunkle, ursprünglich unterbelichtete Flächen sind deshalb extrem verrauscht, helle Bereiche einfach nur mehr oder weniger flächig und grau.

Dieses Bild des Eiffelturms wurde aus drei Bildern mit je +/- 2 Belichtungsstufen erzeugt.

auf den hellsten Bildern sollten die Details in den tiefen Schatten erkennbar sein, die Lichter fressen hierbei natürlich komplett aus. Auf den insgesamt dunkelsten Bildern der Reihe sind dagegen die Details in den Lichtern perfekt erfasst.

Bracketing

Wie Sie Ihre Digitalkamera vorbereiten, um eine Belichtungsreihe zu machen, können Sie im Kamerahandbuch unter den Stichworten *AEB* oder *Bracketing* nachlesen.

HDR-Belichtungsreihen anfertigen

Drei Faktoren sind für die professionelle Erzeugung eines HDR-Bilds besonders wichtig:

- Die Aufnahmen müssen (deutlich!) unterschiedlich belichtet sein, um den tatsächlichen Dynamikumfang einer Szene komplett zu erfassen.

- Damit die Einzelbilder möglichst exakt übereinstimmen, sollten Sie auf jeden Fall mit einem Stativ fotografieren.

- Bei der Belichtungsreihe muss die Blende gleich bleiben, während die Verschlusszeit variiert wird. Die Veränderung der Blende würde zu unterschiedlicher Schärfentiefe in den Bildern führen, was das Resultat verschwimmen ließe.

Bildausschnitt wählen

Wenn Sie vor einem Motiv mit großem Tonwertumfang stehen, das Sie gerne als HDR-Aufnahme sehen möchten, bauen Sie zunächst Ihre Kamera samt Stativ im Sinne guter Bildgestaltung auf.

Wählen Sie den richtigen Bildausschnitt und machen Sie zunächst eine Probeaufnahme mit den von der Kamera ermittelten Belichtungswerten, bevor Sie die Belichtungsreihe schießen.

Belichtung und Blende einstellen

Fotografieren Sie am besten mit dem manuellen Belichtungsprogramm, und stellen Sie die für die gewünschte Schärfentiefe notwendige Blende ein, idealerweise wählen Sie diese möglichst groß. Achten Sie darauf, dass der Blendenwert nun nicht mehr verändert wird. Wählen Sie entsprechend der Belichtungsstufenanzeige im Display oder auf dem Monitor eine passende Verschlusszeit. Kontrollieren Sie die Probeaufnahme auf dem Display, verwenden Sie das von den meisten Digitalkameras angebotene Histogramm zur Kontrolle der Tonwertverteilung.

Start einer Belichtungsreihe

Haben Sie die Blenden-Verschlusszeit-Kombination gefunden, welche die mittleren Tonwerte perfekt erfasst, starten Sie nun eine Belichtungsreihe. Je nach Tonwertumfang des Motivs sind ca. drei bis sechs Variationen mit unterschiedlichen Verschlusszeiten notwendig, um das gesamte Tonwertspektrum von dunkelsten bis hellsten Bereichen zu erfassen. Fotografieren Sie in Intervallen von jeweils zwei Belichtungsschritten (2 EV), beginnen Sie also z. B. mit 1/2 sek, und erhöhen Sie die Verschlusszeit dann auf 1/8 sek, 1/30 sek, 1/125 sek usw. Wer es besonders genau nimmt, arbeitet mit Intervallen von einem Belichtungsschritt (1 EV), muss dann aber auch doppelt so viele Bilder schießen und verarbeiten. In der Regel sind so kleine Intervalle nicht notwendig.Kontrollieren Sie das hellste bzw. das dunkelste der Bilder auf dem Display.
Im hellsten Bild (längste Verschlusszeit) sollten die dunkelsten Motivteile perfekt belichtet sein, im dunkelsten Bild (kürzeste Verschlusszeit) müssen die hellsten Bildstellen korrekt gezeigt werden. Bei der Kontrolle hilft auch wieder das Histogramm.

Alternative Vorgehensweise

Falls Sie mit Ihrer Kamera Spotmessungen vornehmen können, bei denen nur ein kleiner Bereich im Sucher für die Belichtungswertermittlung he-

Der erweiterte Dynamikumfang lässt das Bild hyperrealistisch erscheinen.

⌐ i ⌐
VERWACKELN VERBOTEN

Um eine brauchbare Belichtungsreihe zu schießen, die zu einem HDR-Bild kombiniert werden kann, sollten Sie so penibel wie möglich beim Betätigen der Kamera vorgehen. Selbst wenn nur ein Einzelbild verwackelt ist, führt die Kombination der Fotos wahrscheinlich zu „matschigen" HDRs. Verwenden Sie daher bei längeren Belichtungszeiten auf jeden Fall ein stabiles Stativ und einen Fern- oder Selbstauslöser. Und wenn Sie mit einer digitalen Spiegelreflexkamera arbeiten, sehen Sie im Kamerahandbuch nach, ob Ihre Kamera die Spiegelvorauslösung unterstützt. Dabei wird der Schwingspiegel vor der eigentlichen Aufnahme hochgeklappt, um Vibrationen durch den schweren Spiegel zu verhindern. Und noch ein Tipp für unverwackelte Bilder: Falls Sie draußen fotografieren, achten Sie auf den Wind! Schützen Sie Ihre Kamera vor Böen, und montieren Sie den Kameragurt ab. Pendelt der Gurt hin und her, führt das auch schnell zu Verwacklungen.

Der geschickte Einsatz von Blendeneffekten verleiht diesem Bild seine besondere Atmosphäre.

rangezogen wird, können Sie die dunkelsten und hellsten Stellen im Bild auch einzeln anmessen.

Zeitautomatik und Blende einstellen

Stellen Sie die Kamera dazu auf den Modus *A* bzw. *Av* (Zeitautomatik), und wählen Sie danach eine möglichst große Blende. Richten Sie die Kamera nun nacheinander auf die hellsten und dunkelsten Stellen und drücken Sie jedes Mal den Auslöser halb durch. Die Kamera ermittelt dann die ungefähren Maximalwerte, die Sie für die Belichtungsreihe benötigen. Die Werte werden im Sucher oder auf dem Display angezeigt.

Verschlusszeiten verringern

Aber Achtung! Erhöhen bzw. verringern Sie die angezeigten Verschlusszeiten nochmals um mindestens jeweils eine Stufe. Der Grund: Die Spotmessung von sehr hellen Stellen führt in der Regel zu etwas zu dunklen Bildern, die Messung von dunklen Stellen zu etwas zu hellen Bildern. Diese technisch bedingten Messfehler müssen Sie ausgleichen, indem Sie die Maximalwerte erweitern. Fertigen Sie dann die Belichtungsreihe in Intervallschritten von 1 bis 2 EV zwischen den ermittelten Maximalwerten an.

Welches Dateiformat?

Einfache Frage – einfache Antwort: Wenn Ihre Kamera RAW-Dateien speichern kann, verwenden Sie für HDR-Aufnahmen auch das RAW-Format (die Endung von RAW-Dateien ist nicht einheitlich und wird von jedem Kamerahersteller anders vergeben). Der Grund für RAW liegt ganz einfach darin, dass RAW-Daten Bildinformationen enthalten, die von der Kamerasoftware nicht beeinflusst wurden.

Erste Wahl – RAW-Format

Sie bekommen mit RAW-Daten also genau das, was der Kamerasensor aufgezeichnet hat. Lassen Sie Ihre Kamera JPG- oder TIF-Dateien speichern, werden die Bilder von der Kamera vor dem Speichern noch farblich angepasst, leicht geschärft und – im Fall von JPG-Bildern – mit gewissen Verlusten komprimiert, um Speicherplatz zu sparen. Da aber für perfekte HDR-Fotos so viele Detail- und Tonwertinformationen wie möglich zur Verfügung stehen sollten, sind RAW-Bilder die erste Wahl für hochwertige Ergebnisse.

Reihenbelichtungen am Computer zu HDRs verarbeiten

Es gibt mehrere Möglichkeiten, eine wie zuvor beschrieben entstandene Belichtungsreihe am Computer zu montieren, um ein Bild mit Detailzeichnung in allen Tonwertbereichen zu erhalten. Eine bewährte und immer wieder verwendete Methode besteht darin, die verschieden belichteten Aufnahmen in einem Programm wie Photoshop als Ebenen innerhalb einer Datei übereinander zu legen. Mit Hilfe von Masken werden dann die nicht benötigten, zu dunklen und hellen Teile abgedeckt, sodass zum Schluss nur noch die korrekt belichteten Bildteile der einzelnen Ebenen zu sehen sind.

Diese Methode ist immer dann besonders gut geeignet, wenn man lediglich zwei oder maximal drei Bilder einer Belichtungsreihe montiert und die kritischen Inhalte klar voneinander getrennt sind. Qualitativ hochwertigere Ergebnisse erhält man mit Spezialsoftware für HDR-Bilder oder den Möglichkeiten, die Photoshop ab Version CS2 an Bord hat. Im Folgenden wird die Erzeugung eines HDR-Bilds am Beispiel von Photomatix Pro gezeigt.

HDR-Bilder mit Photomatix Pro

Photomatix Pro ist ein kostenpflichtiges Programm von HDRsoft (Franzis Verlag). Es beinhaltet zwei Module, die für zwei Schritte vom LDR- zum HDR-Bild notwendig sind. Im ersten Arbeitsschritt werden LDR-Bilder, also JPG-, TIF- oder auch unbearbeitete RAW-Dateien, zu einem HDR-Bild mit enormem Tonwertumfang verschmolzen. Im zweiten Schritt des Verarbeitungsprozesses erfolgt das so genannte Tone Mapping. Wie oben schon erläutert, können HDR-Bilder einen Dynamikbereich haben, der weit über das hinausgeht, was ein Computermonitor (ca. 800:1) oder ein Drucker (ca. 200:1) in

Eine Belichtungsreihe mit vier Bildern war nötig, um das gesamte Helligkeitsspektrum dieser Architekturdetails mit einer digitalen Spiegelreflexkamera ausreichend zu erfassen.

der Lage wäre darzustellen. Ein HDR-Bild könnte also entweder nur auf einem sehr teuren Spezialmonitor angezeigt werden, eine entsprechende Drucktechnik mit dem Tonwertumfang eines echten HDR-Bildes existiert nicht. Um aus einem HDR-Bild, das auf dem Computermonitor praktisch immer zunächst dunkel ist, den Dynamikumfang zu erhalten, der in der Praxis auch nutzbar ist, wird das Tone Mapping angewandt. Einfach gesagt sucht sich die Software dabei aus jedem Bildbereich die richtigen Helligkeitsinformationen und erstellt nach bestimmten Vorgaben ein Bild, das überall Zeichnung und Details hat. Mit Photomatix Pro haben Sie sehr großen Einfluss auf das Tone Mapping und können den Umwandlungsprozess des HDR-Bildes zu einem dann verwendbaren LDR-Bild gut steuern.

[1] Nach dem Starten von Photomatix Pro müssen zunächst die Bilder der Belichtungsreihe ausgewählt werden. Man kann die Fotos entweder über den üblichen Befehl *Datei/Öffnen* ins Programm laden oder gleich den Befehl *HDR erzeugen* im Menü *HDR* verwenden. Dann werden die Bilder nicht erst ins Programm geladen, sondern sofort zu einem HDR-Bild kombiniert.

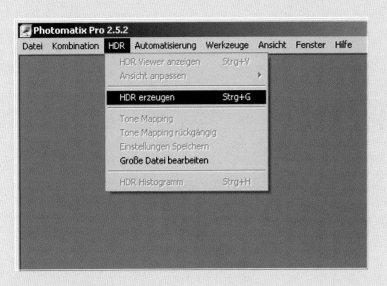

[2] Im Dialogfenster HDR erzeugen wird die Festplatte nach den gewünschten Daten durchsucht. Ein Klick auf den Schalter Durchsuchen öffnet ein Explorer-Fenster.

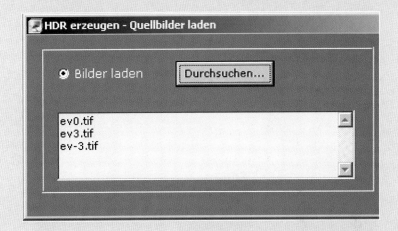

[3] Um mehrere Bilder einer Belichtungsreihe zu markieren, klicken Sie die Dateien einzeln mit der Maus bei gedrückter STRG-Taste an. Ein Klick auf den Button Öffnen lädt die Daten in Photomatix Pro ins nächste Dialogfenster.

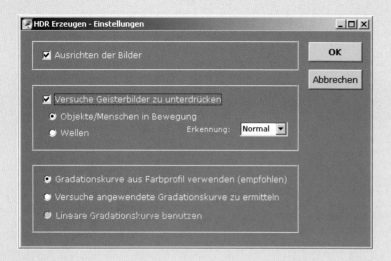

[4] Haben Sie die Fotos mit dem Stativ aufgenommen, ist das exakte Ausrichten (align) der Einzelbilder übereinander nicht notwendig. Wurde die Belichtungsreihe aus der Hand gemacht, sollten Sie die Option Ausrichten der Bilder aktivieren. Das Programm richtet die Fotos dann pixelgenau aus. Klicken Sie dann auf OK.
Befinden sich bewegte Objekte im Bild, aktivieren Sie auch die Option Versuche Geisterbilder zu unterdrücken. Im Anschluss wird das HDR-Bild aus den Einzelbildern generiert – ein Prozess, der je nach Datenmenge schon mal einige Minuten dauern kann.

[5] So oder ähnlich erscheint das fertige HDR-Bild. Wundern Sie sich nicht, dass es extrem dunkel aussieht. Der Kontrastumfang des Fotos ist nun im Vergleich zum darstellbaren Kontrastumfang des Monitors enorm groß. Der Monitor ist damit einfach komplett überfordert. Um einen Eindruck zu gewinnen, wie das Foto in einzelnen Bereichen tatsächlich aussieht, bewegen Sie die Maus über das Bild. Im kleinen Fenster HDR Viewer können Sie das Foto kontrollieren.

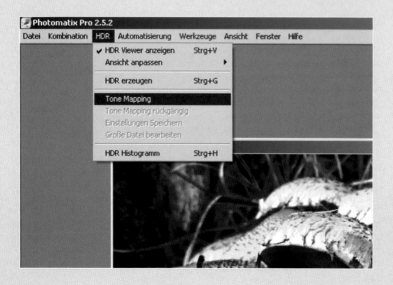

[6] Der nächste Arbeitsschritt ist entscheidend, weil der große Kontrastumfang des HDR-Bildes umgewandelt wird, um das Foto auch auf Geräten mit weniger Kontrast darstellen bzw. ausdrucken zu können. Das Tone Mapping wird über den entsprechenden Befehl im Menü HDR gestartet.

[7] Der Dialog *Tone Mapping* bietet zwei unterschiedlich detaillierte Modi, um HDR- in LDR-Bilder zu verwandeln. Standard ist der *Details Enhancer*, einfacher und nicht so flexibel ist der Modus *Tone Compressor*. Hierbei hat man relativ wenig Einfluss darauf, wie der große HDR-Kontrastumfang auf LDR-Niveau nivelliert wird. Für schnelle Ergebnisse gut, bessere Bilder erzielt man aber mit dem *Details Enhancer*.

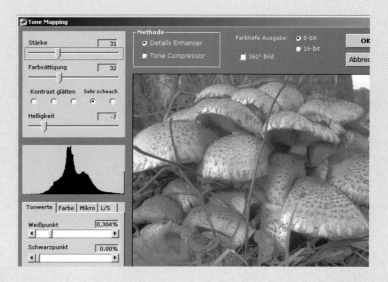

[8] Der Dialog *Tone Mapping* zeigt rechts ein Vorschaubild. Sobald Sie einen der Regler bewegen, verändert sich auch die Vorschau. Um einen Eindruck der Reglerfunktionen zu gewinnen, verändern Sie deren Position und beobachten die Vorschau. Das Histogramm links dient zur Kontrolle der Tonwertverteilung, achten Sie darauf, dass es weder nach rechts noch nach links ausbricht. Je weiter rechts der Regler *Stärke* steht, desto mehr Details werden sichtbar und desto kontrastreicher wird das Bild. Falls Ihnen die Vorschau zu klein ist, können Sie links unten das Bild vergrößern. Allerdings dauert dann die Aktualisierung der Vorschau nach dem Verschieben der Regler deutlich länger. Mit dem Klick auf *OK* erzeugen Sie abschließend das HDR-Bild.

[9] Für den Umwandlungsprozess per Tone Mapping benötigt Photomatix Pro einige Zeit, je nach Datenmaterial auch mal mehr als eine Minute. Danach wird das fertige LDR-Bild im Programmfenster eingeblendet. Im Dialog *Datei* befindet sich der Befehl *Speichern unter*, um die Bilddatei in verschiedenen Formaten zu speichern.

*Sie können auch unschein-
bare Alltagsgegenstände wie
die Trommel einer Wasch-
maschine als HDR-Motive
verwenden.*

Alternative Methode zur Kombi-
nation von Belichtungsreihen

Photomatix Pro bietet eine weitere Methode, aus
einer Belichtungsreihe von mehreren Bildern ein
neues Foto zu generieren, sodass sowohl in den
Tiefen wie auch in den Lichtern Details zu erkennen sind. Mit der Methode *Lichter & Schatten*
(im Menü *Kombination*) wird allerdings nicht wie
beim Tone Mapping zuerst ein HDR-Bild erzeugt.
Photomatix Pro legt vielmehr einfach die Aus-
gangsbilder übereinander und verwendet für das
Resultat diejenigen Bildbereiche, die korrekt belichtet sind und Details zeigen.

Diese Methode entspricht in etwa dem Vorgehen
in der Bildbearbeitung, wenn man verschiedene
Belichtungen in einer Datei übereinander legt
(Ebenen) und die nicht benötigten Teile löscht
bzw. mit Masken abdeckt. Je nach Verwendung
der fertigen Fotos kann die Methode *Lichter &
Schatten* eine gute Alternative zum Tone Mapping sein, weil sich eine Menge Zeit sparen lässt
und die Ergebnisse dennoch gut aussehen.

*linke Seite: Mit einer HDR-
Software wie Photomatix
verwandeln Sie jede Natur-
aufnahme in ein Highlight
Ihrer Fotosammlung.*

BILDNACHWEIS

1
- Canon Deutschland GmbH
- Christian Haasz
- Foveon, Inc.
- Klaus Kindermann

2
- Canon Deutschland GmbH
- Christian Haasz

3
- Canon Deutschland GmbH
- Christian Haasz
- Peter Schmid-Meil

4
- Canon Deutschland GmbH
- Christian Haasz

5
- Canon Deutschland GmbH
- Christian Haasz

6
- Canon Deutschland GmbH
- Christian Haasz

7
- Canon Deutschland GmbH
- Christian Haasz

8
- Canon Deutschland GmbH
- Christian Haasz
- JOBO AG
- NOVOFLEX Präzisionstechnik
- Sigma Deutschland GmbH

9
- iStockphoto
- MEV-Verlag GmbH
- Shutterstock

10
- iStockphoto
- Shutterstock

11
- Christian Haasz
- iStockphoto
- Shutterstock

12
- Christian Haasz
- iStockphoto
- Shutterstock

13
- Achim Lammerts, München
- Jacques Joffre/HDRsoft
- Jörg Schulz, Ottobrunn
- Redaktionsbüro Jörg Prigge, München
- Shutterstock

Symbole

A

B

INDEX

INDEX

INDEX

INDEX

INDEX

INDEX